승 부 사 알 바 트 로 스 의
돈을 이기는 법

승부사 알바트로스의

성필규 지음

돈을
이기는
법

쌤앤파커스

거래를 업으로 삼다 보니 하루라도 치열하게 살지 않은 날이 없었다. 손실이 깡통으로, 깡통이 패가망신으로 이어지는 도미노 같은 세계. 내가 몸담은 곳은 진검승부로 모든 것이 결정되고, 소수의 승자만이 전리품을 챙겨갈 수 있는 비정한 세계였다.

이 시장을 무대로 내가 해온 일은 크게 두 가지였다. 주식투자에 대한 강의와 트레이딩. 그중에서도 내가 진정 즐기고 몰입했던 것은 내 자신을 건 승부, 바로 실전 트레이딩이었다. 150만 원 종잣돈을 가지고 주식시장에 뛰어들어 적지 않은 자산을 일구어냈으니 나는 투자자로서 분명 성공을 이룬 셈이다. 그러나 하루하루가 승과 패로 갈리는 삶이었고, 세 번의 파산을 겪는 동안 뿌려야 했던 눈물은 이루 말할 수 없을 정도였다.

4

어느 날 문득, 투자 20년, 그리고 인생 40년을 넘기고 있는 나는 누구인지 자문하게 되었다. 죽고 싶을 만큼 처절한 패배를 맛보았던 나. 그러면서도 다시 딛고 올라선 나라는 사람은 대체 누구일까? 나는 이 질문의 답을 시장과 부대끼며 살아온 내 인생 안에서 찾아야 했다. 시장에서 배웠던 것, 그리고 나도 모르는 사이에 발자국처럼 남기고 온 것, 분명히 이 모든 것을 한 번쯤 정리해봐야 할 때가 되었다고 생각했다. 이는 여전히 길고 험난한 시장의 한복판에 서 있는 나의 과거와 현재를 반추하고 미래를 다짐하는 일이기도 하다.

또한 지금 막 시장에 뛰어들었거나 이미 뛰어든 수많은 사람들에게 내가 겪어왔던 모든 것들을 남김없이 들려주고 싶었다. 시장에 뛰어든다는 것, 그것은 곳곳에 도사리고 있는 수많은 위험 앞에 기댈 곳 없는 맨몸을 덩그러니 내놓는 것과 다르지 않다. 시장은 그만큼 외롭고 냉혹한 공간이다. 나는 나의 이야기를 가감 없이 들려줌으로써 시장에서 분투하고 있는 많은 분들이 굳이 겪지 않아도 될 오류를 피할 수 있기를 바랄 뿐이다. 사람은 시련으로 단련된다고 하지만, 인생을 파국으로 몰아갈 수 있는 시행착오를 굳이 겪어야 할 필요는 없다.

나는 여전히 2004년 5월 10일을 잊지 못한다. 이날은 나의 인생에 가장 큰 전환점이 된 날이다. 이날 시장은 나의 얄팍한 갑옷을 완전히 무장 해제시켜버렸고, 나는 공포에 질린 채 그 무서움을 고스란히 감당해야 했다. 이날을 기점으로 나는 나의 모든 것을 버려야 했다. 그리고 하나씩 하나씩 나를 지켜내기 위한 생존법을 배워나갔다. 나는 무수히 많은 실패를 겪었고, 그때마다 그 원인을 찾으며 대안을 모색해왔다. 이 기록을 통해 그 경험을 조금이나마 나눠보고자 한다.

  하나씩 기억을 거슬러 오르다 보니, 25년 전 가방 하나 둘러메고 전주에서 서울로 올라왔던 내 모습이 떠오른다. 그땐 혼자라고 생각했는데, 돌이켜 생각해보니 그 이후나 이전이나 나는 결코 혼자가 아니었다. 내 곁에는 늘 나를 믿고 사랑해주시는 부모님이 계셨다. 적게나마 지금까지 내가 이뤄낸 것이 있다면 그것은 두 분의 절대적인 사랑과 믿음에서 비롯된 것이다. 그리고 어느덧, 내 주위엔 적지 않은 식구들이 함께하고 있다. 모든 고난을 함께하며 묵묵히 곁을 지켜준 장준호 대표와 조성민 이사, 조홍희 부장을 비롯한 여러 직원들, 그리고 어려운 고비마다 재기의 발판이 되어주신 김수곤 사장님. 이 분들이 함께해주었기에 찬바람을 견디며 도약의 발판을 마련해갈 수 있었다. 이들과의 소중한 인연에 그저 고마울 따름이다.
  그리고 사랑하는 나의 아들 유건. 녀석의 존재는 나에게 아빠로서의 기쁨과 무거운 책임감을 동시에 안겨주었다. 언제부턴가 아들 앞에 떳떳한 아버지가 되고자 최선을 다했고 틈틈이 기록을 남겨왔다. 어릴 적 내가 아버지의 살아온 생이 궁금했던 것처럼, 유건이 또한 자라면서 내가 살아온 삶이 궁금해질 때가 올 것이다. 언젠가 나의 살아온 방식을 이해하고 가슴으로 공감해줄 날이 온다면, 나는 한 아이의 아버지로서 보람을 느낄 수 있을 것 같다.

나는 매일같이 시장에서 웃고 울지만, 역설적으로 언제든 이 시장을 떠날 준비가 되어 있다. 지금 이 글을 쓰고 있는 이 순간에라도 내가 정해둔 선에 닿는다면 나는 미련 없이 승부의 세계에 작별을 고할 것이다. 하지만 2006년부터 지금까지 햇수로 8년 동안 내게 그런 일은 벌어지지 않았다. 아직 더 거래를 해도 좋다는 신의 허락일지 모르겠다. 그렇다면 나는 오늘도 한껏 그 과정을 만끽할 것이다.

내 인생은 아직 현재 진행형이고 나는 미완의 인간일 뿐이다. 먼 훗날 누군가 나를 기억하는 사람이 있다면, 그저 거친 시장을 몸 부딪쳐 살아온 한 명의 승부사로 기억해주길 바라며 나의 이야기를 시작한다.

Contents

제1부
알바트로스, 내가 걸어온 길

'會當凌絕頂 一覽衆山小(회당릉절정 일람중산소)'

내가 가장 좋아하는 시의 한 구절이다. 널리 알려진 두보의 시「망악(望嶽)」의 마지막 행인데, 그 뜻은 이러하다.

"내 반드시 정상에 올라 뭇 산들의 자그마함을 굽어보리라."

정상에 섰을 때의 쾌감은 정상을 밟아본 사람만이 안다. 그곳에 오르기까지 흘린 땀과 인고의 시간 역시 모든 과정을 거친 후에야 비로소 이해할 수 있다. 멀찍이 산을 올려다보며 감상만 하거나, 산의 초입부에 들어서다가 하산한 사람은 웅장하게 말없이 버티고 선 산이 굽이굽이 갈피마다 간직하고 있는 파란만장한 이야기를 다 짐작하지 못한다.

나는 기껏 한 봉우리 위에 올라섰을 뿐이다. 내 발 아래로 여러 작은 봉우리가 보이지만, 거대한 준봉의 일부에 불과하다는 것을 잘 안다. 또한 앞으로 내가 다시 오를 산의 깊은 이야기를 감히 상상할 수는 없다. 다만 나는, 또다시 다른 봉우리에 오르기 위해 길을 나설 뿐이다.

이십 년 전, 나는 백오십만 원의 종잣돈을 가지고 주식시장에 뛰어들었다. 온갖 풍상을 겪고 난 지금 나의 보유 자산은 그때와는 비교할 수 없이 커져 있다. 나는 현물과 파생시장 각각에서 큰 실패와 성공을 모두 경험했다. 현물시장에서는 일찍부터 재야의 젊은 주식 고수로 통했고 증권 방송 초창기 유명 강사로 이름을 알렸다. 파생시장에 들어와서도 드라마틱한 성공과 파산, 그리고 재기의 과정을 거쳤다. 그 필연적 귀결로 우리나라 파생시장에서 시스템 트레이딩의 본격 개화기를 연 초창기 시스템 트레이더 가운데 한 사람이 되었으며, 이를 바탕으로 현재의 투자자문사를 열기에 이르렀다.

분명 세상에는 나를 성공한 투자자로만 알고 있는 사람이 많을 것이다. 하지만 나는 숱한 패배와 좌절을 겪었다. 다만 넘어질 때마다 일어섰고 그러면서 이전보다 더 강해진 모습을 갖춰나갔을 뿐이다.

투자에 뛰어든 이후로 나는 본명보다는 '알바트로스'라는 필명으로 더 많이 알려져 있다. 알바트로스. 신천옹이라고도 하는 이 새는 현존 조류들 가운데 가장 멀리 나는 새다. 쉬지 않고 한 번에 3,200킬로미터를 날 수 있는데, 그 비결은 여타의 새들과 다른 비행 방식에 있다. 알바트로스는 매우 높은 곳으로 올라가 바람을 타고 활공하는 전략을 쓴다. 3.5미터에 이르는 날개를 넓게 펼치고 기류를 타고 날아가기에 체력 소모가 적고 그 먼 거리를 유유하게 이동할 수 있는 것이다.

내 필명이 본격적으로 알려진 계기는 아마도 모 사이트에서 당시 주요 회사 트레이딩 시스템들의 실전 운용 결과를 일 단위로 수년간 공개하면서였던 것 같다. 많은 사람들이 시스템 트레이딩에 대해 긴가민가하던 시절에 알바트로스 시스템이 선물에서 연간 300퍼센트, 옵션에서 연간 최고 1,200퍼센트의 수익률을 올려나가는 과정이 하루도 빠지지 않고 공개되면서 일종의 '신화' 같은 수식어가 따라붙기 시작했다. 우연한 계기로 필명을 사용하게 되었지만, 나의 투자 인생은 사뭇 알바트로스라는 새와 닮은 점이 있다. 좀처럼 움직이지 않지만 한번 날개를 펴면 어디까지 비행할지 스스로도 알지 못했다. 다만 바람과 추세가 존재하면 몸을 맡기고 날아갔다.

베이스캠프를 치는 이유

여전히 내 마음속에는 25년 전 가방 하나 둘러메고 처음 서울에 올라왔던 전주 촌놈이 살고 있다. 광화문에서 시작해 끝없이 이어지는 빌딩숲과 도도히 흐르는 한강에 감탄하던 더벅머리 청년이다. 이 넓은 도시에 아는 사람 하나 없고 벽돌 한 장 가진 것 없던 처지였다. 그런데 나는 지금 강남 중심가가 한눈에 내려다보이는 고층 빌딩 펜트하우스에 내 이니셜을 따 이름 지은 투자자문사를 차리고, 수십 개의 트레이딩 시스템을 움직여 세상의 돈이 모여드는 금융시장 한복판에서 매일 승부를 벌이고 있다.

십수 년간 재야 고수로, 비제도권 투자자로 활동하던 나는 2010년 자문사 등록을 마치고 마침내 제도권으로 진입했다. 제도권 시장은 생리나 규모, 지켜야 할 룰 등 모든 면에서 비제도권과는 판이하게 속성이 다르다. 무엇보다 무대가 무한정으로 넓다. 우리 회사는 재작년에야 처음으로 해외로 진출해 중국 상하이에 투자법인을 만들기도 했지만 인도, 브라질, 러시아 등 신흥 시장은 중국 외에도 무궁무진하다. 게다가 자본주의 금융시장의 중추인 월스트리트와 런던의 더 시티는 이 시장에 발을 들여놓은 이상 한 번은 두드려보아야 할 문이다.

지금 회사의 전신인 '세타파워'를 처음 만들 때는 명색이 사장인 나와 프로그램 개발을 담당하는 장 실장, 그리고 실무를 담당한 여직원, 이렇게 세 사람뿐이었다. 개인 회사로 존립하던 때는 내 자금만 운영하면 되었지만, 지금은 고객의 돈을 관리하고 고객 문의에 응대하며 파생시장의 속성과 기계가 매매하는 트레이딩 시스템이라는 생소한 분야에 대해 최대한 알아듣기 쉽게 설명하는 대고객 서비스의 부담까지 안고 있다. 그러다 보니 직원 수는 하나씩 불어나 이제는 십수 명을 넘어섰다.

동네 뒷산을 산책할 때는 베이스캠프란 것이 필요치 않다. 그러나 안나푸르나, 마나슬루 같은 험하고 높은 산을 오를 때는 작전을 짜고 체력을 안배할 베이스캠프가 필수다. 지금까지의 성과는 어쩌면 나 개인이 거둔 것이라 해도 크게 허튼 소리가 아니지만, 이제부터 치러야 할 도전은 결코 나 혼자만의 힘으로는 이뤄낼 수 없다. 에베레스트를 베이스캠프의 조력 없이 혼자 오를 수는 없다. 내가 가치를 두는 것은 통장에 숫자로 표시된 보유 자산이 아니다. 나는 나와 PK투자자문이 질풍노도와 같은 기세로 어디까지 달릴 수 있을지 도전하고 싶다.

13세기 초 대륙의 중심에서 한참 떨어진 변방 초원에서 말이나 양을 키우던 별 볼 일 없는 유목민족이었던 몽골족. 그들은 칭기즈칸을 중심으로 뿔뿔이 흩어진 씨족 공동체를 군사조직 중심의 부족 편제로 바꾸고 떨쳐 일어나 삽시간에 중국 대륙을 휩쓸고 인도와 이슬람 세계, 유럽대륙까지 질풍처럼 정복해나갔다.

당시 몽골 인구는 얼마 되지 않았다. 그들의 목표가 단지 초원의 게르(Ger) 생활을 벗어나 안락하고 호사스러운 집, 기름진 음식과 향기로운 술을 마음껏 즐기는 것이었다면, 그들은 구태여 유라시아 대륙을 향해 그처럼 끝없이 질주할 필요는 없었을 것이다. 중국의 수많은 성 가운데 물산이 풍부한 곳 하나만 점령해도 인구 200만 정도의 몽골족이 편안한 삶을 누리기에 충분했다. 하지만 그들은 거기서 멈추지 않았다. 그들의 핏속에 도전과 정복 의지가 끓어올랐기에 세계

역사상 가장 넓은 제국이라고 하는 몽골 제국을 건설할 수 있었던 것이다. 그들의 목표는 땅과 재산이 아니라, 승부 그 자체였다.

승부사의 특질은 도전할 과제가 존재하는 한 승부를 멈추지 않는다는 것이다. 험난한 투자의 길에서 오늘날의 나를 이끈 것도 이 도전정신과 승부사 기질이었다. 그리고 나는 지금 이제까지 치러온 승부보다 더 큰 승부를 계획하는 중이다. 아직 알바트로스는 날개를 접지 않았다.

서두를 나의 좌우명으로 시작했는데, 그 출처인 두보의 시 「망악」 전편을 소개하고 나의 이야기를 이어가기로 하자.

태산을 바라보며

岱宗夫如何(대종부여하) 오악의 으뜸인 태산에 오르니

齊魯青未了(제노청미료) 제나라와 노나라 땅엔 푸름이 끝없고

造化鍾神秀(조화종신수) 조물주는 신묘한 절경을 펼쳤는데

陰陽割昏曉(음양할혼효) 산 남북이 아침과 저녁을 갈랐다

蕩胸生曾雲(탕흉생층운) 층층이 일어나는 구름에 가슴 설레니

決眥入歸鳥(결자입귀조) 눈 부릅뜨고 돌아오는 새를 바라본다

會當凌絶頂(회당릉절정) 내 반드시 정상에 올라

一覽衆山小(일람중산소) 뭇 산들의 자그마함을 굽어보리라!

나는 시장을 보면서 바다와 같다는 생각을 한다. 너무나 평온해 보이는 바다. 그러나 언제든 모든 걸 쓸어가버릴 수 있는 바다. 쓰나미처럼 말이다. 시장 또한 그렇다. 늘 거기서, 그 자리에서 맴도는 듯하다가 어느 순간 폭발하면 심장을 멎어버리게 만들 만큼 무서운 곳이다. 예측불허 속에서 결국 자기가 가고자 하는 방향으로 가고 마는 것이 시장의 특성이다. 이런 흐름에 역주하지 않고 끝까지 순종하는 것이 딜러로서 나의 임무다.

알바트로스,
내가 걸어온 길

1장
1994년~1998년
객장의 젊은 고수

" 새는 알에서 나오기 위해 싸운다. 알은 하나의 세계다.
태어나려는 자는 그 세계를 파괴해야 한다. 새는 신에게로 날아간다.
그 신의 이름은 아브락사스다."

- 『데미안』 중에서

늦깎이 대학생의 일탈

올해 내 나이는 한국식 셈법으로 딱 마흔셋이 되었다. 43년 세월 가운데 주식시장에 뛰어들어 부대낀 게 벌써 20년. 인생의 절반이 조금 안 되는 기간이지만, 어린 시절부터 청소년기까지를 제외하고 제 의지대로 살아가는 스무 살 이후로 따진다면 나는 성인기의 거의 대부분을 투자자로 살아온 셈이다.

내가 처음 주식시장에 발을 들여놓은 것은 대학생 신분이던 1994년 가을 무렵이다. 문과 계열로 대학을 들어갔다가 내 길이 아닌 것 같아 자퇴하고 군복무를 마친 뒤 다시 시험을 치러 들어간 곳이 서강대 경영학과였다. 대학생활은 그야말로 따분한 나날이었다. 경영학과라는 것이 졸업하고 나면 제법 괜찮은 회사의 CEO로 가는 코스쯤 되나 보다 하고 막연하게 생각했으나, 막상 전공 수업들은 하나같이 지루하고 케케묵은 이론들뿐이었다.

이래저래 공부에는 큰 관심이 가지 않은 탓에 복학생들과 어울려 술을 마시거나 대낮부터 포커판을 벌이는 껄렁껄렁한 학생으로 지내던 어느 날이었다. 당시 나는 투자론 강의를 청강하고 있었다. 투자론 과목은 1학년이 듣는 과목은 아니었으나, 일찍부터 공인회계사 준비를 시작한 나에게는 다른 교양과목보다 먼저 들어보고 싶은 과목이었다. 또한 과목명이 주는 그럴듯한 매력이 있었다.

"이번 달에 곧 한국 증시의 역사적 고점이 돌파될 것이다."

강의 시간에 담당 교수님이 굉장히 흥분된 어조로 열변을 토하고 있었다. 반쯤 졸면서 교수님 말씀을 귓등으로 흘려버리던 상태에서 그 말만큼은 왜 그리도 또렷하게 들리던지, 저절로 눈이 번쩍 뜨였다.

당시 집안 형편은 외삼촌의 보증으로 인한 끝없는 어려움에서 막 탈출하던 때였다. 그러니 학비에 서울 유학 생활비까지 넉넉하게 기대할 수준은 전혀 아니었다. 더구나 군 제대까지 한 마당에 집에 손만 벌리고 있는 것도 도리가 아니라는 생각에 학비는 그렇다 쳐도, 용돈과 생활비 정도는 스스로 벌어보려고 애를 쓰던 차였다. 증시가 어떻게 생겨먹었는지, 역사적 고점 돌파라는 게 무슨 의미인지 정확히 알지는 못했지만, 교수님의 그 말씀만으로도 직감적으로 느낄 수 있었다.

'아, 여기에 뭔가 돈이 되는 일이 있겠구나!'

교수님은 이 고점이 돌파되면 한국 증시가 다시는 세 자리 숫자를 보지 않게 될 것이라고 했다. 입에 침을 튀겨가며 이런저런 경제적 지표로 설명을 이어나갔으나 이미 내 귀엔 아무것도 들리지 않았다. 마음속에는 오직 한 가지 생각밖에 없었다.

'지금이야. 지금 주식을 사라는 거야.'

수업이 끝난 뒤 바로 증권사에 근무하고 있는 고등학교 선배에게 전화를 걸었다. 선배가 전화를 받자마자 대뜸 내가 던진 첫마디는 이랬다.

"형, 증시가 1,000을 돌파한다면서요?"

선배의 의견도 투자론 교수님과 같았다. 한국 증시가 곧 주가지수 1,000포인트 돌파를 눈앞에 두고 있으며, 이제 더 이상 세 자리 지수로 후퇴하지 않을 것이다. 1,000대로 진입한 증시는 1950년대 이후 미국이 그랬듯이 장기적인 대세상승을 지속할 것이라는 요지였다. 경영학 박사와 증권사 직원이 입을 모아서 같은 이야기를 하는 판이니 더 이상 재고 말고 할 것도 없었다. 물론 증시를 전망하는 일에서 가장 신빙성이 떨어지는 부류가 바로 이 두 직업임을 알게 된 것은 그로부터 한참 뒤의 일이다.

일이 그렇게 되려고 그랬는지 마침 내게는 여름 내내 아르바이트를 해서 모아두었던 돈 150만 원이 있었다. 다음 봄 학기를 시작하기까지 충분히 생활비로 쓸 수 있는 금액이었다. 은행에서 남김없이 돈을 인출한 나는 학교 가까운 신촌 로터리의 한 증권사 지점을 찾아가 그날로 생애 첫 증권계좌를 개설했다.

깊은 고민도 없이 내린 단 한나절 사이의 결정이 이후 내 생을 그토록 좌우하게 될 줄이야…. 그날 만든 증권계좌 하나가 앞으로의 나를 삶과 죽음의 사이에서 방황하게 만들며 얼마나 많은 날을 소리죽여 울게 할지, 삶에 얼마나 긴 그림자를 드리울지 그때는 짐작조차 하지 못했다. 그렇게 우연처럼 또는 숙명처럼 주식시장과의 인연이 시작되었다.

첫 거래 종목은 삼성전자였다. 돈 150만 원으로 포트폴리오를 구성한다는 것도 우스운 듯해서 소위 말하는 '몰빵'을 쳤다. 교과서적인 사고로 우량주인 삼성전자를 13만 원대에 매수했다.

얼마 뒤 정말로 종합지수가 1,000포인트를 돌파하면서 지수 신고점을 갱신했다. 내가 산 삼성전자도 15만 원대로 잠시 진입했다. 당시에는 지금처럼 HTS로 거래하던 시절도 아니어서 샀다 팔았다 하는 건 전혀 생각하지 못하고 '우량주를 샀으니 두 배쯤 오를 때까지 그냥 잊고 있자.' 하는 생각으로 묻어두기만 했다.

여전히 전공에 흥미는 없었지만 어쨌든 학생 신분이었으므로 낮에는 수업을 듣고 일간지 주식 시세표를 통해 주가가 전날 얼마나 올랐는지 내렸는지 살피는 정도였다. '장기투자하자. 큰돈은 장기투자로 번다잖아.' 흔한 주식 책에 나오는 교과서적인 생각이었다.

그렇게 일 년쯤 지났다. 구경하기 어려울 거라던 지수 세 자리 숫자는 웬걸, 그 사이 실컷 구경할 수 있었고, 삼성전자 주가도 내가 매수한 가격대에서 조금 오르내리기를 되풀이했다. 종합지수가 네 자리대를 기록한 것은 잠시였을 뿐, 지수는 다시 후퇴하여 세 자리대에서 지겹게 오락가락했다. 나는 이번에는 투자를 제대로 배우기로 작정을 하고 그 전해에 청강했던 투자론을 정식으로 수강 신청했다. 일년이 훌쩍 지나간 시점이었으나, 우연의 일치인지 그해 가을 다시 지수는 지루했던 세 자리를 넘기려 하고 있었다. 지난해에 그렇게 열변을 토하던 그 교수님은 작년과 똑같은 이야기를 학생들에게 들려주고 계셨다.

"이번에 넘으면 다시 세 자리 지수는 안 온다."

"교수님, 작년에도 그렇게 말씀하셨는데요?"

이렇게 반문하고도 싶었지만 그냥 자리에 앉아 창밖 낙엽을 벗 삼으며 가을 운치를 즐겼다. 설마 이번에야 또 틀릴까. 한 번 실수는 병가지상사라 하지 않던가. 언제가 될지는 모르나 곧 큰 상승장이 시작되어 삼성전자가 20만 원대를 넘어서면 그때 팔아주리라 하는 느긋한 생각 정도였다.

그러나 기대와는 전혀 다른 상황이 전개되었다. 그해 늦가을 노태우 대통령 비자금 사건이 터졌다. 전직 대통령이 수천억 원의 돈을 차명 계좌에 은닉했다는 한 국회의원의 폭로로 시작된 사건. 언뜻 증시와는 아무 관계가 없어 보였다.

사실 그 사건은 경제 문제도 아니었고, 특히 먹고사는 데 바쁜 서민들과는 전혀 상관없는 일이었다. 그러나 큰손들에게는 다른 문제였다. 증시에 큰돈을 투자하고 있던 거액 투자자들에게 대통령 비자금 관련해 뭉칫돈 계좌들이 수사 대상에 오르고 자금 출처를 조사받는 이런 불안정한 상황은 쥐약이나 다름없었다.

큰손들이 자금을 속속 빼내가면서 증시는 맥을 못 추고 주저앉았다. 신문이 연일 비자금 사건으로 도배되는 동안 애써 1,000을 넘겼던 주가지수는 순식간에 100포인트 폭락했고, 잠시 17만 원대에 오르는가 싶던 삼성전자는 그 뒤로 연일 하락하기만 했다.

'아, 또 속았네. 젠장! 모르면 모른다고나 할 일이지.'

복덕방 할아버지와 대학교수

훗날 주식시장에서 제법 이름을 날리게 되면서 나는 다양한 직업을 가진 투자자들을 만나게 되었다. 특히 2000년부터 증권방송 강의를 하는 동안에는 일부러 만나려 해도 만나기 어려운 많은 직종의 사람들이 내 강의를 수강했다. 회사원, 군인, 퇴직 교사, 가정주부, 자영업자, 물려받은 건물로 담보대출을 받아 주식 매매로 소일하는 동네 건달 등 장삼이사가 모두 수강생이었다. 수강생들 가운데는 사회적 엘리트로 손꼽힐 만한 이들도 꽤 있었다. 의사, 약사, 기업 임원,

대학교수, IT 연구소의 연구원 등등.

그런데 오래도록 여러 투자자들의 투자 패턴을 눈여겨보고 상담해 주는 동안, 이 시장에는 특별히 주식투자와 잘 맞지 않는 직업군이 존재함을 느끼게 되었다. 그 가운데 하나가 대학교수다. 특히 인문계열보다는 이공계 교수들이 더 심각하다. 전부 그런 것은 아니겠으나 열에 아홉은 투자에서 큰 실패를 보지 않나 싶다.

일반적인 통념으로는 지식도 깊고 사회적 지위도 높은 대학교수들이 투자를 특별히 더 못할 이유가 없어 보인다. 더구나 이공계열 교수들은 계산이 정확하고 온갖 수리에도 민감하지 않은가? 그러나 이것이 도리어 그들 스스로의 발목을 잡는 덫이 되곤 한다. 사회적 지위가 높은 분들은 무엇보다 지는 것을 싫어한다.

매매가 한번 꼬일 경우 보통 사람들은 '내 실수인가 보다.' 하고 다음을 기약하는데, 이 부류의 사람들은 좀처럼 자기 잘못을 인정하지 않으려 한다. 자신이 문제가 아니라 시장이 잘못되었다는 생각을 갖는 것이다. 시장이 투자자의 기분에 맞춰 바뀌는 게 아닌 이상, 이런 태도로는 다음에 또 똑같은 패배를 경험할 수밖에 없다.

게다가 이공계 교수들은 이론적 완벽성을 추구하는 성향이 너무 강하다. 머릿속에 훌륭한 합리적 이론을 그려놓고는 그에 맞추어 매매를 한다. 장이 시시각각 급변하면 그에 따라 유연하게 대응해야 함에도 불행하게도 이분들은 자신이 시장의 중심에라도 있는 듯 생각을 바꾸지 않는다. 지구가 도는 것이 아니라 하늘이 지구를 중심으로 회전한다고 생각한 중세 성직자들과 유사하다.

이와는 정반대로 외형상으로는 절대 주식투자가 어울리지 않고 상하한가 계산조차 제대로 못할 것처럼 보이지만 실제 투자에서는 좀처럼 잃지 않는 직업군도 있다. 과거 내 증권방송 회원들 가운데 이른바 모범생들은 주로 이런 사람들이었다. 이들은 가르쳐주는 원칙대로만 매매하고 큰 모험을 걸지 않으며 복잡한 생각을 하지 않고 작은 수익에 만족할 줄 안다. 버젓하고 샤프해 보이는 직업보다는 복덕방 할아버지, 애들 다 키워놓은 가정주부, 영업직 사원 같은 특별할 것 없어 보이는 직업들이다.

이들의 특성은 우선 결코 자신이 매매를 잘한다거나 투자 지식이 많다고 자부하지 않는다는 점이다. 또 이런 분들은 대체로 코 묻은 돈, 잔돈푼의 중요성을 매일같이 실감한다. 복덕방 할아버지는 약간의 용돈을 벌기 위해 집이나 방을 찾는 사람들을 데리고 동네 골목길을 온종일 오간다. 가정주부는 하루 만 원이면 저녁식탁에 근사한 돼지 두루치기를 올릴 수 있음을 누구보다 잘 아는 사람이다. 영업직에 종사하는 분들은 일단 모니터 앞에 붙어 있을 시간이 많지 않으므로 저절로 단타 매매를 하지 않게 되며, 역시 하루하루의 영업과 그로부터 나오는 돈의 소중함을 잘 안다.

대학 시절 나에게 주식투자 입문 동기를 만들어준 그 교수님은 이미 정년퇴직을 하셨는지 학교 홈페이지에서 성함을 찾아볼 수 없다. 그분이 강의실에서 그토록 강조하던 네 자리 지수가 제대로 안착된 것은 강의를 들은 해로부터 무려 6년이 지난 2003년부터였다. 게다가 그 사이에 IMF 경제 위기로 종합주가지수는 최저 200포인트 근방까지 떨어지기도 했으니 경제 지식이 많고 확신 가득하고 누구보다 자부심 강했던 그 교수님이 혹여 투자로 큰 낭패라도 보지 않았을까 가끔 걱정이 되기도 한다.

주식 책에 묻혀 산 일 년

다음해 봄, 생애 첫 매수 종목이었던 삼성전자는 손실을 본 채 전부 매도했다. 한번 내려간 지수는 영 힘도 없이 지지부진한 상태였고, 때마침 목돈마저 쓸 일이 생겼기 때문이었다. 그 무렵 고등학교 후배와 함께 자취를 하고 있던 나는, 후배와 신문 배달 아르바이트를 하기로 했다. 캠퍼스 이곳저곳에 흩어진 건물들을 돌아다니며 신속하게 신문을 돌리려면 당장에 오토바이가 필요했다.

일 년 반을 보유했건만, 정작 팔고 나니 손에 쥐어진 금액은 고작 80만 원이 조금 넘는 정도였다. 교과서에 흔히 나오는 장기투자가 결코 만고불변의 정답은 아니라는 것을 그때 처음으로 느꼈다. 그런데 이상한 것은 첫 매매에서 반 토막 가까운 손실을 보았음에도 주식이란 게 왠지 만만하게 느껴졌고, 다음번 매매에서는 반드시 수익을 올릴 것 같은 자신감이 들었다는 점이다. 일 년 반 정도 주식을 가지고 있는 동안 삼성전자 주가가 매수가보다 20~30퍼센트 정도 올랐던 적이 여러 번 있었고 거꾸로 그만큼 빠진 적도 많았다. 평균 주가를 계산한 뒤 그보다 30퍼센트 빠지면 매수, 평균가에서 30퍼센트 이상 상승하면 매도, 이것만 일 년에 두어 차례 반복해도 돈을 벌 수 있다는 계산이었다.

문제는 투자 자금이었다. 오토바이를 사느라 돈을 다 썼기에 투자금을 새로 마련해야 했다. 자금은 생각보다 쉽게 마련되었다. 당시 신문 배달 아르바이트는 대흥동에 있는 신문사 보급소에서 아침 일찍 신문을 받아다 학교의 각 교수실과 학생회실 등등에 넣어주는 일이었다. 후배와 나는 기존의 다른 아르바이트생보다 일찍 지국에 나갔고 하루도 거르거나 다른 사람을 대신 내보내지 않았다. 그런 모습이 기특해 보였는지 보급소장님은 배달해야 할 정기구독 부수보다 항상 신문을 충분히 더 얹어주었다.

인문대로부터 시작해 공대까지 학교를 한 바퀴 돌면서 배달을 끝내고 나면 여분의 신문을 도서관과 식당 앞에 놓고 팔기 시작했다. 신문을 쌓아두고 가격이 적힌 종이와 자판기 종이컵 하나를 바람에 날아가지 않도록 돌로 눌러두면 그걸로 모든 준비가 끝이었다. 1교시나 2교시 강의를 듣고 난 뒤 신문을 파는 자리에 가보면 종이컵 가득히

동전과 1,000원짜리 지폐가 차 있었다. 당시 신문 가격이 400원쯤 했는데, 보통 보급소에서 50~60부를 여분으로 가져다 팔았으니 하루에 2만 원 정도가 손에 쥐어졌다. 한 달 배달 아르바이트 월급보다 이돈이 훨씬 많았다. 한참 지나서는 동네 꼬마들이 와서 종이컵째 신문 대금을 털어가는 사고가 종종 발생하기는 했지만.

이렇게 한 학기 내내 신문을 팔아 모은 돈과 과외를 해서 모은 돈이 어느덧 300만 원이라는 거금으로 불어났다. 지금은 사람의 두뇌와 손을 빌리지 않는 시스템 트레이딩으로 돈을 벌고 있지만, 생각해보면 이미 16년 전에 이와 유사한 무인 신문 판매로 투자 종잣돈을 마련한 셈이다.

어쨌든 돈이 마련되자 다시 증권사 지점을 찾아갔고 나름대로 신중하게 포트폴리오를 짜서 다시 주식을 샀다. 주식 보유 잔고가 표기된 계좌 명세를 흐뭇하게 바라보면서 그때부터 제대로 주식투자에 대해 배워보기로 결심을 했다.

예나 지금이나 별로 잘하는 일이 없지만 어떤 일에 몰두하기 시작하면 대단히 집중하는 편이다. 그해 여름부터 학과 공부는 팽개친 채, 도서관에 틀어박혀 대학 도서관에 소장된 주식 서적을 읽어나가기 시작했다. 그때만 해도 발간된 주식 책 종류가 많지 않던 때라 몇 주가 지나자 도서관에서는 더 이상 대출해서 볼 책이 없었다. 버스를 타고 나가 광화문 교보문고를 뒤져 주식 책을 한 보따리씩 사와서 탐독해

나갔다.

존 템플턴(John Templeton), 벤자민 그레이엄(Benjamin Graham), 워렌 버핏(Warren Buffett), 피터 린치(Peter Lynch), 조지 소로스(George Soros), 피터 번스타인(Peter Bernstein), 앙드레 코스톨라니(Andre Kostolany) 같은 주식 대가들의 전기와 회고록을 이때 모조리 읽었고, 기술적 분석과 기업 가치 분석에 관한 책, 경기 흐름과 변동 등 거시적인 경제 지식을 주는 책들까지 수십 권을 가리지 않고 읽었다.

대학 입시를 준비하던 고3 때도 이때만큼 열심히 공부하지는 않았던 것 같다. 지금도 세상에서 가장 바보 같은 말 중 하나가 "공부 좀 해라."가 아닌가 생각한다. 나처럼 공부하기 싫어하고 책을 베개로나 삼던 사람이 필요성에 의해 한번 공부를 시작하자 주위에 누가 있는지도 모를 정도로 책 속에 빠져드는 걸 보면, 공부는 모두 때가 있고 하고 싶은 때가 되어야 하는 거라는 생각이 든다.

어쨌거나 어둑어둑한 새벽에 도서관으로 출근하여 도서관 문을 닫을 때까지 화장실 가는 시간과 밥 먹을 때를 제외하고는 자리에서 미동도 하지 않고 책에 빠져서 그해 여름을 보냈다.

한국 증시가 대세 상승으로 접어들기 전이라 주식 책은 매우 빈곤했는데, 특히 기술적 분석 방법과 여러 투자 지표에 대한 책이 드물었다. 다행히 전공이 경영학과라 졸업 선배들 가운데 증권사에 근무하는 선배들이 두루 있었다. 선배들을 졸라서 아직 국내에 번역되지 않은 기술적 분석에 관한 미국 원서들까지 얻어 보았다. 내 평생에 영어 원서를 밑줄 그으며 읽어간 것은 이 무렵이 처음이자 마지막이라고 할 수 있을 것 같다.

여름방학이 끝난 뒤 그해 가을 모 증권사에서 대학생 투자 대회를 실시했다. 계좌도 가지고 있겠다, 공부도 실컷 했겠다, 주저 없이 대회에 참여했는데 좋은 성적을 얻을 수 있었다. 그때는 지금처럼 큰 규모도 아니고, 소규모여서 참여하는 학생들은 별로 없었지만 나름 좋은 경험이었다.

그러나 집중적인 주식 공부로 투자 실력이 향상되어서 그런 성적을 거뒀다고 할 수는 없는 일이었다. 그보다는 주식 책에 빠져 공부하는 것 자체를 즐기던 때라, 보유 주식이 오르고 내리는 데 일희일비하지 않고 비교적 초연하게 매매를 했기 때문이라고 봐야 할 것 같다.

아니나 다를까 겨울로 접어들면서는 증시가 다시 슬금슬금 하락하기 시작했고, 내가 투자했던 종목들 또한 빨간 양봉보다는 파란 음봉을 더 자주 보이면서 매수 가격 이하로 내려가고 있었다.

겨울방학이 되자 이왕 주식 공부를 시작한 김에 아예 뿌리를 뽑고 싶어졌다. 그동안 보았던 책 중에서 가장 기억에 남는 책 스무 권과 선배가 미국에서 구해다준 원서 몇 권을 배낭에 넣어, 조용한 산사로 발길을 옮겼다. 물론 회계사 공부도 병행하긴 했지만, 회계사 공부보다는 투자 관련 서적을 읽는 것이 훨씬 재미있었다. 산사에 머무는 동안 투자기법 책은 거의 달달 외울 정도로 읽었고, 또 대학노트에 정리를 해나가면서 내 나름의 기법을 가다듬기도 했다. 이때 정리한 노트만 20권이 조금 넘는 분량이었는데, 내 스스로 생각해도 기특할 만큼 열정적으로 독학했던 기억이 난다.

나는 가끔 이 시절에 읽은 책들이 투자에 얼마나 도움이 되었을까 자문해본다. 이때 읽은 책들을 쌓으면 거짓말 조금 보태어 거의 내 방 천장에 닿을 만한 높이였지 않을까 싶다. 하지만 '아는 것은 많아졌어도 실전에는 별 도움이 되지 않더라.'는 것이 내가 내린 결론이다. 그나마 이때의 지식을 가장 잘 활용한 것은 후에 증권 강의 등 투자자를 대상으로 강의를 할 때였다. 새파랗게 젊은 친구가 이런저런 투자법을 이야기하면 청중들은 반신반의하기 마련인데, 이럴 때 고수들의 회고록에 등장하는 투자 일화 한두 가지를 소개하면서 차트를 펼쳐놓고 현재의 시황과 결부지어 설명하면 청중의 이목을 집중하는 효과가 있었다.

재미있는 것은, 이후 내 인생 역정이 당시 책을 통해 접한 투자 대가들 가운데 내가 가장 흥미진진하게 빠져들었던 인물들과 비슷하게 전개되었다는 점이다. 투자의 세계에는 기라성 같은 전설적 존재들이 무수하게 많은데, 그중에서도 내가 귀감으로 삼고 또 정서적으로 동질감을 느낀 투자자를 말하라면 단연 헝가리 출신의 앙드레 코스톨라니와 일본의 고레카와 긴조(是川銀藏)를 꼽는다.

앙드레 코스톨라니는 나에게 주식투자의 핵심이 경제 지식이 아니라 심리학임을 알려준 인물이다. 돈이 아니라 진정으로 투자를 즐겼고 나이 여든이 될 때까지 유럽 각지의 증시를 돌아다니며 투자하여 엄청난 성공을 거둔 그는 투자에 대해 생전에 이런 말을 남겼다.

"완전한 파산을 세 번 경험하기 전에는 스스로 투자자라 말하지 말라."

책에서 그 구절을 읽으며 '참 멋진 말' 정도로만 생각했는데, 이후 나 역시 거의 지옥이나 다름없는 파산을 세 번씩 겪게 되면서 이 말이 그토록 뼛속까지 느껴질지는 전혀 생각지 못했다.

고레카와 긴조는 34세에 친구에게 빌린 300만 엔을 가지고 증권시장에 뛰어들어 은퇴할 때까지 1,000억 엔(우리 돈으로 약 1조 1,720억 원)이라는 거금으로 불린 일본 최고의 실전 투자자다. 초등학교 졸업이 학력의 전부인 고레카와 긴조는 잇따른 사업 실패로 알거지 신세가 되자 독한 마음을 먹고 가족을 친구 집에 의탁하고서 3년 동안 철저하게 독학으로 경제학을 공부한 뒤 투자를 시작했다. 1982년에 그는 일본에서 소득세를 가장 많이 납부한 인물로 기록되기도 했는데, 주식투자 소득으로 납세 1위를 차지한 것은 전무후무한 기록이다.

책을 읽던 무렵의 나는 딸린 식구 없는 대학생이었으므로 가족이 머물 곳조차 마련하지 못하여 친구 집 문간방을 빌려야 했던 고레카와 긴조의 심정을 문맥상으로만 이해했다. 그러나 뒷날 뼈저린 투자 실패로 돌도 채 안 된 어린 아들과 아내를 뒤로한 채 사무실에서 몇 달 밤을 지새워야 하는 상황을 경험하게 되니, 이것을 우연이라고 해야 할지 얄궂은 운명이라고 해야 할지 모르겠다.

　어쨌든 산사에서 공부를 마치고 돌아온 뒤 줄줄이 아는 것은 많아졌지만 매매에서 이렇다 할 소득은 올리지 못하고 벌다 잃다 하는 사이에 어느덧 4학년 새 학기가 시작되었다. 그런데 대학 마지막 학년이었던 이해에 나에게도 큰 변화가 생겼다. 아버님께서 3,000만 원이라는 거금을 주신 것이다.

　잠시 집안 이야기를 하자면, 우리 집은 부모님 두 분이 모두 교직에 계셔서 부자는 아니지만 생활에 여유가 있는 집안이었다. 어머니는 전주 명문가의 맏딸이었다. 외할아버님이 전주 경찰서장, 김제군수, 익산시장을 역임하고 공직을 마치셨으니 외가 쪽은 대단한 명문가라 할 수 있다. 이에 비해 아버님께서는 평범한 농부의 막내아들로, 두 분의 로맨스는 당시 전주 시내에 한동안 꽤 큰 화제였다고 한다.

　두 분은 교육대학에서 만나셨는데, 농부의 막내아들과 시장님의 큰딸이라는 신분 차이는 시대가 변한 지금도 간단치 않은 격차니 당시 외가의 반대가 얼마나 심했을지는 짐작하고도 남는다. 그 반대를 이겨내신 두 분의 사랑이 참으로 존경스럽기까지 하다. 배포 좋으신 아버지야 그랬을 법하지만, 여린 성격의 어머니께서 그 반대를 어찌 돌파하셨는지 가끔 궁금할 때가 있다. 그러나 아마도 두 분은 후일을 상상하지 못하셨을 것이다. 그 대단했던 외가의 처절한 몰락과 그로 인해서 아버지께서 받아야 했던 고통을 말이다.

어렵지 않은 살림살이, 지역사회에서 존경받는 교직 생활 등으로 언제나 순탄하기만 하던 우리 가계에 먹구름이 몰려온 것은 내가 중학교에 입학한 지 얼마 되지 않아서였다. 어머니 바로 밑에 남동생인 나의 큰외삼촌이 사업을 크게 벌이다 여러 번 파산하면서 그 탄탄하던 외가 재산을 다 날려버렸다. 그 후로도 딱한 외삼촌의 처지를 외면하지 못한 어머니의 빚보증 때문에 우리 가족은 오랫동안 큰 어려움을 겪게 되었다. 초등학교 때까지 제법 똘똘하다는 소리를 듣고 6학년 때 전교 학생회장을 하기도 했던 내가 공부를 멀리하고 조금씩 삐딱해지기 시작한 것도 이 무렵부터였다.

결국 우리는 이사를 하게 되었다. 차고가 있고, 정원에는 대추나무, 감나무, 포도나무가 있는, 내가 태어나 자란 정겨운 단독주택이 아닌, 24평짜리 낯선 임대 아파트였다. 그곳은 내가 알고 있던 집의 개념과는 거리가 멀었다. 집안을 감싸는 무겁고 우울한 공기로 우리는 숨이 막혔다. 심심치 않게 볼 수 있는 것은 남몰래 눈물짓는 어머니의 모습이었다. 어머니의 눈물, 그리고 아버지의 한숨. 겉으로는 부부 교사의 화목한 가정이었지만 실상은 그렇지 못했다. 아주 오랜 시간 동안 부모님의 급여는 차압을 당해야 했고, 나는 계란 프라이 하나도 마음대로 먹을 수 없던 어린 아이일 뿐이었다.

철부지 동생들을 뒤로하고 이때부터 질풍노도 사춘기 소년에게는 반항심만이 싹텄다. 고등학교에 들어가서는 아예 공부와 담을 쌓고 지냈다. 어린 나이에 연애를 경험하고 친구들과 어울려 노름과 기타, 주먹질을 일삼을 뿐이었다. 그렇지만 현실에서 바뀌는 것은 달리 없었고, 이때의 방황 덕분에 남들보다 한참 후에야 대학에 입학하게 되었다.

하지만 돌이켜보건대, 당시 어머니의 눈물과 아버지께서 견디셔야 했던 고통의 시간은 그 후 내 인생을 지탱할 수 있게 한 가장 큰 원동력이 되었다. 내가 돈에서 자유롭게 된 후 가장 먼저 했던 일은 어머님께 1억 원짜리 수표를 드렸던 것인데, 그것은 어머니께서 돈 때문에 흘려야만 했던 그 숱한 눈물을 한꺼번에 날려버리셨으면 하는 바람 때문이었다.

지금 생각하면, 안 그래도 어려운 부모님 가슴에 못을 박는 일만 벌인 셈이니 왜 그리 철이 없었을까 싶다. 아무튼 그 연장선상에서 대학 시절까지도 우리 집안 형편은 풀리지 않았다. 나는 학창 시절의 절반은 고시원에서, 그리고 나머지 절반은 옥탑방에서 보냈다. 지방에서 올라온 학생들은 대부분 하숙을 했지만, 1989년 처음 서울에 재수를 하러 올라와서 1998년 대학을 졸업할 때까지 아침과 저녁이 제공되는 하숙이라는 것을 단 한 번도 해보지 못했다.

밥은 1,300원짜리 학교 식당 밥이 전부였다. 화장실과 욕실이 없는 달동네 옥탑방에 기거할 때는, 씻거나 볼일 보는 것은 전철역 화장실과 학교에서 해결해야 했다. 찬물만 나오는 수도꼭지가 옥상에 덩그러니 있었는데 그나마도 수압이 약해 아래층에서 물을 쓰면 몇 방울

쫄쫄 나오다 말다 그랬다.

나는 이런 사정을 한 번도 내색한 적이 없었지만 부모님은 늘 맏아들의 대학 생활 걱정으로 마음이 아프셨던 모양이다. 마침 어머니 퇴직 무렵까지 보증으로 떠안았던 빚을 근 십 년에 걸쳐 다 갚게 되자, 아버지께서 나를 부르시더니 3,000만 원이라는 거금을 주시면서 이 돈으로 전셋집이라도 하나 장만했다가 졸업하는 대로 서둘러 좋은 사람 만나서 결혼을 했으면 하는 바람을 비추셨다. 3,000만 원은 당시 내게는 엄청난 금액이었다. 아파트까지는 아니라도, 학교에서 가까운 신촌이나 동교동 인근에 신접살림을 차릴 만한 깔끔한 연립주택 전세 정도는 충분히 얻을 수 있는 돈이었다.

나는 가급적이면 부모님 바람을 들어드리고 싶다는 생각을 했다. 하지만 아직 졸업하려면 한 학기가 더 남아 있었다. 게다가 당시 여자 친구는 어학연수를 떠난 상황이어서 결혼을 위한 절차를 밟기에는 이른 시점이었다. 상황이 이렇게 되자 이미 주식에 깊이 빠져든 내 마음 깊은 곳에서 유혹이 시작되었다.

'어차피 익숙한 옥탑방인데 졸업 때까지 몇 달 더 지낸들 어떤가. 그때까지 돈을 묵혀두느니, 주식으로 불려서 조금 여유 있게 결혼 생활을 시작하자.'

아직 매매를 통해 돈을 벌고 수익을 인출해서 써본 경험조차 없는 초보 투자자는 그런 손쉬운 생각으로 부모님께 받은 거금을 과감하게 증권 계좌에 입금했다. 마침 증시는 오랜 침체를 거의 벗어나려는 분위기였다. 주봉 차트나 일봉 차트 모두 조정을 마치고 무릎을 확인하려 하는 상황이었다. 이대로 상승 추세로 완전히 전환되면 2~3년 정도는 장기적으로 상승할 모양새였다.

이론만큼은 증권 전문가 못지않게 잔뜩 가지고 있던 나는 실패할 가능성에 대해서는 1퍼센트도 생각하지 않았다. 단 1퍼센트도.

분할매수, 분할매도, 손절매. 이 세 가지만 잘 기억하면 아무 문제 없다고 확신했다. 손절매가 실패를 원천봉쇄할 부적이라도 되는 듯 컴퓨터 워드프로그램으로 손절매라는 단어를 각종 글자체로 출력해서 가장 마음에 드는 것으로 골라 책상 위에 붙였다. 이제 돈 버는 일만 남은 것 같았다.

객장의 젊은 고수

일단 은행주와 증권주, 그리고 삼성전자 등 국내 대표적인 우량주 100종목을 선정해서 기업 가치를 분석하고 주가 차트 추이를 관찰하기 시작했다. 이미 철저한 이론 무장을 마쳤고 투자 대회에서 실력도 인정받았다고 생각했기에 거침이 없었다.

1997년 4월경 종합지수 680포인트 근처에서 드디어 분할매수를 시작했다. 매수를 개시한 지 불과 한 달 보름 만에 지수는 790포인트에 도달했는데, 종합지수의 상승률이 15퍼센트 정도에 불과한 반면 내가 나름대로 심혈을 기울여 분석하고 매수한 종목들은 훨씬 큰 상승폭을 보여서 3,000만 원의 투자금은 어느덧 5,000만 원을 넘겼다.

투자금 규모나 수익률에서 이미 대학 졸업반 학생의 수준이 아니었다. 구름을 타고 있었으니 강의는 듣는 둥 마는 둥 매일같이 시간만 나면 객장에 나갔고, 어느덧 지점장이 상담을 청하는 젊은 고수로 통하기 시작했다. 당시 신촌의 D 증권 지점은 인근에서 가장 규모가 있는 지점이었기에 투자자들로 늘 북적거렸다. 그 무렵 신촌에서 주식 좀 한다는 사람들 대부분이 나를 알아보았다. 장을 마치고 나서도 객장에서 알게 된 사람들이 수시로 투자 종목에 대해 내게 묻곤 했다.

객장에 나가면 앉아 계시던 아저씨, 아주머니들이 내 주변으로 삼삼오오 몰려왔고, 나는 그분들에게 그동안 읽고 암기했던 많은 내용들을 마치 나만의 생각이고 이론인 양, 은근히 폼을 잡으며 설명하면서 고수라 불리는 기분을 만끽했다. 지금 생각하면 정말 한심할 따름이지만 당시에는 하루하루가 무척 즐거웠다.

마침내 계좌가 7,000만 원을 넘기며 난생 처음 거금을 손에 쥐자, 천하를 손에 쥔 듯한 느낌이었다. 졸업을 앞두고 취업을 위해 이리 뛰고 저리 뛰던 친구들은 나를 그저 부러운 눈으로 바라보았다. 술잔을 부딪치며 짐짓 그들에게 격려와 위로의 말까지 던졌으니 후일 내게 닥쳐온 일들을 생각하면 정말 이만저만한 코미디가 아닐 수 없다.

그러나 이렇게 잔뜩 들떠 있는 와중에 지수는 서서히 힘을 잃기 시작했다. 일봉 20일 지지선인 750포인트가 무너지자 이론에 빠삭했던 나는 분할매도에 힘을 쏟았다. 꼭지에서 팔지 못한 아쉬움이 컸지만 이것이 정석이라며 스스로를 위로했다. 모두 현금화하고 보니 7,000만 원이 조금 안 되는 금액이었다. 본격적인 첫 베팅 치고는 나쁘지 않은 성과였다. 게다가 때마침 어머니께서 명예퇴직을 하시며 퇴직금을 세 남매에게 골고루 나누어주셨다. 그렇게 내가 더 받게 된 돈이 3,000만 원이었다. 그런 탓에 집을 구하라는 성화가 더 심해지긴 했지만 이미 주식의 짜릿한 단맛을 본 나에겐 잔소리로만 들릴 뿐이었다.

나는 그렇게 조만간 다가올 기회를 엿보고 있었다. 그러던 와중에 기다리던 찬스가 다시 왔다. 깨지지 않을 것 같았던 지수 700포인트가 그해 늦여름 붕괴되고 내가 처음 매수를 시작해 들어갔던 680포인트에 다가온 것이다. 680포인트에 매수하여 790포인트까지 봤던 내게 이 지수대는 당연히 바닥권으로 인식되었다.

'아, 이것이 책에서 봤던 쌍바닥이구나.'

엘리어트 파동(Elliott Wave Principle)을 계산해보고 주봉과 월봉을 살펴봐도 반드시 매수해야 할 타이밍 같았다. 한번 진입해서 수익을 얻었던 지수대라 어떤 지표를 보든 이미 내 머릿속은 오로지 매수를 합리화하는 방향으로 기울어져 있었다.

나는 다시 정석대로 분할매수를 시작했다. 그런데 4월의 첫 번째 매수 시기와 달리 이번에는 사는 대로 장이 오르는 것이 아니라 조금씩 밀리기 시작하는 것이었다. 당연히 이상한 감을 느껴야 정상인 상황이었다. 하지만 내 머리는 680포인트를 다시 만나기 어려운 저점으로 인식하고 있는 판이니, 지속 하락하는 장이 그야말로 신나게 매수할 기회를 주는 것으로만 느껴졌다.

연일 매수 주문을 이어나갔다. 보유하고 있는 1억을 모두 투입할 생각은 아니었으나 9월 말 지수가 620포인트까지 내려오자 도저히 더 잔고를 남겨둘 수가 없었다. 그 당시 일기장에 나는 다음과 같이 적었다.

'도대체 지금 파는 사람은 어떤 바보일까?'

대폭락, 날개 없는 추락

나중에 깨달은 사실이지만, 당시 나는 전형적인 하수의 심리에 사로잡혀 있었다. 일반적으로 하수들은 주식을 싸게 사는 데 민감하고 고수는 비싸게 파는 데 관심을 둔다. 싸게 사서 비싸게 파는 것이 시세 차익의 기초 원리다. 값싸게 매수하는 것과 고가에 매도하는 것은 수익을 거두는 데 필수적인 두 가지 조건이므로 어느 쪽에 초점을 맞추든 별 상관이 없을 듯이 보인다.

그러나 현실에서 이 양자의 관점 사이에는 큰 차이가 존재한다. 중기적으로 주가가 5만 원에서 10만 원 사이를 오가고 있는 어떤 종목이 최근 다시 5만 원 가격을 형성했고 대체로 바닥이라는 인식으로 고수와 하수 모두 이 종목을 매수했다. 매수 후 기대와는 달리 주가가 1만 원 빠져 4만 원이 되었다고 하자. 이렇게 되면 고수는 예상이 틀렸음을 인정하고 주식을 손절매 처리한다. 비싸게 파는 데 주안점을 두고 있기 때문에 오르지 못하고 있는 주식은 그에게 흥미가 없다. 마이너스 10퍼센트 또는 20퍼센트 정도로 정한 손절선까지 가격이 내려오면 미련 없이 손절 주문을 낸다.

그런데 싸게 사는 데 관심이 큰 하수의 경우는 다르다. 저점이 5만 원이라고 본 주가가 4만 원이 되면 자신이 산 가격보다 훨씬 더 '싼' 상태가 된다. 싸다는 것이 매력인 하수에게 이는 손절할 이유가 아니라 주식을 더 늘려야 할 이유일 뿐이다. 다시 3만 원이 되면 어떨까? 보유 주식의 평가손을 걱정하는 것이 아니라 '이보다 더 쌀 수는 없다.'며 좀처럼 접하기 힘든 호기라도 만난 듯이 어떻게든 물량을 더 사기 위해 안달이 난다. 같은 투자금으로 훨씬 많은 수량의 주식을 사들일 수 있다는 것은 하수에게 매우 흥분되는 일이다. 100만 원으로 20주밖에 못 사던 것을 주가가 2만 5,000원이 되면 40주나 사들일 수 있으니 말이다.

'싼' 것이 기준이 되면 위험한 것은 이 때문이다. 손절매를 제때 못하게 만들 뿐만 아니라, 더 나쁜 물타기까지 이어진다. 단 한 번의 잘못된 매수로 투자에서 큰 낭패를 보기란 쉽지 않다. 대부분 더 싸진 시세에 물타기가 더해지면서 결국 호미로 막을 수 있었던 일이 가래로도 막지 못할 사태로 번지는 것이다.

아무튼 그렇게 계좌에 현금 잔고를 하나도 남기지 않고 모두 주식을 매수한 상태에서 10월이 시작되었다. 그해 10월, 나는 그때까지 우리나라 증시 역사상 가장 큰 대형 음봉을 그대로 맞았다. 10월 첫날 646.86포인트였던 주가는 월 마감일 종가 470.79포인트로 한 달 만에 무려 176포인트가 하락했다. 월간 하락률이 -27.2퍼센트에 달했다. 그로부터 11년 뒤인 2008년 10월 전 세계 금융위기로 우리나라 종합주가지수는 월간 340포인트 하락을 경험한다. 그러나 하락률은 -23.4퍼센트로 1997년 당시 하락률에는 미치지 못한다.

사실 1997년 10월은 하락이라는 표현이 무색할 만큼 매일같이 폭락에 폭락을 거듭했다. 자고 나면 지수가 10포인트씩 폭락했고 객장 전광판에 빨간불이 보이지 않을 정도로 상장된 종목 대부분이 하락했다. 바야흐로 IMF 구제금융의 서막이 시작되었던 것이다.

그러나 이 상황에서 나는 그토록 숱하게 적어두었던 한 단어 '손절매'를 실행할 수가 없었다. 개장과 동시에 시퍼렇게 음봉을 그리며 내려가는 지수에 몸은 박제라도 된 듯이 굳어버렸다. 장중 단 몇 퍼센트만 반등하면 손절하리라고 마음을 먹었지만 약한 반등도 출현하지 않았다. 나날이 줄어가는 계좌를 보면서 이 믿을 수 없는 폭락이 꿈이기를 바랐다. 당시 신문 지면에는 연일 국내 내로라하는 대학교수와 경제 전문가들이 등장하여, '한국 경제 탄탄하다.'는 식의 평론들만 내놓을 뿐, 다가오는 더 큰 파국을 경고하는 사람은 아무도 없었다.

공교롭게도 이들 중에는 당시 우리 학과 지도 교수님도 계셨다. 교수님은 유력 일간지 경제 사설을 담당하고 계셨는데, 지금의 하락은 전혀 근거가 없다는 대문짝만 한 사설을 실었다. 이미 투자학 강의를 수강하며 교수들의 예측력이 어떤 것인지를 겪어봤으면서도 지푸라기라도 잡는 심정으로 지도 교수님을 찾아가 견해를 들어보았다.

"일시적인 수급 불균형에 의한 하락에 대중들이 과민반응하는 것일 뿐 경제 펀더멘털에는 아무런 이상도 없다."는 것이 교수님의 답변이었다. 논리 정연한 설명과 함께 한국 경제의 여러 지표들을 신뢰감 있게 보여주셨다. 하지만 교수님을 믿어서가 아니라 여기서 팔면 그 손실을 어떻게 메우나 하는 암담한 마음으로 결국 마지막 손절 기회를 또 그렇게 놓쳤다. 이제는 두 손 모아 기도나 할 밖에 방법이 없었다.

10월 말 470포인트였던 지수는 11월 말 407.86포인트로 400포인트 붕괴를 코앞에 두었다. 결국 12월 초 외환 잔고가 바닥을 드러내며 한국은 IMF 구제금융 신청의 길을 걸었다. 그렇게 지수 400포인트가 허망하게 붕괴되었다. 객장 주변에는 한국 증시가 문을 닫을 수도 있다는 흉흉한 소문이 나돌았다.

증시가 문을 닫는다? 얼핏 생각하면 정말 믿을 수 없고 가능할 법한 이야기가 아니다. 고객이 예치한 돈을 찾을 수도 없는 상황이라니, 이건 교과서에나 나오는 1920년대 대공황 때 이야기가 아닌가.

그러나 정말 그런 일들이 일어났다. 지방은행들이 문을 닫았고 몇몇 증권사가 부도났다. 증시가 문을 닫는다는 이야기가 더는 허황된

소문이 아니었다. 외국인들은 한국 주식을 단 한 주도 남기지 않으려는 듯 수개월째 연속 순매도를 했고 한국 증시의 대표주자인 삼성전자마저도 부도 처리될 수 있다는 황당한 루머까지 돌았다. 포트폴리오에 삼성전자가 비교적 많았던 나는 그런 이야기를 들을 때면 정신이 다 멍해지는 기분이었다.

붐비던 객장에는 사람 한 명 찾을 수 없었고, 가끔 낮술로 얼굴이 벌건 투자자가 욕설을 하며 전광판에 집기를 던지는 광경도 내 눈앞에서 벌어졌다. 도저히 계좌를 볼 용기가 나지 않았으나 잔고를 확인하니 그나마 삼성전자만 반 토막이고 나머지는 모두 3분의 1 토막, 또 한 종목은 이미 부도 처리되었고 잔고는 2,000만 원에서 오락가락하고 있었다.

12월 2일, 한국 증시의 마지노선이라던 400포인트가 붕괴되던 날, 전 종목 하락에 하한가 종목이 3분의 2를 차지하고 있던 아비규환 속에서 나는 모든 보유 종목에 대해 시장가 매도 주문을 낼 수밖에 없었다.

소문대로 삼성전자마저 부도가 난다면 1,000만 원도 채 건지지 못할 상황이었다. 그나마 이거라도 현금화해야 한다는 생각이 들었다. 그렇게 악착같이 쥐고 있던 종목들을 단 1초라도 더 빨리 팔기 위해 주문지에 볼펜으로 매도 수량을 적어나가는데 손이 후들거려 글씨가 잘 써지지 않았다. 주문지를 지점 여직원에게 건네기 위해 직원 데스

크로 걸어갈 때는 다리마저 휘청거렸다. 그때 내 표정을 볼 수는 없었지만 누군가 카메라에 담았다면 아마도 혼이 절반 이상 빠져나간 모습이었을 것이다.

시장가 주문이 모두 체결 처리된 것과 투자금 1억 원이 5분의 1로 줄어 남은 금액이 2,000만 원에 불과하다는 것을 확인한 뒤 나는 증권사 건물 계단을 쓸쓸히 내려왔다. 그날 밤, 난방도 시원찮아서 온기라고는 거의 없는 냉구들 옥탑방에서 방문을 걸어 잠그고 정말 많이도 울었다. 그렇게 다짐했던 투자 원칙을 지키지 못한 어리석음이 너무도 한스러워 울었다. 철들고 처음으로 대성통곡하며 밤을 새고 말았다.

시련은 그것으로 끝나지 않았다. 얼마 뒤 어학연수를 떠난 여자 친구의 일방적인 이별 통고가 날아들었다. 젊은 날 상처는 누구나 마찬가지겠지만 당시에는 견디기 힘들었다. 캠퍼스 커플이었던 탓에 주변 사람들이 모두 우리의 일을 알고 있었다. 사랑에 대해서 낭만적인 생각을 품은 스물일곱 살 청년에게는 떠나겠다는 연인의 말이 머리로는 이해되었지만, 가슴으로는 이해가 되지 않았다.

거듭된 술과 담배로 편도선이 퉁퉁 붓고 식사를 할 수 없을 만큼 위가 망가져서, 이후 한동안 병원 신세를 지게 되었다. 모래를 씹는 듯한 입맛에 억지로 밥을 우겨 넣다가도 울컥하고 눈물이 솟구쳐 오르는 나날이었다.

그러나 언제까지 그렇게 멍하니 있을 수는 없었다. 이미 취업은 물

건너간 상황으로 여겨졌고 난국을 돌파할 길은 회계사 시험밖에 없다고 결론을 내렸다. 군용 더플백에 회계사 시험용 책들을 한 짐 욱여넣고, 후배에게 빌린 학생증으로 서울대학교 도서관에 자리를 잡았다. 모교 도서관을 이용하지 않은 것은 아는 얼굴들과 마주치는 것도 싫고 익숙한 캠퍼스를 오가다 보면 떠나간 여자 친구와의 정겹고 풋풋하던 시절이 자꾸 떠오르기 때문이었다.

이후 두 달 반 동안 하루 세끼를 학교에서 사 먹고 잠은 도서관에서 자면서 시험 준비에 매달렸다. 도서관 간이매점에서 파는 샌드위치를 하루도 빼놓지 않고 아침으로 먹었는데, 너무 추워서 덜덜 떨면서 먹던 기억이 15년이 지난 지금도 눈에 선하다.

오로지 책에 집중했다. 공부에 몰두할 때만 모든 고통을 잊을 수 있었다. 책에서 손을 떼는 순간마다 내 자신에 대한 자책감과 모멸감이 밀려와 화장실을 갈 때조차 책을 지니고 다녔다. 모든 것을 불태우듯 공부에만 전념했던 그해 겨울 2개월여의 도서관 생활 동안 그나마 얼마 나가지 않던 몸무게가 8킬로그램이나 빠졌다. 당시 나는 악만 남은 상황이었다.

어느 날 밥을 먹으러 가기 위해 의자에서 일어서는데 주위가 갑자기 아득해지며 눈 주위에서 별이 반짝거리는 느낌이 들었다. 선 자리에서 모로 쓰러지는 나를 옆자리 학생이 화들짝 놀라 부축했다. 이대로 더는 지탱하기 어려울 듯했다. 신촌 옥탑방에 가서 며칠 쉬어야겠다고 생각하고 몸을 추슬러 도서관을 나와 택시를 잡아탔다.

마침 라디오에서는 뉴스가 흘러나오고 있었다. 아나운서가 전하는 주식시황 소식을 전해 듣는 순간 나는 경악을 금할 수 없었다. 지수 400포인트에 모든 주식을 청산한 뒤 짐을 꾸려 서울대로 옮길 무렵, 종합주가지수는 350포인트대였다. 300포인트 붕괴는 시간문제일 뿐이고 200포인트도 머지않았다고 생각하고 있었다. 내심으로는 그 정도가 있기를 바라고 있었는지도 모르겠다. 그러나 시장은 너무나 잔인해서 아나운서가 전한 주가지수는 이미 550포인트를 넘나들고 있었다. 기억 속에서 지워버렸다고 생각한 책에서 읽었던 글들, 그리고 노트에 적었던 문구들이 다시 머리에 떠오르기 시작했다.

'그렇구나. 나는 바닥에서 투매를 하였구나!'

남들이 모두 시장을 떠날 때 들어와야 하고 대중이 주식을 사려 안달할 때 떠나야 한다는 평범한 진리가 바로 이거였구나 싶었다.

월가에는 이런 격언이 있다.

"황소도 돈을 벌고 곰도 돈을 벌지만 겁먹은 노루는 목숨을 잃는다."

내가 다름 아닌 노루였다는 사실에 몹시 속이 쓰려왔지만 눈을 질끈 감고 시험 날까지 주식을 잊고자 애썼다. 시험일이 지나가고 여행을 다녀오고 서서히 떠나간 사랑에 대한 상처가 지워지기를 바라면서 한동안 휴식을 취했다.

한번은 회계사 2차 시험 준비를 위해 책을 사러 서점에 들렀는데, 수험 교재 매대는 건성이고 무의식중에 자꾸 증권 서적 코너로 발길이 옮겨졌다. 그 사이 예전에는 없던 새로운 책들이 많이 보였다. 국내 투자자들의 체험기가 상당히 눈에 띄었다.

책을 구경하는 동안 왠지 마음이 차분해지면서 이전과 다르게 묵직한 무엇이 내 안에 자리를 잡은 느낌이 들었다. 이제 다시 주식투자를 한다면 더 이상 잃는 일은 없을 것 같았다. 부모님은 내가 주식을 한다는 건 전혀 짐작도 못 하셨기에 전화통화를 할 때면 빨리 전셋집을 구하라고 재촉하시던 상황이었다.

'원금만 되찾자. 원금을 회복하고 나서는 회계사 시험을 패스하고 평범하고 성실한 생활인으로 살아가자.'

서점을 나올 때 내 손에는 수험서가 아닌 주식투자 관련 신간만 몇 권 들려 있었다.

외환위기를 불러왔던 김영삼 정부와 집권당이 대선에 패배하고 김대중 대통령이 새로 취임한 1998년 봄, 국내 경제는 얼핏 회복세로 접어드는 듯이 보였다.

5월 어느 날부터인가 해가 밝으면 도서관과 객장을 오가기 시작했다. 며칠간 객장에서 관찰한 상황을 종합해보니 절호의 찬스가 다가오고 있다는 느낌이 들었다. 전년 12월에 종합주가지수 376.31포인트를 최저점으로 투매를 이끌어낸 주식시장은 새해 들어 567포인트까지 급반등하면서 1, 2월 월간 양봉을 모처럼 만들어냈다. 그러나 3월부터는 다시 계단식 하락이 지속되면서 3개월 연속 음봉이 출현하고 있었다.

구제금융 초기, 국가적인 위기 속에서 새 대통령 당선자는 신속하게 외자를 유치해가면서 급한 불을 껐다. 하지만 정작 2월 취임 이후로는 성과를 쉽게 내지 못하고 있었다. 집권당이었다가 정권을 넘겨준 거대 야당은 사사건건 정부 정책에 반기를 들어 김대중 정부의 경제 정책은 답보를 면치 못했다. 또 위기에서 살아남은 기업들이 경영 부담을 줄이기 위해 서둘러 구조조정을 단행하면서 외환위기 이후 약 100만 명의 직장인이 길거리로 내몰려 서민들이 체감하는 경기는 최악이었다.

경제 상황으로 미루어 작년 12월 저점이 진바닥이 아닐 것이라는 생각이 들었다. 최소한 비슷한 지수대에서 쌍바닥을 만들거나 조금 더 하락하여 진바닥을 확인할 수밖에 없다는 판단을 했다. 최대한 현금 보유량을 높이고 단타로 계좌를 불려나가면서 결정적인 시기를 기다리기로 했다.

다시 매매를 시작하면서는 거의 기계적으로 원칙을 지켜나갔다. 당시에 하늘처럼 지키던 원칙은 '5일선'과 '손절선'이었다. 주식을 매수했다가 5일선이 깨지면 그날로 손실 중이든 수익 중이든 무조건 팔았다. 또 매수가에서 5퍼센트 손실이 발생하면 물량 50퍼센트를 정리하고 10퍼센트 손실이 발생하면 나머지를 전량 청산하는 것이었다.

이 원칙을 충실히 지키자 상당히 험한 하락장이었음에도 조금씩 수익이 발생했다. 물론 결정적인 투매 시기를 기다리면서 투자 비중을 최소한도로 잡았기 때문에 수익 금액 자체가 크지는 않았다. 다만 작년의 패배로 위축된 심리를 회복하고 투자 원칙을 철저히 지켜나가는 연습 과정으로서 의의는 컸다.

5월 말이 되자 지수는 더 급하게 내리막을 달렸다. 예상했듯이 지난해 12월의 전저점을 하회한 뒤 301.22포인트를 찍고 반등하여 간신히 지수 300포인트를 지켜내는 중이었다. 장세가 살얼음판을 걷자 서서히 객장에는 싸움이 잦아지고 다들 지쳐가고 있었다. 여직원들의 얼굴에서 웃음이 사라졌고 객장으로 나오는 투자자들이 줄어들면서 지점이 텅 비어갔다.

그럴수록 나는 더 성실하게 하루도 빠짐없이 객장에 나갔다. 당시 지점에는 컴퓨터가 한 대밖에 없어서 붐빌 때는 차트를 보기가 정말 불편했는데, 사람이 아무도 없으니 아무래도 편안했다. 혼자 컴퓨터 모니터를 하루 종일 차지하고 차트를 확인하고 정보를 분석하면서 장이 마감될 때까지 차분하게 자리를 지켰다.

지수가 300포인트 근방에 왔을 때 나는 단타 매매하던 자금까지 전부 철수시키고 관망 중이었다. 전저점은 무너졌지만 여전히 마지막 투매 시점은 아니었다. 전해 12월에 뼈저리게 겪었듯이, 마지막 투매는 겁에 질린 초식동물들의 항복을 요구하는 국면인 만큼 너무도 거칠고 급한 법이다.

6월 어느 날 결국 300포인트가 무너졌다. 망연자실한 표정으로 전광판을 지켜보던 한 아저씨가 서럽게 울음을 터뜨렸고 그 울음은 객장 여직원들에게로 번졌다. 나는 그분들의 울음에서 작년 내 모습을 확인할 수 있었다. 그러나 동시에 가슴속에서는 무엇인가가 뜨겁게 타오르는 것을 느꼈다.

지난 겨울과 봄 사이, 불과 한 계절이 지나는 동안 나 자신은 무척 달라져 있었다. 300포인트 붕괴 예측이 들어맞은 게 중요한 것은 아니었다. 그 시기를 기다리면서 계좌를 전액 현금화하고 미동도 하지 않고 시장의 흐름과 주변 투자자들의 심리만 관찰하고 있는 내 모습은 스스로 생각해도 놀라우리만치 냉정하고 담담한 것이었다.

"한국 증시가 나락으로 빠졌다."고 뉴스 앵커가 심각한 표정으로 시황을 전하던 그날, 나는 오히려 재기에 대한 강한 자신감을 가질 수 있었다. 나는 비로소 겁먹은 노루가 아닌 황소나 곰이 되기 시작한 것이다.

당시 내 계좌 잔고는 2,420만 원으로 약간 불어 있었다. 아직 바닥이 확인되지 않았지만 외국인들의 동향은 이미 순매수 기조로 전환되었다. 'V'자 또는 'U'자 형 상승이 예상되었다. 전략을 세웠다. 금액을 절반으로 나눠 300포인트를 깬 패닉 상태에서 위험을 감수하며 매수를 단행하고, 나머지 반은 20일선을 회복하면서 추세선을 상방으로 돌파할 때 모두 투입하기로 했다.

치밀하게 매수에 들어가자 다행히 280포인트를 잠깐 보여준 후 지수는 조금씩 상승하기 시작했다. 먼저 투입한 절반의 자금은 적게나마 수익이 난 상황이어서 여유로운 마음으로 나머지 자금 투입 시기를 기다렸다. 그리고 드디어 주가가 일봉 추세 하락선을 상향 돌파하면서 거래량이 상승으로 돌아서는 것을 확인한 나는 나머지 자금을 모두 투입하는 승부수를 던졌다.

전액을 투입했음에도 마음은 고요하고 평온했다. 조바심이나 떨림도 없었고 수익만 고대하면서 들뜨는 일도 없었다. 7월 중순경 계좌 수익률이 50퍼센트를 넘어서는 것을 확인하고 모두 매도를 단행했다. '급락 뒤에 급등 없다.'고 종합주가지수가 역사적 저점을 확인한 마당에 급하게 'V'자 반등으로 나갈 것 같지는 않았기 때문이다.

이 결정은 매우 깔끔한 것이었다. 이후 두 달 동안 300포인트를 축으로 지수는 다시 지루한 횡보세를 이어갔다. 거의 동물적인 감각으로 단기 반등에서 50퍼센트 수익을 챙겼기에 나는 느긋한 마음으로 다음 기회를 기다리며 여름을 보냈다.

사소한 차이가 삶을 가르다

여름이 끝나가면서 시장은 아주 커다란 분기점을 향해 다가가고 있었다. 모든 이동평균선이 모여가고 5일, 10일 등 단기 이동평균선들이 하나 둘씩 120일선 돌파를 앞두고 있는 모습이었다.

5일선의 120일선 돌파 후 지지가 확인된다면 다시 두 번째 풀 베팅을 하기로 마음을 먹고 오랜만에 홀가분한 마음으로 혼자 훌쩍 여행을 떠났다. 마침 경주 문화 엑스포가 열리고 있던 참이었다. 고등학교 때 수학여행을 다녀온 뒤로 경주 방문은 처음이었다.

관광 명소를 둘러보고 첫날은 1만 원짜리 여인숙에서 잠을 청했다. 퀴퀴한 냄새가 배어 있고 벽지가 갈라지고 장판에 때가 낀 초라한 방이었다. 옥탑방에서 대학생활을 보낸 내게는 익숙한 잠자리였다.

다음날 저녁은 보문 호수가 한눈에 내려다보이는 경주 힐튼 호텔 스위트룸에 엄청 비싼 돈을 지불하고 잠을 청했다. 경주로 내려올 때 처음부터 계획한 일이었다. 룸서비스를 불러 와인도 한 병 주문했다. 전날과 비하면 숙박비 차이가 무려 60배가 넘었다. 호숫가로 난 발코니의 테이블에 앉아 혼자 와인을 마시며 생각했다.

'난 여인숙 방에서도 이런 호사스런 스위트룸에서도 얼마든지 잘 잔다. 그렇지만 이제 다시는 바퀴벌레가 나오는 그런 방에 내 몸을 누이지 않을 것이다.'

서울로 오는 관광버스 안에서 나는 지점에 전화를 걸어 주가지수를 확인했다. 120일선이 돌파된 것이 확인되자 주저 없이 계획했던 종목들에 대한 매수 주문을 넣었다. 1998년 10월 9일의 일이었고 지수는 310포인트 근처였다. 일차 목표점은 240일선이 위치한 400포인트, 단순 계산으로도 90포인트의 수익이 기대되었으며 이것은 수익률로 따지면 30퍼센트에 해당하는 것이었다. 내가 주문한 종목들은 시장보다 베타계수(beta coefficient)가 높은 종목들이었으므로 기대 수익률은 이보다 훨씬 높을 것이 예상되었다.

결과는 대성공이었다. 하늘이 도왔던지 지수는 거짓말처럼 2주 만에 정확하게 240일선까지 상승하는 기염을 토했다. 주요 이동평균선이 단번에 돌파되기란 어렵다고 판단하여 모두 매도를 단행했다.

이후 장은 정석적인 상승장의 모습을 보여주었다. 1998년 가을부터 겨울까지 장은 그간 주식 책을 보면서 공부할 때 등장한 교과서적인 이론이 거의 그대로 실현된 장세였다. 상승장에서는 조정을 심하게 받아봐야 20일선까지 밀리는 정도다. 120일선 돌파 시 매수한 주식을 저항이 강한 주요 지수대에 이르거나 이격 과다를 보이면 절반만 팔았다가 다시 20일선에 오면 판 물량만큼 다시 매수하기를 반복했다. 절반 물량을 계속 보유하니 상승장에서 물량을 놓치고 다급해지는 일도 없었으며, 이격이 과하다 싶을 때 팔아둔 물량은 낮은 가격에 다시 사게 되어 그냥 홀딩할 때보다 수익은 훨씬 극대화되었다.

성탄절을 며칠 앞둔 어느 날, 드디어 계좌 평가액이 어머님께서 따로 주신 금액을 포함한 원금 6,000만 원을 넘어섰다. 목표를 달성하고 나자 그간의 마음고생이 한꺼번에 설움으로 밀려왔다.

1999년 1월 중순경 600포인트가 붕괴되면서 오랜 시간 지켜왔던 20일선을 이탈하는 것을 보고는 계좌를 깨끗이 비웠다. 결과는 대만족이었다. 계좌 잔고는 9,000만 원에 달했다. 2,000만 원으로 5월장에 복귀한 뒤 7개월 만에 350퍼센트의 수익을 거둔 것이었다. 이로써 부모님께 진 마음의 빚을 어느 정도 덜어냈다는 생각이 들었다.

원금 회복에 더하여 50퍼센트의 수익까지 거둔 나는 취업과 주식

투자 사이에서 갈등을 하게 되었다. 이미 나는 주식투자의 매력에 흠뻑 빠진 상태였다. 몇 달 사이에 당시 대기업 신입사원 연봉 몇 년치 수익을 올렸으니 아침마다 넥타이 매고 인파로 북적이는 출근길을 향하는 평범한 삶을 살아간다는 게 솔직히 선뜻 내키지는 않았다. 그렇다고 그 정도의 돈을 가지고 혼자서 PC 앞에서 세상과 괴리된 채 거래만 하고 사는 것도 답은 아니라고 생각했다.

다시 시작할 때, 정말 원금만 찾게 되면 떠나리라고 각오에 또 각오를 했던 것을 억지로 떠올렸다. 젊은 녀석이 객장에서 왔다 갔다 하는 것이 그다지 보기 좋은 것도 아니고, 부모님께서도 내가 안정적인 직장을 잡았으면 하는 바람을 가지고 계셨다. 그렇게 억지로 마음의 갈피를 다잡으려 하는 순간이었다. 그러나 투자자의 삶을 청산할 절호의 기회에서 다시 한 번 얄궂은 운명의 신이 개입했다.

지점장을 비롯한 지점 직원들의 입소문을 통해 유명세를 타고 있던 내게 어느 날 전혀 예기치 못한 제안이 들어왔다. 한 투자자가 자신의 3억 원짜리 계좌를 운영해달라는 부탁을 해온 것이다. 원금 10억에서 7억을 날리고, 마지막 남은 돈이라고 하였다.

비록 학생 신분에 걸맞지 않게 6,000만 원이라는 큰돈을 투자해본 바가 있기는 하지만, 3억이라는 규모는 이전에 만져보지도 못한 거금이었다. 제안을 듣는 순간, 마음이 강하게 흔들렸다.

소액 투자자들은 흔히 자신이 투자에서 성공하지 못하는 이유를 자본의 절대 부족 때문이라고 생각한다. '투자 자본이 충분하다면, 소위 말하는 포트폴리오를 정석대로 짜고, 분할매수와 분할매도, 장기 투자 등 투자 교과서에서 배운 대로 계좌를 운영해볼 수 있을 텐데.'하는 생각 한 번쯤 안 해본 사람은 없을 것이다. 물론 나 역시 마찬가지였다. 그분이 제시한 조건은 이러했다.

"원금에서 10퍼센트의 손실이 발생하면 운영을 중단하되 이 손실에 대한 책임은 묻지 않겠다. 무슨 이유에서든 손실액이 10퍼센트를 넘으면 그 금액에 대해서는 책임을 져라. 대신 수익을 거두면 이익금의 30퍼센트를 운영자인 네게 준다."

나는 그분의 제안을 수락했다. 하지만 완전히 취업을 포기하고 전업 투자자가 될 생각은 아니었다. 외환 위기 직후 기업들이 신입사원을 많이 뽑지도 않던 때라 원한다고 해도 언제 취업이 이루어질지는 미지수였다. 취직 자리가 결정되기 전까지만 하자는 아주 단순한 생각이었다. 그리고 내게는 부모님이 주신 돈 외에 3,000만 원의 투자 수익금이 있으므로, 설령 계좌를 운영하다 손실 10퍼센트를 상회하는 최악의 경우가 발생하더라도 그 정도에 대한 책임은 얼마든지 질 수 있다고 보았다.

커피 한 잔을 마시며 그분과 헤어진 뒤 나는 곧장 가까운 복덕방을 찾아갔다. 그리고 부모님이 주신 원금 규모에 알맞은 전셋집을 구했다. 1989년 서울에 올라온 지 꼭 10년 만에, 처음으로 실내에 화장실과 세면대가 있고 뜨거운 물이 나오는 집으로 거처를 옮겼다. 반지하여서 약간의 불편함은 있었지만 결혼할 여자를 만나게 된다면 신혼 살림을 차려도 크게 불편하지 않을 만한 집이었다.

최근 1년여 경험한 지옥과 같은 고통은 모두 끝났고 이곳에서 나는 견실하고 안정적인 삶을 만들어갈 수 있을 거라고 생각했다. 그러나 그것은 대단한 착각이었다. 삶은 아주 사소한 차이로도 극적으로 달라질 수 있다. 내가 가진 자산을 몇 배나 상회하는 규모의 타인 계좌를 운영하겠다고 결심한 순간, 이미 나는 평범한 삶으로부터 멀어지고 있었다. 그분의 계좌 운영에 관한 제안을 받지 않았다면 아마도 나는 취업을 했을 것이다. 내 돈만 가지고 전업 투자자의 삶을 가는 것도 쉽지 않았을 터이니 말이다.

이때가 마지막 기회였던 것 같다. 그때 주식시장과 작별했더라면 오늘의 알바트로스는 없었을 것이다. 과감히 투자를 접고 예정한 대로 취직이나 회계사 시험을 마쳤다면 이후 그토록 신산한 삶을 살지 않아도 되었을 것이다. 하지만 스물일곱 청년이었던 나에게 인생을 헤아리는 그런 지혜는 없었다.

과거를 후회한다는 게 현재를 바꾸는 데 아무 도움이 되지 않기에, 나는 지금 그때의 결정을 후회하지는 않는다. 그러나 가끔씩 내가 걷지 않은 길로 발걸음을 옮겼더라면 내 삶이 어땠을까 생각해보곤 한다.

고등학교 때 교과서에 실렸던 로버트 프로스트(Robert Frost)의 「가지 않은 길」이라는 시가 생각난다. 전문을 옮겨본다.

가지 않은 길

노란 숲속에 길이 두 갈래로 났었습니다.
나는 두 길을 다 가지 못하는 것을 안타깝게 생각하면서,
오랫동안 서서 한 길이 굽어 꺾여 내려간 데까지,
바라다볼 수 있는 데까지 멀리 바라다보았습니다.

그리고, 똑같이 아름다운 다른 길을 택했습니다.
그 길에는 풀이 더 있고 사람이 걸은 자취가 적어,
아마 더 걸어야 될 길이라고 나는 생각했었던 게지요.
그 길을 걸으므로, 그 길도 거의 같아질 것이지만.

그날 아침 두 길에는
낙엽을 밟은 자취는 없었습니다.
아, 나는 다음날을 위하여 한 길은 남겨두었습니다.
길은 길에 연하여 끝없으므로
내가 다시 돌아올 것을 의심하면서….

훗날에 훗날에 나는 어디선가
한숨을 쉬며 이야기할 것입니다.

2장
1999년~2003년
주식시장에 승부를 걸다

나 역시 실패했다.
그러나 그것은 내 인생 최고의 터닝포인트였다.

- 츠카모토 고이치, 와코루 창업자

· · ·

밀레니엄 축제의 하이라이트, 코스닥

1999년부터 2000년 2월까지는 코스닥이 전면에 부상한 시기였다. 종합지수가 1,000포인트에 육박할 무렵부터 시장 변화에 민감한 이들은 서서히 코스닥 시장으로 옮겨가기 시작했다.

지수 1,000포인트대에 대한 부담감, 당시 김대중 정권의 잇따른 벤처기업과 코스닥 시장 육성책 발표, 미국 나스닥 시장의 대폭등, 밀레니엄 전환을 앞둔 기술주에 대한 환상 등이 어우러져 코스닥 지수는 68포인트에서 292포인트까지 줄곧 상승했다.

종목별로 수십 배씩 폭등이 이어지는 가운데에도 거래소 시장 외에는 별 관심을 갖지 않았던 전통적인 투자자들은 코스닥 시장을 의심의 눈길로 바라볼 뿐이었다. 그러다 거래소가 지수 1,000포인트대에서 등락을 거듭하며 방향을 쉽사리 정하지 못하고, 외국인과 기관의 이른바 '양끌이 장세'로서 고가 블루칩과 옐로칩만이 오르는 날들이 계속되자 상황은 조금씩 달라지기 시작했다.

때마침 새천년의 시작이라 떠들썩했던 2000년이 되자 많은 투자자들이 뒤늦게 코스닥을 향해 몰려들기 시작했다. 그리고 정확히 이때가 코스닥과 거래소를 포함한 국내 주식시장이 하나의 정점을 찍고 길고 지루한 하락을 시작하는 시점이었다.

나는 이미 전년도 코스닥 활황으로 적지 않은 수익을 거두고 있었다. 내가 처음으로 맡은 그분의 계좌도 수익을 제법 내고 있었다. 그것이 또 소문이 돌면서 알음알음 몇 분의 계좌를 더 운용하기 시작해 어느덧 적지 않은 돈을 운용하게 되었다. 당시에는 수익률도 제법 높았다. 사실 이것을 내 자신의 실력으로 알고 우쭐하던 시절이었는데, 주위에도 그런 분들이 많았었다. 증권가 사람들이 우스갯소리로 말했던 '여의도 강아지들이 10만 원짜리 수표를 물고 다닌다던 때'가 이때였다. 어느 종목이건 코스닥에 상장만 하면 줄 상한가를 치던 때였고, 한 주라도 사려면 전일 예약 주문이 가장 빠른 증권사가 어디인지, 이런 것들을 연구하던 때이니 이때 재미를 봤던 이들에게는 정말 아득한 기억일 듯하다.

그렇게 1999년은 나에게 처음으로 타인의 자금을 통하여 수익을 발생시키는 첫해가 되었다. 이런 식으로만 가면 머지않아 부자가 될 것처럼 느껴졌다. 물론 취업에 대한 의지는 빠른 속도로 사라져갔다.

생각해보면 살면서 이력서를 한 통도 써본 적이 없다. 어쩌면 의지 자체가 없었던 것인지도 모르겠다.

증권사 입사를 하려면 할 수도 있었을 것이다. 하지만 증권사 직원은 주식투자에 많은 제약 사항이 있다는 말에 증권사 입사는 깨끗이 생각을 접었다. 그리고 이름만 그럴듯한 '프리랜서 투자자'가 되겠다는 결심을 했다. 3년 안으로 내 이름을 단 투자 자문회사를 설립한다는 거창한 꿈도 그때 꾸었다.

2000년 1월 1일. 그때는 신정 연휴가 3일이었다. 신촌역에서 모든 일간신문과 경제신문을 사와서 펼쳐보니 하나같이 장밋빛 미래만 제시하고 있었다. 어디를 살펴봐도 보수적인 전망은 없었다. 대개 코스닥 예상 목표치로 300포인트를 제시하고 있었고, 종합주가지수 역시 장밋빛 전망이 판을 치고 있었다. 나는 이런 분위기가 싫었다. 주식시장이란 것이 단순한 공식대로 움직이는 것이 아니라면 다양한 관점과 입장 차이가 있는 것이 훨씬 자연스럽다. 그렇지 않을까?

이들은 결국 투자자가 듣고 싶은 것을 들려주고 있거나 자신들이 희망하는 것을 들려주고 있다는 얘기다. 어느 쪽이든 그들의 이익에 부합하는 입장을 취하는 것밖에 되지 않는다. 적어도 전문가와 언론이라면 시장을 바라보는 시각에 균형만큼은 잃지 말아야 한다고 생각한다. 어쨌거나 그간의 경험에 비추어보면, 모든 이들이 한 방향을 제시할 때 시장은 늘 우리를 배신했다.

1월 4일. 객장에 들러 보유했던 전 종목을 모두 매도 처리했다. 시장에 대한 내 직감은 그다지 자랑할 만한 정도가 아니나, 이때는 정말 정확했다. 지금껏 이 시장에 있으면서 내가 했던 주식 거래 중 기억에 남는 거래가 몇 번 있는데 그중 하나가 이날이다. 고점에서의 미련 없는 매도. 그 후, 이날의 고점이 돌파되기까지는 장장 5년 6개월이 걸렸다.

주식시장에 오래 계신 분들에게 2000년 시장은 여러 가지로 각인되어 있을 것이다. 새천년의 시작, 장밋빛 뉴스들, 그리고 닷컴주의 처절한 몰락. 그야말로 버블의 붕괴란 어떤 것인지를 생생하게 보여준 한 해였다. 그 와중에 버블의 끝자락에 대거 진입한 개인 투자자들의 끝없는 추락. 아마도 평범한 개인들이 너나 할 것 없이 증시에 뛰어들던 해가 이때가 아닌가 싶다.

아이러니하게도 2000년 시장은 개인 투자자들을 나락으로 빠뜨린 해가 되었지만 내게는 개인적으로 적지 않은 수익을 올린 해이자 처음으로 인터넷에 '알바트로스'라는 필명을 알리게 된 해이기도 했다. 이때는 대부분의 개인 투자자들이 기술적 분석이나 기타 주식에 대한 지식이 부족했고, 서점에서 파는 주식 책의 유형도 참 허망한 수준이었다.

시장은 그랬다. 피를 먹고 자란다는 시장. 초보자들이 엄청난 피눈물을 흘릴 때 누군가는 일어서는 것이다. 먼저 피눈물을 흘렸다는 이유만으로 그럴 자격이 주어지는 것은 아니지만, 그 피눈물을 헛되이 쓰지 않은 사람에게 시장은 반드시 다시 기회를 주는 듯하다.

2000년은 이렇다 할 상승 구간이 나오지 않는 전형적인 하락장이었다. 내가 이때 수익을 거둘 수 있었던 것은 순전히 선물투자를 통해서였다. 경영학과를 졸업한 덕에 선물 옵션이 내게는 그리 생소한 개념도 아니었고, 이미 학생 시절에 IMF를 비롯한 폭락장을 똑똑히 경험한 터여서, 일찌감치 시장의 하락에도 수익을 낼 수 있는 선물 옵션 계좌를 가지고 있었다. 나름 많은 준비가 되어 있다고 생각했기에 눈에 보이는 하락장에서 연일 선물 매도를 구축해서 별반 어렵지 않게 수익을 쌓아갈 수 있었다. 가만히 생각해보면, 당시 나의 선물 옵션에 대한 지식은 교과서에 나오는 딱 그만큼이었다. 이때의 나는 '하룻강아지 범 무서운 줄 모른다.'는 속담 속의 그 강아지였다. 그리고 시장은 그 강아지의 재롱을 마냥 귀여워하던 때였다. 당시에는 증권사 지점에 가서 선물 계좌를 개설하려고 하면 한두 분을 제외하고는 개념조차 모르던 때였다.

이 무렵 크고 작은 증권 사이트가 무수히 생겨났고, 그중에 팍스넷, 슈어넷, 씽크풀 등이 두각을 나타내기 시작했던 걸로 기억한다. 당시에 타인의 시황관에는 큰 의미를 두지 않던 때여서 별 관심을 갖지 않고 있다가 '필진' 소리가 근사해 보여서 젊은 호기에 처음으로 글을 끄적이게 되었다. '알바트로스'라는 필명도 이때부터 쓰기 시작했다.

학교를 졸업하고 취업을 하지 않은 채 주식에 빠져 있는 장남을 보는 부모님의 마음은 참으로 갑갑하셨을 것이다. 부모님께 감사하지 않은 자식이 어디 있을까마는, 나의 경우 특별하게 감사드리는 것이 하나 있는데 부모님은 내게 단 한 번도 부정적인 말씀을 하신 적이 없다는 것이다. 거듭된 대입 실패에도, 고교 시절 잇단 사고로 학교에 오셔야 했을 때도 늘 내 어깨를 도닥여주셨다. 그리고 넌 할 수 있다는 말을 잊지 않으셨다. 그때 나는 알바트로스라는 필명으로 첫 글을 올리고 아버님께 말씀을 드렸다.

그 글을 보고 아버지께서 내게 보낸 이메일을 지금도 보관하고 있는데, 여기에 그대로 옮겨본다. 2000년 4월 27일 보내주신 이메일이다.

사랑하는 필규야!

알바트로스라는 필명 신고를 읽으며 어쩌면 너와 꼭 닮은 이름을 선택했다는 생각을 하면서 언제쯤 우리 아들이 큰 날개를 펴고 창공을 훨훨 날을 것인가, 하며 창가에 앉아 환상의 나래를 펴보았지! 그러나 노력하는 너의 모습과 너의 뛰어난 재능을 아빠는 믿고 있기에 머지않은 장래에 그 믿음이 실현되리라는 것을 의심치 않는다. 삶이 무엇인지 아직도 해답을 내리지 못하지만 노력하는 만큼 결실을 맺는다는 것과 원인에 의한 결과는 맺어질 수밖에 없다는 평범한 진리를 아빠는 삶의 과정 속에서 늘 반추하면서 내 스스로 추스러보곤 했었다. 盡人事待天命(진인사대천명)이라고 했으니 말이다. 밤과 낮의

리듬이 깨질까 봐 걱정이다. 특히 건강에 유념하기 바란다. 건강을
잃으면 모든 것을 잃는 것이고, 돈을 잃는 것은 그 일부를 잃는 것이
다. 부모의 가장 큰 바람은 자녀들이 건강한 모습으로 자신의 길을
열심히 걸어가며 행복하게 살아가는 것일 것이다. 모든 것을 잘 판
단하여 실천에 옮기기를 바란다. 젊음에서 가장 경계해야 할 사항이
만용과 성급한 판단이다. 항상 심사숙고하는 자세가 필요함은 아무
리 강조해도 모자람이 없는 삶의 과제일 것이다. 열심히 하여라. 오
늘은 이만 그치자. 너를 이 세상에서 가장 좋아하는 아빠가 보낸다.

그로부터 13년의 세월이 흐른 지금도 여전히 어려움에 부닥치면 나
는 아버지를 떠올린다. '아버지라면 지금 어떻게 하실까?' 하는 생각
으로 말이다.

어쨌든 인터넷에 글을 써나가긴 했지만 거래가 끝나면 여간 피곤
할 수가 없어서 처음에는 간략한 글 몇 자 정도만 남기는 수준으로
시작했다. 그러다 글을 찾아 읽는 사람들이 생겨나기 시작했고, 하락
장에서도 방향만 맞추면 수익을 낼 수 있는 선물 옵션을 통해 나름
전천후 실력을 갖췄다고 판단했으니, 이러한 젊은 혈기로 인해 나는
다시 자만의 늪으로 서서히 빠져들고 있었다.
또래 친구들이 양복에 넥타이를 매고 분주히 출근하는 아침이면 나
는 모니터 앞에 앉았다. 혼자서 우유에 시리얼을 먹었고, 점심에는 컴

퓨터 앞을 떠날 수 없어 주로 전날 사놓은 김밥 같은 것을 먹었다. 1999년까지는 점심시간이 휴장이었는데, 이즈음부터 점심시간이 없어졌던 듯하다. 거래 수수료를 더 발생시키고자 하는 증권사들과 세수를 늘리고자 하는 정부의 이해가 맞아떨어진 탓이겠지만, 그때부터 지금까지 증권 관련자들은 점심 한 끼 마음 편히 먹는 때가 없지 않았나 싶다. 당시에 유행했던 거래가 데이 트레이딩이었다. 무수히 많은 단타족이 활동했고, 이들을 대상으로 한 서적과 강연이 열풍처럼 번지던 때였다. 심지어는 데이 트레이딩 전문 사이트도 있었다. 지금은 모두 흘러간 옛 노래가 되었다. 그런 걸 봐도 시장은 참 덧없이 변해간다.

저녁은 매일같이 혼자서 터벅터벅 밖에 나가 식당을 전전하며 해결했다. 매일 그런 날들이 연속되었으니 하는 일이라고는 시장 복기, 그리고 모눈종이에 차트 그려보기가 전부였다. 멀쩡하게 대학을 졸업하고 하는 일이 매일 작은 원룸에 꼼짝 않고 앉아 모니터만 보면서 주식 분석하는 것이었으니 부모님께서도 이때 정말 애가 타지 않으셨을까 싶다.

어쨌거나 어쭙잖게 증권 관련 사이트에 써 내려갔던 글들이 유명세를 타기 시작하면서, 나는 이래저래 서른 살의 젊은 고수(?)가 되어가고 있었다. 지금 생각하면 얼마나 우스운 일인지. 그런데 그때는 내가 정말 고수인 줄 알았다.

작전 세력과의 조우

말이 좋아 프리랜서 트레이더지 당시에 나는 그야말로 백수와 다를 바 없었다. 더구나 막 대학을 졸업한 나의 모습은 정말 혀를 차도 할 말 없는 상황이었다. 당시에 살던 곳이 학교 근처인지라 무심코 동네를 돌아다니다 보면 선후배나 친구들과 마주치기 일쑤였다. 그들이 말쑥한 양복을 입고 내게 명함을 주면 나는 후줄근한 추리닝 차림으로 머리만 긁적이곤 했다.

그러던 중 '포춘 티비'라고 지금은 사라진 인터넷 방송에서 내게 방송 출현을 요청해왔다. 당시엔 케이블 TV 증권방송어라는 것이 없었고, 증권방송은 대개 인터넷을 통해 보던 때였다. 컴퓨터 모니터로 들여다보는 화면이었지만 아무튼 생방송이었다. 1회 방송 출연료로 5만 원 정도를 받았다. 그래도 어쨌거나 한 주에 한 번, 이른바 출근이라는 것을 경험하기도 했다.

내가 하는 일은 매주 금요일 스튜디오에 나가서 시황을 분석하고 종목을 추천해주는 것이었다. 그리 많은 분들이 보는 방송은 아니었지만 당시 장학사로 계시던 아버지는 그 시간만 되면 그 방송을 **빼놓**지 않고 봐주셨다. 그렇게라도 장남의 존재를 확인하고픈 것이 아버지의 마음이었을 것이다.

"이 종목은 누군가 매집 중에 있어서 조만간 시세 분출이 있을 듯합니다."

하루는 'S'라는 코스닥 회사를 추천했다. 당시에는 워낙 시장이 좋지 않은 터라 세력주에 편승하는 것 말고는 뾰족한 수가 없던 때였다. 세력주는 어느 정도 공부하면 몇 가지 공통점을 찾을 수 있었기에 그러한 조건을 만족하는 한 종목을 찾아내 별 생각 없이 추천했던 것이다.

나는 당시 여러 종목을 추천하고 나서는 '나 몰라라' 하는 식이 아닌, 한 번 추천한 종목을 계속 연구하는 방식으로 방송을 했다. 그래서 몇 주째 그 종목을 계속 언급하고 있었는데, 한번은 피디라는 분이 전화를 주셨다. 어느 분이 전화를 걸어와 내 핸드폰 번호를 물어보기에 알려줬다는 것이다. 그때는 그냥 그런가 보다 했다.

그런데 며칠 후 전화가 왔다. S 종목에 대한 언급을 그만해달라는 것이었다. '우리 팀이 지금 매집하는 것이 맞다. 그런데 당신이 방송에서 떠들어대는 통에 아직 충분한 물량을 확보하지 못했는데 주가가 움직이고 있다.'는 말이었다.

이게 무슨 앞뒤 없는 소리인가. 무슨 세력들이 이렇게 속 좁게 인터넷 방송이나 듣고 앉아 있나 싶었다. 황당해서 장난 그만 치라고 했다. 그랬더니 그는 3일 후에 다시 전화하겠다는 말과 함께 앞으로 3일간의 시가 종가를 내게 불러줬다. 그리고 그 후 3일간 시가 종가는 거짓말같이 모두 맞아떨어졌다.

그 종목은 그리 큰 종목이 아니어서 조금만 사람들이 관심을 가져도 주가가 흔들리게 되어 있었다. 인터넷 방송인지라 몇 명이나 듣겠나 싶어 말했던 것인데, 이들에게는 아직 때가 무르익지 않은 상황에서 개미들이 달라붙어 주가가 움직이는 것이 못마땅했던 것이다. 그러면서 그들은 내게 당신은 알아서 좀 사둬도 되지만 방송에서 언급은 하지 말아달라는 것이었다.

난감했다. 하지만 곧 그다지 크게 고민하지 않아도 되는 상황이 와버렸다. 곧이어 그 프로그램이 폐지되었기 때문이다. 그 후 나는 그들이 어떻게 주가를 누르고, 어디까지 올리고, 고점에서는 어떤 식으로 개인들에게 물량을 떠넘기는지 생생히 구경할 수 있었다. 당시에는 주식 동호회가 우후죽순 생겨나기 시작했고, 동호회 차원에서 소형 종목들을 몰아가는 일도 심심찮게 발생하던 때였다. 솔직히 말하자면, 나도 처음 만난 이 작전 종목에 무임승차해 쏠쏠한 재미를 볼 수 있었다. 작전 종목 하나만 잘 발굴해 흐름을 타고 나가면 대박 나겠구나, 하는 철없는 생각도 이때 처음으로 갖게 되었다. 잠시나마 그런 종목 몇 개쯤 어렵지 않게 잡아낼 수 있겠다는 우쭐함에 빠지기도 했다.

이래저래 2000년 말의 주가 움직임은 그야말로 떨어지는 칼날이었다. 연일 폭락을 거듭하는 움직임만 나올 뿐이었고, 나는 그런 흐름이 도무지 납득되지 않아 연말에 약간의 금액을 투입하기도 했다. 그리고 이내 2001년 초 한국증시는 다시 한 번 코스닥이 뜨겁게 불타면서 상승에 상승을 거듭하는 시장으로 변모하고 있었다.

인연의 시작

이 책의 뒤편에서 자주 언급하게 될 김수곤 사장님. 이즈음 나는 이분과 소중한 인연을 맺게 되었다. 헌데 인연은 엉뚱한 데서 시작되었다. 2001년 봄 '연합증권방송'이라는 회사에서 연락이 왔다. 개인들 대상으로 인터넷 방송을 진행하는데 출연해달라는 것이었다. 회사는 청담동에 있었고, ytn 로고를 쓰고 있기에 연합뉴스의 자회사쯤으로 생각했다. 나중에 알고 보니 연합뉴스와는 거의 무관한 회사였다.

가서 보니 알 만한 분들이 많이 와 있었다. 나는 백수로 거래만 하고 있는 처지인지라 두말없이 하겠다고 했다. 시장이 끝나면 찾아오는 무료함을 달래기 위해서라도 정기적인 스케줄이 필요하던 참이었다. 어쨌거나 20여 명의 강사가 인터넷으로 방송을 하는 것이었는데, 보름여 만에 나머지 모든 분들의 수강생보다 나 혼자의 수강생 수가 많았다. 피를 타고난 것인지 확실히 나는 남들에게 무엇인가를 가르치는 쪽에 재능이 있었다. 그리고 나 스스로도 즐거웠다.

그런데 얼마 되지 않아 당황스러운 일이 일어났다. 수강생들이 이미 수강료를 지급한 상황에서 회사가 갑작스레 문을 닫은 것이다. 나 역시 두 달 동안 열심히 강의를 했음에도 강사료를 전혀 받지 못한 상황이었다. 다른 강사들은 수강생도 거의 없었던지라 강 건너 불구경 정도였고, 회사의 행태가 너무 괘씸하다고 노동청에 제소하자는 분이 몇 분 계셨지만 배보다 배꼽이 더 큰 형국이었다. 사회생활이라는 것이 이런 것인가. 정말이지 웃음조차 나오지 않을 만큼 황당할 따름이었다.

그렇게 두어 달쯤 지났을 무렵, 같은 식의 사업을 하는 회사에서 연락이 왔다. 증권방송을 규모를 키워 대대적으로 하려고 하는데 내가 꼭 참여해줬으면 한다는 것이었다. 속는 셈치고 한번 만나나 보자는 심정으로 미팅을 수락했다.

막상 회사에 도착해보니 그전 회사와는 규모부터가 달랐다. 어느 정도의 규모와 내부 체계가 잡혀 있는 듯하여 흔쾌히 방송에 참여하기로 결정했다. 나중에 알고 보니 당시 이 회사는 증권 ARS 분야에서 1등을 달리고 있었다. 시장의 흐름이 인터넷으로 옮겨가는 것을 읽은 사장님(앞에도 언급했듯이 후일 내게 큰 도움을 주셨던 김 사장님이다)이 ARS 경험을 바탕으로 인터넷 방송으로 사업 영역을 확장하던 중이었다.

딱 한 달간 무료 공개 방송을 진행했는데, 이때 나는 몇몇 종목을 추천했고, 이후 내가 예측했던 흐름 그대로 진행되면서 나는 그 안에서 '스타'가 되어갔다. 무엇보다 회원들에게 여타 강사들보다 훨씬 현실적이고 책임감 있는 강의를 한다는 점이 주효했다. 물론 이전보다 회원 수나 인지도가 큰 회사를 통해 강의를 한 것도 여러모로 큰 도움이 되었다.

'메사끼(めさき)'라는 일본 말이 있다. 우리말로 하면 '감'이나 '촉' 정도로 쓰이는데, 당시에 나의 '메사끼'는 최고를 달리던 때였다. 모든

강사들이 수십 종목을 추천할 때 나는 서너 종목만을 끌고 갔고, 주식의 흐름을 읽는 법에 대해 강의를 했다. 그러던 차에 무료 방송을 마치고 회원 모집을 앞둔 시점에서 김 사장님이 나를 보자고 하셨다.

얘기의 내용은 수강료를 월 50만 원에 책정하자는 것이었다. 당시 팍스넷에도 이와 유사한 방송이 있었는데, 그때 팍스넷 유명 강사 수십 명의 강의를 모두 들을 수 있는 비용이 월 10만 원이던 때였다. 그러니 이 가격은 너무 높은 가격이었고, 더구나 어떤 면에서 시장 질서를 깨는 가격이었다. 나는 난감한 표정을 지었다. 그런 나에게 김 사장님은 찬찬히 이야기를 풀어나갔다.

"회원들이 아쉬워하는 것은 강의료를 내고 싶어도 들을 만한 콘텐츠가 없다는 거야. 이분들이 기껏 여기저기 흘러 다니는 값싼 정보나 원할까? 나는 그런 사람들을 좋은 강연자와 맺어줄 뿐이야. 이것은 새로운 시장을 만드는 일이지 결코 시장 질서를 깨는 건 아니지. 무대를 만드는 것이 나의 일이고 그것을 채워나가는 것이 자네 같은 사람이 할 역할이고 우리 모두에게 각자 바라는 보상은 충분히 있을 거야."

얘기를 듣고 보니 결코 틀린 말이 아니었다. 무엇보다 김 사장님은 나의 가치를 알아보고 새로운 무대를 만들어나가려던 참이었다. 그리고 그곳에 나의 역할이 있었다. 주식에 빠져 지낸 지난날을 떠올리자 나는 한결 가벼워진 마음이 되었다. 그리고 제안을 받아들였다. 그렇다고 해도 누가 그 가격을 내고 강의를 들을까, 하는 일말의 의구심은 남아 있었다.

그러나 결과는 깜짝 놀랄 만한 것이었다. 정원 100명이 모집하자마자 바로 마감되어버렸다. 대기자만 수십 명, 더구나 100여 명 중 절반 이상의 회원이 1년치 강의료를 한 번에 접수해버린 것이다. 당시에는 초유의 사건이었다.

이것이 현재 월 수십만 원씩을 받고 하는 라이브 증권방송의 시작이었다. 많은 여타 강사들이 수십 개의 종목을 무더기로 추천해서 맞으면 흥분하고 틀리면 숨겼던 데 비해, 나는 서너 개의 종목이 다였고 주로 종목의 흐름과 시장을 보는 법에 대해서 강의를 했다. 당시 내 강의를 듣던 분들이 강의 내용을 정리했던 글들이 지금도 여러 주식 동호회에서 읽히는 것을 보면 그때 기억에 미소가 지어지곤 한다.

어쨌거나 사기를 당한 경험이 있어서인지 정말 강사료가 들어올지 여부가 가장 궁금했다. 마침내 첫달 급여가 들어왔다. 3,000만 원이 조금 넘었다. 이른바 첫 월급을 받아본 것이다. 나는 가장 먼저 아버지 차를 바꿔드렸다.

이후 매일 저녁 9시부터 10시 반까지 강의를 했다. 하루도 빠짐없이 전국의 수강생들과 함께 토론하고 연구했다. 그분들은 내게 강의를 듣는 분들이지만 그분들의 질문은 나를 끊임없이 성장시키는 원동력이 되었다.

교학상장(敎學相長). 가르치고 배우며 서로 성장해나간다는 고사성어는 정말 맞는 말이었다. 나는 강의 시작 전에는 강의할 내용을 철저히 준비했고, 강의를 마치면 강의 도중 나온 질문에 대한 답을 연구하곤 했다. 강의 준비에 세 시간 정도, 질문에 대한 답을 연구하는데 두세 시간 정도를 투자했다. 한 시간짜리 강의를 위해 어찌나 많은 준비를 했는지 다른 건 아예 할 엄두를 낼 수가 없었다. 이러한 나날을 거치며 나는 철두철미한 프로 의식을 가질 수 있었고, 이는 훗날 거래에 집중할 때 나에게 가장 큰 힘이 되어주었다.

하지만 인기와 명성에 따르는 유혹도 없지 않았다. 지금은 방송 강사들의 개인 거래를 금지하고 있으나, 당시에는 그런 규정이 전혀 없었다. 이제 막 태동한 사업 영역이어서 감시의 눈길이 뻗칠 틈조차 없었다. 그런데 나 같은 경우는 마음만 먹으면 회원들을 이용해서 얼마든지 돈을 벌 수 있었다. 내가 추천하는 종목은 우리 회원들 힘만으로도 상한가 한번 나오게 하는 것은 일도 아니었을 것이다.

물론 나는 내 개인의 이득을 위해 거래에서 회원들을 이용하는 짓은 하지 않았다. 나는 여전히 딜러였다. 언제나 내가 원하는 일이 무엇인지 분명히 알고 있었고, 무엇보다 딜러로서의 자존심이 그러한 유혹에서 거리를 둘 수 있게 해주었다. 게다가 방송으로 버는 수입도 만만치 않았기에 소소한 금전적 유혹에 흔들릴 이유도 없었다. 물론 당시 내가 가진 힘에 두려웠던 적은 있었지만 어쨌거나 정정당당한 거래가 좋았다. 방송은 그 다음일 뿐이었고, 돈도 그 다음이었다.

9·11 테러와 나비효과

투자자들뿐 아니라 전 세계 모든 사람들에게 기억될 사건, 바로 9·11 테러다. 나 역시 9·11 테러가 터진 날을 생생히 기억한다. 사람의 기억력이라는 것은 어떤 특정한 사건이 일어나면 그 앞뒤까지도 선명하게 기억하는 법이다.

강의 도중 방송 창에 무언가 큰 사건이 생겼다는 이야기가 나오기 시작했다.

"선생님, 뉴스에서 속보가 나오는데 큰일이 터졌나 봅니다."

나는 이렇게 답했다.

"강의에 열중하세요."

나는 그날 볼린저 밴드(Bollinger Band)의 유효성과 한계에 대해 강의하고 있었다. 전대미문의 사건 앞에서 나와 내 수강생들은 볼린저 밴드를 공부하고 있었던 것이다. 강의를 모두 마치고 그때서야 뉴스를 봤다. 순간 나는 내 눈을 의심했다. 다행히 당시는 워낙 하락장이어서 이렇다하게 주식을 많이 들고 있지는 않았다.

다음날, 우리 정부는 참 어처구니없는 결정을 내린다. 주식시장의 혼란을 주지 않기 위해서 개장 시간을 오후로 미룬 것이다. 이는 그야말로 시장을 모르는 발상이다. 마치 불이 난 극장에서 사람들에게 혼란을 피하기 위해 문을 몇 시간 늦게 열어주겠다는 것과 다를 바가 없다. 3시간 개장을 늦추면 시장에서 사람들이 냉정을 되찾는다는 생각은 대관절 어떻게 나온 것일까?

아무튼 다음날 오후에 개장된 주식시장은 단 세 시간 만에 종합지수 65포인트나 폭락하고 말았다. 선물은 서킷 브레이커(Circuit Breaker)를 발동하면서 투자자들이 냉정을 찾기를 기다렸지만 이내 하한가를 기록했고, 코스피 200 지수 역시 전일 66.55포인트에 58.59포인트까지 빠졌다.

이때 옵션시장에 상장되어 있던 외가물 풋옵션 종목들에서는 수백 배의 대박이 터졌다. 하루 전 1,000원짜리였던 10월물 풋옵션 행사가 62.5 종목은 50만 4,000원까지 상승해 504배의 대박을 터뜨렸다. 그리고 이 사건은 다음날 모든 신문에 대서특필되었다.

그런데 한번 잘 따져보자. 전일 테러를 예상하고 1,000원에 이 종목을 산 사람들이 있었을까? 아니다. 1,000원짜리 이 종목은 수만 원 또는 수십 만 원에 샀다가 손절을 하지 못한 채 그냥 버려진 물량이 대부분이었다. 그러니 504배라는 이야기는 사실은 사실이되, 그 출발에서 따져본다면 '옳은 투자'라고 할 수도 진실일 수도 없다. 마치 1억 원짜리 계좌가 100만 원으로 쪼그라든 상황에서 그것이 5,000만 원이 된 것을 50배 수익이 났다고 이야기하는 것과 같은 맥락이다.

헌데 아이러니하게도 9·11 테러 사건이 기폭제가 되며 전 세계 증시가 오랜 침체에서 빠져나오고 말았으니, 이야말로 자본주의의 무서운 속성이 아닐까 싶다. 인류사적으로 보면 매우 불행한 참사가 한편으로 어느 일방에게는 공장을 가동하고 은행돈을 풀어 경기를 진

작시키는 계기가 되었으니, 폭락의 공포 속에서도 이를 빠르게 눈치 챈 이들에게는 돈방석에 앉을 기회였다. 모두가 한쪽 방향으로 달려 갈 때 그 방향에는 엘도라도가 있을 수 없는 법이다.

9·11이 우리나라 주식시장에 몰고 온 또 하나의 후폭풍은 바로 선물 옵션 시장의 만개였다. 코스닥 시장에 완전히 물려 거의 빈사 상태에 빠진 많은 개인 투자자들이 9·11 풋옵션 대박의 신화에 현혹되어 지푸라기라도 잡는 심정으로 파생, 특히 옵션 시장에 뛰어들었다. 다시 언급하겠지만 나는 이때 잠시나마 언론의 역할에 대해서 처음으로 고민 하게 되었다.

이미 선물 옵션 거래를 하고 있던 나로서는 언론사의 자극적이고 작위적인 기사들이 매우 위험천만해 보였고, 내 생각은 어느 정도 적중했다. 생각보다 훨씬 많은 사람들이 옵션에 관심을 갖기 시작한 것이다.

아파트 프리미엄이나 자동차 옵션 구입은 알아도 살 권리(콜)를 사고판다, 팔 권리(풋)를 사고판다는 복잡한 금융공학의 세계는 완전히 남의 동네 일이었던 개인 투자자들의 대거 참여로 인해, 이후 우리나라 파생시장은 크게 요동치게 되었다. 그리고 또한 이것은 투자 지식, 기법, 심리 면에서 전혀 준비되지 않은 개인 투자자들에게 또다시 커다란 좌절과 시련을 안겨주는 시발점이었다.

전혀 연관성이 없어 보이는 일이 사실은 큰 연관관계를 가진다는 나비효과 이론, 9·11 테러와 한국 옵션 시장의 관계가 분명 그러했다. 정작 테러와는 하등 관계가 없는 지구 반대쪽 한국의 개인 투자자 수십만 명이 9·11로 촉발된 옵션 붐에 의해 커다란 정신적 물질적 피해자가 되어버린 셈이다.

다시 주식시장으로 돌아와보자. 9월 12일의 종합지수는 475포인트로 마감했다. 그리고 9월 21일에 기록한 472포인트 종가는 이후 이 글을 쓰고 있는 지금까지 깨지지 않는 한국 증시의 저점이 되어버렸다.

주식시장에는 이런 격언이 있다. '바닥에서의 악재에는 매수하고, 천장에서의 호재에는 매도하라.' 당시의 시장은 그말 그대로였다. 지수는 지속 바닥을 찍고 내려가던 중 테러가 터졌으니 그때까지 버티던 마지막 투매 물량이 나온 것이었다. 그리고 지수는 거대한 상승 흐름을 시작하게 된다.

다행히 나는 이런 흐름을 정확하게 예측했고 당시에 몇 개의 대형 종목 매수를 주장했다. 이러한 주장은 적중했고, 과감한 매수마저 성공하며 만만치 않은 수익을 올렸다. 이런 상황이다 보니 나의 우쭐함은 점점 극을 향해 치닫고 있었다.

악마, 진실로 현혹하다

그러던 2001년의 어느 날이었다. 불운은 언제나 몇 단계 건너서 오기 마련이다. 시작은 한 신문이었다. 그 신문사에서 나를 인터뷰하자고 했다. 재야의 고수들을 찾아서 인터뷰하는 코너였는데, 지금은 유명해진 시골의사님이 1회에 그 코너를 장식했고 내가 그 다음 인터뷰 대상이었다.

그때 알게 된 분의 소개로, 재야의 여자 고수분을 만나게 되었다. 그분과는 말도 잘 통하고 시장을 보는 눈도 비슷해서 금세, 친해질 수 있었다. 그러던 어느 날 그분이 나에게 어떤 남자를 소개해주었다. 당시 나이로 서른 중반으로 보였는데, 나보다 나이가 많았다. 이 남자, 주식 '초고수'라고 했다.

이 남자는 나에게 주식을 왜 하냐고 물었다. 나는 재미있어서라고 했는데, 좀 시원찮은 답변이었다. 자기는 꿈이 있다고 했다. 주식으로 번 돈으로 정말 좋은 고아원을 만들고 싶다고 했다. 남자는 작은 체구였지만 눈동자만큼은 매우 선한 사람이었다. 자기는 지금도 수시로 고아원을 찾아간다고 했다. 그날 신촌의 커피숍에서 커피 한 잔을 하고 헤어졌는데 잠을 이루지 못했다. 내 모습이 너무 한심해 보였다.

며칠 후 그를 다시 만났다. 그는 내게 이런 제안을 했다. 자기가 어떤 종목을 아주 오랜 시간 검토하고 지금 매집 중에 있으니 그 종목을 함께 매집하자는 것이었다. 무슨 작전을 하자는 거냐고 물어보니, 그런 게 아니고 그냥 너무 좋은 회사인데 저평가되어 있으니 함께 사 모으자는 것이었다. 그러면서 매도는 서로 의논하면서 천천히 해도 충분하다고 했다.

순간 그 남자의 눈을 바라봤다. 그의 눈은 진실을 말하고 있었다. 지금 생각하면 나는 그때 너무 어렸고, 돈이 얼마나 사람을 비열하게 만드는지 몰랐다. 아니, 어쩌면 세상 자체를 몰랐는지도 모르겠다. 나도 모르게 그 남자에게 빨려 들어가고 있었다.

"방법은요?" 하고 물으니 매수는 내 마음대로 하고, 매도는 자기랑 의논하자고 하는 것이었다. 당시 주가는 4,000원 후반대였고 회사는 나름 우량한 회사였다. 마침 나도 알음알음 지인분들의 자금을 운용하고 있었고, 거기에 내 자금까지 합하면 적지 않은 액수였다. 때마침 시장도 살아나고 있던 참이었다.

나는 그의 제안에 그러자고 했다. 그렇게 함께 매집에 나서자 주가는 오래지 않아 만 원대까지 오르는 기염을 토했다. 특별히 증권거래법에 위반될 거래는 아니었고, 그냥 시장에서 지속적으로 물량을 사 모았을 뿐이었다. 좋은 회사였고 시장 분위기도 우호적이어서 투자는 순풍에 돛단 듯이 흘러갔다. 호가창에는 매도 물량도 별반 나오지 않았고, 사는 족족 가격은 올라가고 있었다. 정말 그의 말대로 매도는 오를 만큼 오르는 것을 만끽한 후 천천히 해도 될 듯했다.

그러던 어느 날 그가 이제 주가를 본격적으로 띄우겠다고 하면서 계좌를 몇 개 준비하라는 것이었다. 그게 무슨 의미냐고 하니 자기가 상한가로 말아 올린 후에 상한가를 굳혀야 하는데 그때 상한가에 매수 주문을 받쳐놓아야 하니 자금을 준비하라는 것이었다. 이것은 명백한 허매수였다. 즉 매수할 생각이 없는데 매수를 깔아두는 것, 증권거래법에 위반되는 대표적인 유형의 거래다.

그러나 당시의 나는 불법 여부를 따질 틈이 없었다. 어쩌면 내가 세력이 된 듯한 기분을 느끼고 있었던 건지도 모르겠다. 서른 살의 내 나이에는 세력이 된 듯한 그런 기분이 나쁘지 않았다. 더구나 이미 나도 많은 물량을 가지고 있어서 이걸 어찌 정리해야 하나 고민하던 차였으니 나도 모르게 세력의 일부가 되어 있는 것과 다를 바 없었다. 마침 친한 분에게 사정을 이야기하니 곧바로 자기가 거래하던 제법 큰 계좌를 내게 줬다.

주식에는 미수라는 방식이 있다. 쉽게 말하면, 오를 것 같은 주식을 외상으로 구입하고 3일 안에 갚는 것이다. 그런데 생각했던 것처럼 3일 안에 주가가 오르면 큰 수익을 거둘 수 있지만 그게 아니라면 계좌가 순식간에 깡통 언저리까지도 갈 수 있는 위험천만한 방식이다. 그럼에도 나는 겁낼 이유가 하나도 없었다. 이미 시장의 유통 물량을 상당 부분 그와 내가 가지고 있었기 때문에 매물이 쏟아져 나올 만한 여지조차 없었기 때문이다.

그분 계좌를 통해 미수 풀로 주문을 넣었다. 상한가에 잔량이 수북이 쌓여갔다. 개인 투자자들도 따라 붙어서 상한가에는 풀리기 어려울 정도의 물량이 쌓여갔다. 나는 휘파람을 불며 내 원룸 방에서 라면을 끓이고 있었다.

잠시 후 주문 체결 소리가 들렸다. 갑자기 불안감이 엄습했다. 라면을 먹던 젓가락을 던지고 모니터 앞으로 달려갔다. 순간 눈앞에 폭포수처럼 쏟아지는 주가가 보였다. 상한가에 주문 대기해놓은 그 많은 물량은 한순간의 물량 투하에 모두 체결되었고 주가는 보합까지 밀려 있었다. 15퍼센트 상한가에서 보합까지 밀려 있던 주가는 주춤하더니 눈 깜짝할 사이에 하한가로 추락했다. 두어 달 동안 축적되어온 30퍼센트 넘는 평가 수익은 이날 단 1시간 만에 주가가 상한가에서 하한가까지 밀리며 모두 날아가고 말았다.

순간 과거의 어느 날이 생각났다. 2000년 어느 날 아는 선배가 내게 작전에 들어갔다며 넌지시 알려준 종목이 있었다. 저점이 3,000원대였던 종목은 이미 6,000원선에서 넘실거리고 있었는데 너무 많이 오른 종목이라 생각해 눈에서 지워버렸다. 그런데 당시 선배가 내게 말하기를 세력들의 목표주가가 1만 2,000원선인데 그 정도 선에서 물량 정리를 할 생각이니 아직도 갈 길이 멀다는 이야기였다.

그런데 나는 초보자가 아니었다. 아니, 초보자가 아니라고 생각했다. 그렇기에 그냥 흘려들었다. 그런데 며칠 후 동창 녀석에게서 전화가 왔다. 너 혹시 이런 종목 아느냐고. 자기도 누가 매수 추천을 하는데, 그래도 네가 그쪽에 있으니 묻는 거라고 했다. 나도 모르게 솔깃했다. 어떻게 이런 우연이. 나는 다음날 그 종목을 마구 매수했다. 그리고 이틀 후부터 그 종목은 빠지기 시작했다.

처음 내게 이 종목을 이야기했던 선배에게 전화를 걸었다. 왜 이런

지 아느냐고. 선배 말이 개미들이 많이 따라붙어서 누르는 중이라고 했다. 자기도 물론 들은 이야기지만. 그래, 누르기라고? 지금 잠깐 가격이 빠진 후에 날아갈 주가의 차트가 눈에서 쭉 그려졌다. 찬스라고 생각한 나는 빠지는 족족 사들였고, 결국 크게 당하고 만 일이 있었다.

그때 이후로 나는 정보 매매가 얼마나 허망한지, 그리고 작전세력들이 얼마나 보안에 철저한지 다시 한 번 깨달았다. 생각해보면 매우 간단했다. 그렇게 반드시 오를 종목의 정보가 왜 내게 온단 말인가? 시쳇말로 세력들은 자기 아내에게도 이야기하지 않는다. 그런데 그걸 그렇게 마구 떠들고 다닐 때는 이미 다른 의도가 숨어 있는 것이다.

너만 알라는 말은 꼭 소문을 내달라는 말과 다르지 않다. 그리고 우리는 최면에 걸린 것처럼 가장 친한 누군가에게 이야기하게 된다. 역시 너만 알라고 하면서. 이런 사람의 마음을 간교하게 이용하는 것이 작전세력이다. 그리고 너무나 허망하게 많은 이들이 여기에 걸려든다.

아무튼 그날 나는 순간 떠안은 물량에 어안이 벙벙했고, 그에게 전화를 했다. 그는 내게 자기도 피해를 안았다고 어쩔 줄 몰라 했다. 나는 너무 순진했고, 그는 너무 잔인했다. 그러나 그때는 그의 말을 모두 믿었다. 고아원 설립이 꿈이라는 그의 말과 그의 눈빛에서 거짓이라고는 도무지 찾아볼 수 없었기 때문이다.

그런데 다음날부터가 더 큰 문제였다. 이미 장대 음봉으로 끝난 차트는 매물이 매물을 부를 수밖에 없는 상황이었고 내겐 주식만 가득할 뿐 어찌할 도리가 없었다. 더구나 3일 후면 반대 매매가 나가야 할 미수 물량까지 잔뜩 들고 있었다. 내가 할 수 있는 일은 아무것도 없었다. 매수 호가에 잔량은 텅 비어 있었고 내가 정리하면 바로 하한가로 직행해버릴 상황이었다. 그렇다고 머뭇거릴 수도 없었다. 그제까지만 해도 너무나 멋져 보이던 차트는 어제의 상한가에서 하한가로 직행하는 장대 음봉 하나로 완전한 폭락 차트로 돌변해 있었던 것이다. 종목 보유자들의 매도가 속출했고 가격은 끝없이 하락하고 있었다.

당시 내 강의를 듣던 회원들은 내가 그런 일을 당했을 줄은 꿈에도 몰랐을 것이다. 나는 적어도 나를 믿어주는 분들에게는 손톱만큼의 해도 끼치고 싶지 않았다. 당시에 그분들에게 매수 추천을 하여 내 물량을 넘겼다면 나의 피해는 최소화될 수 있었을 것이다. 그러나 나로서는 그런 짓은 목에 칼이 들어와도 할 수 없었다. 그렇게 혼이 나간 상황에서 쫓기듯 며칠에 걸쳐 정리를 하고 나니 계좌는 그야말로 초토화되어 있었다.

황망했다. 고아원 설립이 꿈이라는 그는 이미 연락 두절되어 있었다. 그리고 보니 나는 그의 인적사항을 하나도 몰랐다. 주민등록번호는 고사하고 이름조차 알지 못했다. 내게 그를 소개해준 이에게 물어보니 그도 인터넷상에서 만나서 아는 것이 없다고 했다.

'아, 당했구나!' 고수라는 자부심, 잘나가는 대한민국 넘버원 증권 강사라는 허영심, 마치 내가 세력이 된 듯한 묘한 기분을 그는 절묘하게 이용했던 것이다. 누가 감히 나에게 사기를 치겠냐는 자만심을 그는 정확하게 간파하고 이용한 것이다.

허무했다. 아니 절망했다. 하지만 이미 상황은 발생했고, 상황을 해결해야 했다. 미수라는 절대 사용하지 말아야 할 방법을 사용했기에 몇몇 계좌는 회복 불능에 빠져 있었다. 그간 알토란처럼 벌어놓은 계좌의 돈을 모두 빼서 나로 인해 피해를 본 분들에게 전액 입금했다. 그러고도 좀 모자랐다.

이것이 내가 경험한 첫 번째 파산이었다. 그때 이곳이 얼마나 무서운 곳인지 절절하게 깨달았다. 무턱대고 사람을 믿은 결과는 참혹했다. 아니, 내가 사람을 볼 줄 안다는 믿음이 나를 이렇게 만들어버린 것이었다. 그런데 거기서 끝이 아니었다. 일은 점점 커져갔다. 너무 다급하다 보니 소개로 어느 분에게 돈을 빌렸는데, 이분이 일종의 사채업자였다. 사고가 터진 것을 직감한 그는 나를 너무나 못살게 괴롭혔다.

해결은 해야겠는데 답이 보이지 않았다. 당시에 아버님께 말씀을 드렸다면 급한 불은 끌 수 있었겠지만, 나는 평생 부모님에게서 지독하리만치 철저히 교육받은 것이 있었다. 자신의 문제는 자신이 해결하라는 것. 외삼촌의 빚보증으로 몰락해버린 우리 집안에서 어쩌면 그것은 너무나 당연한 교육이었고, 나 역시 그것이 옳다고 생각했다. 그런데 매일같이 사채업자가 찾아오니 도무지 일을 할 수가 없었다. 그야말로 피를 말리는 날들이었다.

일단 생각할 시간이 좀 필요했다. 마침 그때 포항에 선배분이 계셨는데, 이분이 선뜻 내려와서 좀 쉬었다 가라는 것이었다. 주식도 좀 가르쳐줄 겸 말이다. 나는 그분의 제안을 받아들였다.

또다시 작전에 휘말리다

나는 지금도 포항의 하늘을 잊지 못한다. 포항 비행장에 내린 나는 죽 늘어선 검정색 택시들을 보면서 한참을 기다렸다. 서울에서는 검정색 택시는 모두 모범이어서 나는 포항도 그럴 거라고 생각했다. 당시에 나는 모범을 탈 엄두가 나지 않았다. 포항까지 가는 비행기표도 그 선배분이 보내준 것이었다.

한참을 기다려도 일반 택시가 오지 않아 옆 사람에게 물어보니 포항은 검정색이 일반 택시라는 거였다. 쓴웃음을 지으며 택시에 올라탔다. 그런데 선배 사무실에 도착해서 보니 내 예상과는 달리 도무지 있을 곳이 못 되는 곳이었다. 한창 겨울이던 그때, 그곳엔 누워서 잘 수 있는 공간조차 없었다. 컴퓨터와 책상 하나, 누워서 잘 수 있는 군용침대 하나가 덩그러니 놓여 있을 뿐이었다.

너무 추웠다. 그곳에서 보름쯤 있었다. 인터넷 강의도 그곳에서 진행했다. 작전 세력에게 당한 사람이 증권 강의를 한다는 것 자체가 참으로 난센스였지만, 그래도 피를 토하는 심정으로 강의를 했다. 그러니 아마도 당대에 없을 명강의였을 것이다.

'도대체 어쩌다 이렇게 되었을까? 이제 어찌 해야 할 것인가?' 추위라면 딱 질색인 내가 추위 속에서 꼬박 밤을 새는 날들이 지속되었다. '과연 이 시장에 답이 있는 것일까? 아니, 있다 하더라도 내가 그것을 찾을 수 있을 것인가?' 마음이 급했다.

무엇보다 미수로 인한 손실을 해결해야 했다. 미수는 그저 상한가에 매수로 쌓아두고자 했을 뿐이었건만 워낙에 감당키 어려울 만큼 일을 벌인 탓이었다. 일단 친한 선배가 내 사정을 듣고 급한 자금을 해결해주었다. 거기에 매월 몇 천만 원씩 되는 방송 수입이 있었기에 간신히 해결해나갈 수 있었다.

지금 생각해도 다행스러운 것은 최소한 회원들 앞에 서는 증권 방송인으로서 오점을 남기지 않았다는 점이었다. 만약 나의 지위와 명성을 이용해 그분들에게 피해가 가는 일을 벌였다면, 잠깐은 편했을지 모르지만 결코 재기의 발판을 마련하지 못했을 것이다. 이곳에서는 돈 앞에서 한 번이라도 영혼을 팔아버리면 뒷 일은 안 봐도 뻔하다. 내가 여전히 회원들 앞에서 당당히 강의를 하고, 그 덕분에 보통의 직장인으로선 만만치 않은 채무를 빠른 속도로 해결해나갈 수 있었던 것은 나 스스로를 속이지 않았기 때문이다. 하지만 수입이 생기는 족족 갚기 급급했으니 이러나 저러나 무일푼에 빈털터리이긴 마찬가지였다.

이제 내게 남은 건 젊음뿐이었다. 날린 돈은 시장에서 다시 벌면 된다고 나 자신을 위로했다. 다만 이름조차 모르는 그 사람을 잊는 것이 쉽지 않았다. 용서할 수 없다는 생각에 분을 삭이며 잠을 이루지 못하는 나날이었다. 한때는 정말 사람을 사서라도 그를 찾고 싶었고, 찾으면 반쯤 죽이고 싶었다. 용서하지 못해 미움과 분노에 내 영혼을 맡긴 적도 있었다. 영화 속에 나오는 온갖 상상을 다하면서 간신히 잠이 들었다. 하지만 그래본들 나만 괴로웠다. 그를 용서하기 위해서는 먼저 나 자신을 용서해야 했다.

잊을 수밖에 없었다. 힘들어도 그 방법밖에는 없었다. 대신 마음을 더 크게 먹었다. 여전히 주식 판에서 그런 식으로 타깃을 찾아다닐 그에게, 먼 후일 차원이 다른 나를 보여주고 싶었다. 이왕 복수를 하겠다는 마음을 버리지 못할 바에는, 나 자신에게 긍정적인 방향으로 목표를 잡을 수밖에 없었다.

나는 이 일로 인해 어렴풋이 깨달은 바가 있었다. 가만히 생각해보면 시장은 인간의 심리와 결코 동떨어진 영역이 아니다. 주식시장은 인간 본성이 적나라하게 드러나는 격전장이다. 상대의 심리적 약점을 이용하고, 불안정한 위치에 몰아넣고, 마침내 피를 빨아먹는 것. 이것이 모니터 밖에서, 그것도 내 면전에서 일어났을 뿐, 실상 그 본질은 크게 다르지 않다는 점이었다.

어쨌거나 우량주를 추천하고 한방을 찾지 말라고 강의하면서 정작 나는 한방을 노리다가 완전히 쓰러져버렸으니 자업자득도 이만저만

이 아니었다. 그런데도 내 방송은 여전히 인기리에 마감되고 있었으니, 참으로 아이러니한 일이었다.

정말이지 이때의 나로서는 방송에 최선을 다하지 않을 수 없었다. 처음에는 어디선가 그 사람이 내 방송을 보며 비웃고 있으리란 생각에 참을 수 없는 감정을 느꼈고, 실제 거래에서 실패한 내가 과연 강사로서 자격이 있는 건지 자격지심이 컸던 상황이었다. 내게는 무언가 집중할 수 있는 것이 필요했다. 다행히 강의는 늘 묵직한 책임감을 느꼈기에 다른 생각할 여력 없이 집중하기에는 안성맞춤이었다.

문득, 고등학교 졸업 후 풀리지 않던 시기에 참치잡이 원양어선을 타보려 했던 기억이 떠올랐다. 청춘의 막막함은 나 자신을 저 멀리 어디론가 싣고 가버리고 싶은 충동을 느끼게 하는 법이다. 그때의 내가 그랬다. 복작거리는 생각들을 지워낼 수 있다면 고된 노동이라도 감내할 수 있을 것 같았고, 답답한 시간을 흘려버릴 수 있다면 그 어떤 동굴이라도 기어들어갈 수 있을 것 같았다.

그때의 불안정한 감정들이 다시금 살아나 나를 갉아먹으려 하고 있었다. 다시 평정심을 찾는 것이 필요했다. 이때의 강의는 비단 남을 가르치는 것이 아닌 나를 가르치는 것이기도 했다. 나 자신의 잘잘못을 최대한 객관화하면서 바라볼 수 있는 천금 같은 시간이었기에 내용 면에서는 더더욱 기본에 충실했다.

사실 사회의 첫발을 주식으로 시작한 나로서는 수입 면에서도 달리 돌파구가 없었다. 재정적인 압박은 엄연한 현실이었고 멋들어지게 회생하여 시장에서 활개 치는 것은 미래의 꿈일 뿐이었다. 채무자에게 가장 고통스러운 것이 무엇일까? 나는 시간이라고 생각한다. 빚에 대한 압박을 느끼는 동안은 시간이 내 편이라고 할 수 없다. 욕먹는 것도 다 감수할 수 있고, 재정적인 책임도 언젠가는 다 해결해낼 수 있겠지만, 그 기간만큼은 따뜻한 밥 한 그릇 먹는 것조차 맘이 편치 않았다. 내면으로는 평정심과 자신감을 찾아가는 동시에 현실에서는 재정적인 악조건들과 싸워나가야만 했다. 딱지가 생겨 상처가 아물 때까지 시간과 돈, 그 어떤 것도 허술하게 쓸 수 없었던 것이다.

그렇게 몇 개월을 보내던 어느 날, 강의에서 알게 된 어떤 분이 나를 찾아왔다. 어느 코스닥 상장회사의 대표에게 나를 한번 소개해주고 싶다는 것이었다. 이미 쇠퇴의 길을 걷던 코스닥 시장이었지만, 화려했던 불꽃을 기억하는 탓인지 투자자들의 관심은 여전히 살아 있던 때였다. 마침 거래가 없이던 나로서는 상장회사의 대표가 어떠한 사람들인지 실로 궁금하던 차였다.

그분의 주선으로 대표분과 주식 담당 직원을 만나게 되었다. 나를 만나고자 했던 사연은 이러했다. 이 회사는 당시 일본의 대형 IT 회사 한 곳과 큰 계약을 추진 중이었는데, 주요 내부 사항들을 조율해가던 중 일본 측 회사에서 이 회사의 주가 불안정성을 지적했다는 것이다. 회사로서는 여러모로 전력투구하던 계약인지라 이러한 지적 사항을 가벼이 여길 수 없다는 것이었다. 1년 정도 주가를 관리하는 것,

나의 역할은 거기에 있었다.

요구 사항은 단순했다. 특별히 주가를 올려달라는 것도 아니고 얼마 이하로 내려가지만 않게 해달라는 것이다. 이미 회사에서는 30억 정도의 투입 자금을 염두에 두고 있었다. 정리하자면, 회사에서 차명 계좌로 30억 계좌를 준비하고, 내가 운용하는 돈도 투입해 주가를 4,000원선에서 방어해나가는 일이었다.

대표가 내세우는 조건은 그리 터무니없지 않았다. 회사 계좌야 손실이 안 나면 좋겠지만 구조상 그럴 수는 없을 테니 이런 점들은 어느 정도 감안하겠다. 그러니 최대한 방어에만 힘써달라는 것이었다. 이분은 당시 본인 회사에 투자한 투자자들의 성화에 지쳐 있었고, 돌파구가 되어줄 일본 회사의 요청도 무시할 수 없는 입장이었다. 30억이 반 토막 나더라도 주가는 최대한 방어하고 싶은 마음이었던 것이다.

일단 이런 것을 회사에서 할 수는 없는 노릇이었다. 그렇다고 아무에게나 맡기자니 남 좋은 일만 하게 될 위험이 있었다. 회사 계좌는 손실인데 상대방 계좌만 수익으로 끝날 수 있기 때문이다. 게다가 이럴 경우에는 주가가 지지부진해질 가능성이 높았다. 그래서 대표로서는 믿을 수 있는 사람을 추천받고 싶어 했고, 어찌어찌해서 내게 연락이 왔던 것이다.

불과 몇 개월 전에 한 사람을 믿고 치명상을 당했던 나였다. 그전보다 더욱 꼼꼼히 따져보았다. 지금에서야 드는 생각이지만, 이 순간 나는 자신도 모르게 위험의 경계에 서 있었다. 편법이든 아니든 자꾸 어려움에 빠져들게 되는 이유는 내가 정석적인 방법을 택하지 않았기 때문이다. 하지만 그때는 미처 그런 생각을 하지 못했다. 나의 판단 기준은 법적으로 문제가 되는지 여부와 수익을 낼 수 있는가 하는 것뿐이었다. 그런 기준으로 보면 분명 구미가 당기는 제안임에 틀림없었다.

몇 시간 동안 이야기를 나눠보았지만 회사 대표님은 그야말로 평생을 연구만 하고 살아온 분이었다. 연구만 하시던 분에게 코스닥 회사 대표 자리는 그야말로 가시방석이었을 것이다. 평생 연구만 하신 분들이 대개 그러하듯 이분에게선 남의 뒤통수를 칠 그런 성향이 하나도 느껴지지 않았다.

사실 이분들의 제안은 내 입장에서는 어려울 것이 하나도 없는 제안이었다. 그냥 이 회사 주가가 내려갈 경우 아래에서 사주기만 하면 그만이었다. 그리고 10개월 후에 일본 기업과 대규모 수출 계약 체결을 앞두고 있었기에 그것이 성사된다면 오히려 주가가 탄력을 받을 수도 있는 입장이었다.

당시의 코스닥 회사들은 주가에 상당한 신경을 썼다. 불과 2~3년 전의 주가보다 10분의 1 토막 난 주식들이 수두룩했으니 주주들의 성화가 이만저만 아니었다. 그런 까닭에 회사들 사이에서는 주가를 올리고자 온갖 불법 행위가 횡행하던 시절이었다. 그런 주변 여건에 비하면 이런 경우는 양반에 속했다.

물론 법적으로 아주 문제가 없다고 할 수는 없었다. 그러나 난 받아들였다. 주가를 올려서 개인 투자자들에게 팔아넘기는 작업이 아니므로 크게 거리낄 것이 없었고, 무엇보다 이전의 타격으로 받은 고통에서 벗어나 심리적, 재정적 안정판을 확보하고 싶었는지도 모르겠다. 일단 이 회사 주가 관리를 맡으면 최소한 내가 운용하는 계좌들은 위험하지 않게 갈 수 있다고 봤다. 마침 적지 않은 방송 관련 수입으로 지난 상처를 딛고 반년 만에 다시 내 명의의 계좌를 만들고 여전히 지인들의 계좌도 운영하던 때였다. '잃어버린 공간은 회복할 수 있어도 지나간 시간은 절대 회복하지 못한다.'는 나폴레옹의 말처럼 내 심정이 그랬던 것 같다. 매매에 자신이 있으니 돈이야 회복할 수 있겠지만, 사기를 당해 돌아가야 했던 시간들이 더 아쉬웠다. 왠지 이번 기회가 잃어버렸던 시간들을 보상해줄 것 같았다.

1년간 회사 돈을 이용해 4,000원대로만 방어를 해주는 동안 회사는 일본의 최대 IT 기업과 계약을 체결하게 될 것이니 주가는 오를 것이다. 나는 이런 단순한 결론을 도출하고 내 계좌와 지인들의 계좌까지 투입하고 말았다. 그때 내가 아직 모르고 있던 것은 세상의 무서움, 그리고 일이라는 것이 내 생각이나 계획과는 달리 복잡하게 얽혀 들어간다는 점이었다. 이미 한 번의 아픔을 경험했지만 서른두 살의 나는 세상의 기준에서 보면 풋내기나 다름없었다.

막상 거래를 시작하고 보니 예상한 것 이상으로 할일이 없었다. 굳이 시세 조종처럼 가격을 올리거나 누르는 것이 아니었기 때문이다. 기본적으로 가격을 올릴 까닭이 없으니 허매수나 통정거래와 같은 증권거래법을 위반할 이유가 없었고, 그저 주가가 떨어지거나 하면 적절히 자금을 분할하여 사주기만 하면 되었다. 그러다 가끔씩 어디에선가 매수세가 들어와 가격이 오르기라도 하면 적절한 가격에 팔고 다음 시세 하락에 대비해 충분한 현금을 확보해놓으면 그뿐이었다. 어쨌거나 나로서는 인위적인 시세 형성이 아니었기에 심적으로나 육체적으로나 매우 편하고 여유로운 작업이었다.

매매를 진행해나가면서 틈틈이 회사와 대표의 행동을 유심히 살폈다. 애초의 취지와는 달리 내가 모르는, 혹은 급격히 수정된 술수가 있을지도 모르기 때문이었다. 일말이라도 그러한 낌새가 있다면 재빨리 나 자신을 방어해야 한다는 무언의 강박관념이 내 안에 자리 잡았던 것이 분명하다. 한 번의 호된 경험이 있었으니 당연한 것이었는지도 모른다.

하지만 그럴 염려는 없어 보였다. 우선 회사에서 준비한 30억이 회사 대표의 개인 돈이었음을 알게 되었기 때문이다. 시세를 이용해 그 자금을 불릴 목적이 분명히 아닌 것이, 내가 보기에도 이분은 주가가 어느 정도 안정화된 상황에서 연구에 몰두하고자 했고, 그 결과물로 시장에서 회사의 가치를 평가받고 싶어 하는 분이었다.

연구자로서 자신의 역할과 평가 방법에 충실하고자 하는 이분의 자세에 나는 안도했다. 먹고 먹히는 가운데 사기마저 횡행하는 거래 시장이 아닌, 기업의 가치로 승부하고자 하는 발행시장에 좀 더 가까워졌다는 생각도 들었다. 주식을 중심으로 돌아가는 룰과 관점이 분명 달랐고, 그래서인지 그때의 나는 이 대표의 열정을 믿을 수밖에 없었다. 자신과 회사의 가치를 증명하기 위해 밤낮으로 연구실의 불을 밝히는 모습에 때론 숙연함을 느끼기까지 했다. 한편으로는 이들의 노력과 성실함에 기대어 편하게, 그리고 안전하게 수익을 거두고 싶은 마음이었는지도 모른다. 사기로 인한 충격과 상처를 위로받고 싶은 마음을 나는 그렇게 채워가고 있었다.

나라가 온통 월드컵으로 뜨거운 분위기로 달궈지고 있었지만 나는 마냥 차분한 거래를 지속해나갔다. 2002년은 철저하게 거래소의 실적주만 오르던 해였다. 코스닥은 처참하다 할 만큼 외면받고 있었다. 적어도 눈에 보이지 않는 성장은 이제 사람들의 관심이 아니었다. 몇 년 지나지도 않았는데 확연히 차이가 날 만큼 투자에 뛰어드는 사람들의 변덕에 나는 경이로움마저 느껴야 했다. 물론 이렇게 되기까지에는 코스닥 버블 과정에서의 많은 잘못들이 있었을 것이다.

여하튼 코스닥 시장의 고전은 분명 내게 큰 재미를 주지 못하고 있었다. 회사 돈 30억과 내 쪽 자금 30억 정도가 단지 주가만 방어하기에 급급한 날들이 계속되었다. 물론 이렇다 할 손실이 나는 것은 아니었다. 그럴 수밖에 없는 것이 4,000원 아래에서는 분명하게 들어오는 매수세가 있다고 개인 투자자들도 예측이 가능했고, 그러다 보니 그 가격 아래에서는 팔자 주문도 나오지 않던 상황이었다.

시세에서 재미를 보지 못하니, 문득 일본 회사와 계약 체결이 안 되면 그때는 어떻게 될지 걱정이 되기 시작했다. 아무래도 만만치 않은 자금이 묶여 있기 때문이었다. 가끔은 늦은 저녁에 회사를 방문하기도 했다. 연구진과 생산 인력들 모두 밤늦도록 일에 몰두하고 있었다. 회사가 그 계약에 모든 것을 걸고 있다는 비장함이 느껴졌다. '그래, 큰 걱정 하지 말자. 다 잘되고 있다.' 이렇게 나를 다독이며 돌아오곤 했다.

하지만 참 아이러니하게도 내가 방송에서 추천한 종목들은 모두 상승 흐름을 크게 타면서 제법 수익을 많이 내고 있었다. 그렇지만 나는 이 회사에 모든 자금이 묶여 있었다. 공개적인 자리에서는 정석 투자를 부르짖으면서 정작 나는 좀 더 편하고 빠른 길을 가고자 하였으니, 참으로 어리석었다. 결국 이런 경험은 이후 내가 트레이더로서의 활동에만 매진하게끔 결심하는 데 도움이 되었다.

그렇게 지루한 시간이 흘러가고 있던 어느 날, 회사 대표분에게서 전화 한 통이 왔다. 그동안 수고 많이 하셨다고 하면서 회사 계좌를 달라고 하는 것이었다. 나는 드디어 일본 측과의 계약이 성사되었나 싶었다. 하지만 내용은 기대와 달랐다.

대표의 말인즉슨 M&A 전문가들이 자신, 즉 대주주의 물량을 모두 인수하기로 계약했다는 것이었다. 그동안 대주주이자 대표로서 너무 힘이 들었는데 이제 자신은 그냥 연구원이 될 뿐이고 회사는 그들에게 넘어갔다는 말이었다. 그간 불확실한 회사의 미래와 주주들의 아우성에 많이 지쳐 있었다는 고백도 하였다.

나로서는 그의 결정에 토를 달 수는 없었다. 다만 그가 합의한 거래 가격이 얼마인지 궁금했는데, 그분은 자신이 넘긴 가격이 6,000원이라고 말해주었다. 나는 의아했다. 통상적으로 주식을 다량으로 넘길 때, 그 주식을 매수하여 경영권을 쥐게 된다면 '경영권 프리미엄'이라는 것이 있기는 하다. 그러나 아무리 그렇다 해도 6,000원은 일반 시세에 비해 너무 높은 가격이었다. 또 이해가 되지 않았던 점은 그리 크지도 않은 회사에서 내가 가지고 있는 물량을 파악 못 했을 리 만무한데 전혀 신경도 안 쓴다는 사실이었다.

이들이 그동안 M&A했던 회사를 알아봤더니 이건 말이 좋아 M&A지 그냥 작전을 하는 팀이었다. 이들이 인수했다는 회사는 모두 부실 회사였고, 그런 회사를 인수해서 벌이는 일이란 여러 가지 잡다한 것뿐이었다. 전혀 실현성 없으나 순간 투자자들의 눈을 가리는 그런 뉴스를 발표해 주가를 올리고, 자신들은 유유히 팔아먹고 나오는 그런 모습들이 차트에까지 나타나고 있었다.

나는 혼란스러웠다. 그리고 아둔했다. 사람은 자기가 경험한 만큼만 안다고 했다. 그때 나의 경험은 일천했다. 주가란 내가 샀던 금액보다 올라야만 수익을 낸다고 생각했다. 책을 통한 지식들 역시 이를 바탕으로 한 것이었고, 내가 알고 있는 모든 상식의 기초이자 시작점이었다. 당시의 나로서는 아무리 머리를 굴려도 이러한 가정에서부터 시작될 뿐이었다.

이들이 대주주의 물량을 모두 사갔다면 둘 중 하나였다. 정말 회사를 키워서 제대로 사업을 해보고 싶은 경우, 아니면 어떤 방법을 쓰더라도 주가를 띄워서 단기간에 머니게임을 하는 방법 말이다. 그런데 이들이 과거에 인수했다는 회사를 살펴보니 모두 후자의 방법을 위해 사용된 후 버려져 있었다.

머릿속이 복잡했다. 이들은 내가 가진 물량을 모두 파악했을 것이다. 그런데 왜 내 물량을 털어내는 작업을 하지 않는 것일까? 아니면 나 정도의 물량은 신경도 안 쓰인단 말인가?

이도저도 답을 내리지 못한 채 갈팡질팡하고 있는 사이, 주가는 오르기 시작했다. 10개월간 정말 껌처럼 바닥에 붙어 있기만 했던 주가가 넘실넘실 탄력을 받으며 오르기 시작했다. '아, 이런 거였어?' 가슴 한구석의 불안감을 지울 수는 없었지만, 오르는 시세 앞에 나는 안도했다. 그리고 그 모든 의문을 묻어둔 채 수익을 확고히 할 매도 지점을 찾기 시작했다. 조금이라도 그들의 감춰진 의도를 캐거나 최소한 행간이라도 읽어내야 했건만, 이미 나는 그들의 설계에 놀아나고 있었다. 세상에 완벽한 위장술이란 없다. 그런데도 그러한 위장이 통하는 이유는 내가 보고 싶은 것만 보고, 듣고 싶은 것만 듣기 때문이다. 나는 이미 모든 의심을 멈춘 채 보고 싶은 것만 보고 있었다. 물론 이 모든 것이 수익에 대한 나의 욕심에서 비롯되었다.

이들의 매수 단가가 6,000원대인 데다가 물량도 많기 때문에 최소한 1만 2,000원까지는 올려놓아야 어떻게 해볼 수 있을 것이란 계산이 나왔다. 작전을 지켜보았던 경험이 도리어 도움이 되고 있단 생각에 짜릿함까지 느꼈다. 마음이 한결 가벼워졌고, 이윽고 나는 푸른 상상을 하기 시작했다.

그 상상이 깨져버린 건 정확히 안정환이 이탈리아 전에서 황금 같은 역전골을 터뜨린 다음날 아침이었다. 안정환의 역전골로 신촌의 거리는 밤새 인파로 넘실댔고 나도 흥분된 마음으로 그들 사이를 돌아다녔다. 그리고 다음날 아침 나는 믿을 수 없는 광경을 목격하고 말았다.

하한가. 그것도 동시호가부터 수북이 쌓인 하한가 매도 물량이었다. 도무지 이해할 수 없는 일이었다. 이렇게 많은 물량이 나올 곳이 없었기 때문이었다. 순간 스치는 생각이 있었다. 바로 이리저리 정보망을 가동해서 알아봤다. 내 생각이 맞았다. 하한가 매도 물량은 모두 명동 사채업자의 물량이었다. 다음날, 또 다음날도 하한가. 나는 내리 연속 3일 하한가를 맞게 되었다. 비명을 지를 틈도 없이 순식간에 주가는 40퍼센트 이상 폭락했다.

어떻게 이런 일이 내게 일어날 수 있는 것인지. 마포대교 아래에서 마시지도 못하는 소주를 마시면서 하늘을 봤다. 마포대교에 수많은 사람들이 빨간색 티를 입고 몰려다니는 모습을 보면서 눈을 감았다. 이것이 꿈이기를 간절히 바랐다.

일은 이렇게 진행되었던 것이다. 일단 회사를 인수한다는 명목으로 대주주의 물량을 산다. 그런 뒤 바로 대주주의 물량을 명동 사채업자에게 맡긴다. 그리고 돈을 빌린다. 일종의 계약금을 걸고 진행하기에 이들이 들인 돈은 사실 별로 안 된다. 결국 사채업자의 돈을 가지고 인수한 꼴이 되는 것이다.

그리고 난 후 회사의 주가를 올려서 빠져나오는 방식이 아닌, 그냥 회사 자체를 깡통으로 만드는 방식을 취했다. 그들은 회사가 가진 예금통장을 자신들이 더 나은 이자를 주는 곳으로 옮기겠다고 하며 그 안의 돈도 빼갔고, 자사주도 빼갔고, 부동산도 처리하고, 어음도 발행했다. 그렇게 모든 것을 빼먹으며 회사를 깡통으로 만들어갔다.

3개월 후, 이 사건은 단군 이래 최대의 작전사건으로 9시 뉴스를 장식하게 되었다. 이들은 동시다발적으로 무수히 많은 회사를 이렇게 처리했고, 그 와중에 내가 당한 것은 이들이 벌인 무수한 사건 중 변방의 하나에 불과했다.

회사를 해먹을 만큼 해먹고도 사채업자에게 빚을 갚지 않으니 사채업자는 하한가로 주문을 넣고 처분해버린 것이다. 대개 작전세력과 사채업자의 관계에는 주가가 일정 가격을 유지하지 못하거나 이자를 제때 지급하지 못할 경우 물량을 처분할 수 있다는 계약이 성립되어 있기 마련이다. 어쨌거나 세 번 연속 하한가를 치면 데이 트레이더들이 무수히 들어오게 되고, 대부분은 거기서 정리가 된다. 사채업자는 돈을 빌려줄 때 처음부터 주식 가치보다 훨씬 낮은 금액을 빌려준다. 그런 까닭에 세 번의 하한가를 맞아도 자신들의 원금과 이자를 챙길 수 있다. 가끔 아무 까닭 없이 회사가 점하한가(하한가로 시작해 장 마감까지 하한가를 빠져나오지 못하는 하한가)를 맞으면 여기에는 그런 뒷이야기가 숨어 있기 마련이다.

나로서는 이대로 가만히 있을 수 없었다. 사장에게 전화를 했다. 사장도 사색이 되어 있었다. 더구나 주권을 넘기며 이미 돈을 챙긴 상황인지라 졸지에 자신은 주식 팔아 돈 챙기고 나머지 주주들을 지옥으로 몰아넣는 악덕 기업주가 되어 있었다. 그런데 실상은 그렇지 않았던 것이다.

일단 사장을 다그쳐서 회사를 망가뜨린 이들의 연락처를 확인하고 곧장 만나러 갔다. 그곳은 분당의 한 사무실이었는데 들어서는 순간 황당했다. 목에는 금목걸이를, 팔에는 금팔찌를 주렁주렁 달고 머리는 짧은 스포츠로 깎은 조폭처럼 보이는 남자들이 눈에 보였다. 작정을 하고 일을 벌인 티가 물씬 풍겼다. 이런 일당들에게 얘기가 먹혀들 리 없었다. 그들은 오히려 자기들이랑 함께 일할 생각이 없냐며 조롱하듯 말했다. 피가 거꾸로 솟는 느낌이 들었다.

어쨌거나 나는 정면승부를 선택했다. 사장을 설득해서 이들을 검찰에 고발하도록 했다. 어쩌면 당신이나 나나 모든 노력과 명성은 물거품이 되고 크게 다칠지도 모르겠지만, 그래도 이것이 옳은 길인 것 같다고 이야기했다.

그런데 막상 고발을 하고 보니 더욱 황당했다. 이들은 고구마 줄기처럼 퍼져 있는 팀의 일원이었고, 그 팀은 서울지검 특수부에서 이미 조사 중에 있었다. 생각보다 일이 커지고 있었다. 그러던 어느 날 금 감원으로부터 조사를 받으러 나오라는 연락을 받게 되었다. 나름 떳 떳하게 살아왔다고 생각했는데, 어쩌다가 이 지경에까지 이르렀는지 참담할 따름이었다.

나는 금감원에 출석했다. 나는 나를 조사할 줄 알았지만, 실은 그 것이 아니었다. 그 거대 작전 세력들을 조사하는 과정에서 나는 그야 말로 재수 없이 다친 새우 정도의 피해자일 뿐이었다. 조사를 담당한 직원들은 내내 안쓰러운 표정으로 나를 바라보았다. 금감원 조사실 에서 조사를 마치고 나오는데 나를 조사한 조사관이 내게 하는 말이 걸작이었다.

"안타깝습니다. 젊은 분이 이처럼 많은 돈을 날리게 되어서 앞으로 어쩔 겁니까? 용기 잃지 마세요."

나와서 터벅터벅 한강변을 걸었다. 강바람에 어질어질한 머리를 식 히며 찬찬히 상황을 정리해보았다. 이번 경우는 그전에 내가 알던 작 전이라는 것과는 아주 차원이 달랐다. 상상할 수 없는 규모의 큰 작 전 세력이었고 내가 관리했던 회사는 이들에겐 그야말로 무수한 먹 잇감 중에 아주 작은 가지 하나에 불과했다. 더 기가 막혔던 것은 이 러한 일들을 기획했던 사람이 이미 전과 몇 범의 전문 금융 사기범이 라는 점이었다. 게다가 이들 뒤에는 명동 사채 시장의 최고 큰손이 버티고 있었다. 한마디로 이들이 초원의 잔뼈 굵은 하이에나라면 나는 이제 갓 태어난 임팔라의 새끼 정도였던 것이다.

작전의 핵심은 순박한 먹잇감을 잡는 데 있다. 자신들의 이익을 피로써 감당해줘야 할 먹잇감을 구하기 위해 그들은 온갖 술수와 유혹을 뿌려대기 마련이다. 문제는 순진한 사람이나 어설프게 약아빠진 사람이 이들의 놀음에 놀아나기 십상이라는 것이다. 나 역시 이들 앞에 허점을 노출하고 말았다. 애초에 회사 주가 관리에 관한 제안을 받아들이지 말았어야 했지만, 생각해보면 중간에 내가 빠져나올 기회는 충분히 있었다. 하지만 그 탈출 기회를 얄팍한 생각에 빠져 놓치고 만 것이다. 그 점이 나를 몸서리치게 했다.

나는 자신감을 잃었다. 거래에 대한 자신감이 아니었다. 나도 모르게 불온한 세력의 먹잇감이 되고 만 운명이 얄미웠고, 변칙이 판을 치는 곳에서 놀아났다는 자괴감이 그러했다. 그러나 뒤집어보면, 이런 게임에 빠져든 것은 결국 내가 정석적인 방법을 택하지 않았기 때문이었다. 어쨌든 나는 분명 그들에게 당할 빌미를 제공했고, 그들은 그 기회를 놓치지 않았을 뿐이다.

무엇보다 나로서는 이때 뼈저리게 얻은 교훈이 있었다. 사람을 볼 때 저 사람이 나를 배신할지 여부뿐만 아니라, 저 사람이 다른 사람에게 배신을 당할 사람인지 아닌지까지 봐야 한다는 것이었다. 누군가와 한배를 탔다면 그가 당한 배신마저 고스란히 내게로 오는 법. 그 사장님은 절대 누군가를 배신할 분이 아니었지만, 안타깝게도 누군가에게 배신은 얼마든지 당할 만큼 순진한 분이었다. 나의 불찰은 거기까지 전혀 살피지 못했다는 것이었다.

　월드컵의 열기가 온 나라를 뒤엎던 때부터 시작된 비극은 나로 하여금 주식시장에 깊은 회의를 갖게 하였다. 작전이라는 단어로 표현되는 온갖 불법 행위가 횡행하는 주식시장에 온정이 떨어졌다. 이런 식으로 가다가는 나의 기반이 계속 흔들릴 것이었다. 오직 실력 하나로 승부를 볼 수 있는 곳으로 가고 싶었다.

　사실 나는 집안의 풍파를 어릴 때부터 경험하며 자란 탓에 어지간한 상황에는 끄떡하지 않는 편이었다. 더구나 거듭된 대학입시 실패는 나를 더욱 강인한 성격으로 만들었다. '그까짓 것.' 하고 훌훌 털어 버리는 성격이었다. 자고 일어나면 어차피 똑같은 현실이 반복된다는 점을 익히 알고 있었기에 넋 놓고 있기보다는 일어난 현실을 인정하고 그 상황을 시작점으로 삼아 정면으로 부닥쳐나갈 뿐이었다. 설령 내 의지나 의도와 달리 돌덩어리처럼 무겁게 나를 누르는 운명에 숨이 막히더라도 해결의 실마리를 찾고자 한다면 일단 현실을 인정하지 않고서는 달리 방도가 없는 법이다.

　그러나 솔직히 이때는 너무나 힘들었다. 부모님께는 짐짓 별일 없는 척해야 했고, 연타로 얻어맞은 재정적 파산을 해결해나가면서 동시에 내 잘잘못들을 낱낱이 곱씹어야 했다. 그 과정은 매우 힘들고도 아팠다. 하루하루가 한숨으로 시작해서 한숨으로 끝나곤 했다.

　냉정히 바라본 나의 상황은 그러했다. 두 번의 큰 실패는 주식시장에 대하여 거리감을 두기에 충분했다. 그런데 공교롭게도 하락장에 대비한다는 명목 아래 별생각 없이 벌여둔 파생계좌만큼은 가파른 수익을 달리고 있었다.

그래서일까? 아무것도 없는 내가 그야말로 실력 하나로 부딪쳐볼 수 있는 곳은 선물 옵션 시장밖에 없다는 결론을 내렸다. 물론 단시일에 큰 수익을 낼 수 있다는 점 또한 나를 끌어당겼다는 것도 부인할 수는 없다. 그래도 거래 하나만큼은 자신이 있었다. 따지고 보면 두 번의 패착 모두 거래가 아닌 다른 방법에 마음이 쏠려 당한 것이었다. 그래, 정정당당히 거래를 통해 다시 일어나자. '다시 일어나 시장에서 맘껏 실력을 펼쳐보자.' 나는 그렇게 다짐했다.

한 가지 다행인 것은 이렇게 거듭되는 좌절 속에서도 나를 끝까지 믿고 지지해주는 몇 분이 계셨다는 점이다. 이분들은 일에 대한 나의 집중력과, 적어도 돈 앞에서 미련할 만큼 내 이익을 내세우지 않았다는 점 등을 높이 봐주셨다. 특히 후자의 경우는 내가 여러 번 기회를 갖는 데 가장 큰 역할을 했던 것 같다.

그래서였는지, 선물 옵션으로 승부를 보겠다는 말을 했을 때 다들 다시 한 번 고개를 끄덕여주셨다. 이렇게 된 과정에는 내 계좌는 박살낼망정 이분들의 계좌는 끝까지 손실을 최소화시켰던 점을 높이 산 덕도 있을 것이다. 돈을 다루는 곳에서 돈을 중심으로 한 신뢰 관계는 그만큼 중요하다.

이 중에 내게 가장 큰 도움을 주셨던 분이 김 사장님이다. 이분은 앞서 얘기한 증권방송을 하던 회사의 사장님이다. 그러니까 우리나라에서 고액 증권방송을 최초로 설계한 분이라고 보면 된다. 이분을 처음 뵈었을 때는 대학교 선배인지도 전혀 몰랐다. 그런데 나중에 보니 대학교 선배일 뿐 아니라 고향도 동향이었다.

세상에는 이성으로 전혀 이해되지 않는 무언가가 분명히 있는데, 예전에는 전혀 그런 것을 믿지 않았지만, 그런 경험을 여러 번 하고 나서는 조금씩 믿게 되었다. 우리의 지식으로는 알 수 없는 그 무엇이 있다. 사람의 인연도 그런 것이리라.

파생시장에 승부를 걸다

김 사장님께서 나를 믿게 된 데는 여러 이유가 있었겠지만 그분이 지금까지도 가장 고마워하는 일이 하나 있다. 내가 한창 증권방송을 석권했다시피 했을 때, 당시 증권 사이트 중 가장 큰 곳에서 파격적인 조건으로 내게 스카우트 제안을 해왔다. 무시 못 할 조건이었기 때문에 어느 누구라도 당연히 가야겠다는 생각을 할 법했다. 그런데 김 사장님께서도 이 소식을 들으셨는지 나를 한번 보자고 하셨다. 우리는 가까운 신촌의 호텔 커피숍에서 만났다.

만나자마자 꺼낸 첫 마디가 "가지 마라."였다. "내가 이렇게 저렇게 해줄 테니 가지 말고 있어라."가 아니고 그냥 "가지 마라."였다. 그때 이분이 내게 여러 가지 조건을 제시하면서 나를 잡고자 했다면 나는 별다른 고민 없이 떠났을지도 모르겠다. 왜냐하면 어떤 조건을 제시해도 그 증권 사이트가 제안했던 조건에는 미칠 수 없었을 것이기 때문이다.

단 한마디, "가지 마라."

나도 망설이지 않고 답했다.

"네, 안 가겠습니다."

요즘 세상살이 기준으로는 도통 이해하기 힘든 대화였다. 나의 대답도 그렇지만 밑도 끝도 없이 나를 둘러싼 유혹을 가로막고 선 김 사장님은 더욱 그러했다. 하지만 당시에 내게는 돈보다 그분과의 인연이 더 소중하게 느껴졌다. 사실 당시에는 그저 한 증권 사이트 사장님과 그곳에서 방송을 하는 강사일 뿐, 그리 큰 인연이랄 것도 없는데 내 느낌은 이상하리만치 그러했다. 그리고 그때의 결정이 후일 내 인생에 큰 영향을 끼쳤으니, 이래저래 세상일이란 참으로 알 수 없는 것 같다. 그런 김 사장님께서 그 일이 있고 나서 얼마 되지 않아 내게 제안을 하나 하셨다. 회사에 방을 따로 줄 테니 거기서 거래를 해보라는 얘기였다. 그리고 내게 개인 돈 10억 원과 회사 돈 10억 원의 운용을 맡겨주었다.

나는 이때 난생 처음 매일 출퇴근이라는 것을 해보게 되었다. 사람들과 얼굴을 마주하는 사회인이 된 것이다. 그리고 김 사장님께서 명함을 파주었다. 사회생활에서 필요할 데가 있다는 충고도 잊지 않으셨다. 그러고 보니 집에서 혼자 거래만 했을 때는, 돈이야 벌었을망정 어디 나가서 주고받을 명함이 없어서 곤란했던 적도 있었던 듯싶다. 직함은 투자전략 이사, 그것이 내가 처음 가져본 명함이었다.

남자는 출근해야 한다는 말이 어떤 의미인지 알 듯했다. 매일 제시간에 식사를 하고, 퇴근이라는 것을 해보고, 시장이 끝나면 태오라는 후배와 회사 바로 옆 서강대학교를 거닐곤 했다. 태오는 줄곧 내 곁에서 나의 매매를 지켜봤던 청년이었다. 함께 걷는 교정이 모교이기도 해서 그런지 마음이 그리 편할 수가 없었다.

내가 날린 10억 원대의 돈이 나를 좌절시키기에는 너무 적은 돈이라 생각했다. 거듭되는 대학 입시 실패 속에서도, 인재는 대기만성이라고 나 자신을 위로했던 것이 이 무렵에는 아예 몸에 체화되어 있었다.

수많은 우여곡절이 있었지만, 나는 다시 시작하고 있었다. 달라진 것은 그때부터 주식이 아닌 선물 옵션을 했다는 것이다. 그리고 최대한 거래에만 전념하려 했다. 가장 먼저 전부터 해온 방송에 대한 비중을 줄여야 했다. 일단 기존의 회원들은 어쩔 수 없었고, 신규 회원은 더 이상 받지 않기로 했다.

물론 기존 회원들이 계속 강의를 듣기를 원했으므로 방송은 계속 유지해나갔다. 그러나 장은 지속 하락장으로 펼쳐져갔고 주식시장에서 수익을 내기란 요원할 따름이었다. 그러다 보니 점차 회원 수는 줄기 시작했고 마지막까지 남은 분들에게는 조심스럽게 선물 옵션을 가르치기 시작했다. 물론 기술적인 강의라기보다는 파생이 갖고 있는 위험과 기회를 중심으로 설명해나가곤 했다.

그리고 주식 계좌는 미련 없이 모두 닫아버렸다. 정말이지 주식은 두 번 다시 쳐다보고 싶지 않았다. 그렇게 마음을 훌훌 털어버리듯 주식에 관한 모든 것을 정리했다. 앞으로 선물 옵션만 생각할 터였다. 이제 시장과의 진검승부가 시작된 것이다. 너도 벌고 나도 벌 수 있는 주식시장과 달리 파생시장은 내가 벌면 누군가가 정확히 그만큼을 잃는 구조다. 이제는 변명이 통하지 않는 곳, 내가 먼저 목을 베지 않으면 내 목이 베어나가는 그런 곳에 본격적으로 뛰어든 것이다.

각오가 남달랐던 덕분인지 거래는 처음부터 큰 무리 없이 나아가고 있었다. 그렇게 하루하루를 보내던 중, 내게 또 하나의 인연이 싹트게 되었다. 바로 장준호라는 사람이었다.

장준호. 한동안 '장 실장'이라고 부른 이 친구와의 인연은 김 사장님과는 또 다른 운명적 만남이었다. 장 실장은 '앵커스팟'이라고 하는 당시 꽤 유명했던 차트 프로그램 서비스 회사의 대표였다. 우연치 않게 HTS 프로그램을 개발하다가 아예 회사를 설립했고, 그러다가 기술적 투자 방법에 심취해 '시스템 거래'에 빠진 독특한 케이스였다.

그리고 보면 이 친구의 인생도 참 사연이 만만치 않았다. 차트 개발보다 거래에 관심을 두던 차에 동업을 하던 친구와 결별하게 되었고, 마침 증권 사이트에 스카우트되어 업무를 보던 중 이전 회사와의 소송에 휘말려 곤혹을 치러야 했다. 법적 공방까지 벌이는 어려움을 겪었고, 이후 증권 사이트에서는 이 사건의 여파가 가라앉을 때까지 그를 잠시 비엔비라는 회사에 파견한 상태였다. 한마디로 지금은 너무 시끄러우니 잠시 몸을 피해 있으라는 이야기였다. 그런데 그곳이 바로 김 사장님이 운영하는 회사였고 내가 매일처럼 출근해서 거래를 하는 곳이기도 했으니, 인연이란 참으로 기이한 것이다.

당시 내 방은 다른 직원들과 얼굴을 맞대지 않아도 되는 독립된 방이었다. 그런 탓에 나는 직원들을 오며가며 볼 뿐 누가 누구인지는 전혀 몰랐다. 가끔 김 사장님께서 들어오셔서 거래 이야기나 좀 했을 뿐이었다. 그런 까닭에 나는 장준호를 알지 못했다.

그러던 어느 날, 그 회사에 근무하던 이사님과 잡담을 나누던 중 이러이러한 스토리의 친구가 와 있는데 한번 소개해주고 싶다고 하면서 그를 내 방에 데리고 왔다. 이것이 나와 장준호의 첫 대면이었다.

훗날 알게 된 사실이었지만, 사실 그가 법정 공방까지 가게 된 것은 딱히 그의 잘못이 아니었다. 다만 자신이 증권 사이트로 옮겨가면서 함께 데려간 부하 직원의 부주의에 관리 소홀 책임이 씌워진 것뿐이었다. 그러나 그는 마음에 상처를 입고 있었다. 일을 책임지는 과정에서 여러 사람들 사이에서 부대끼며 얻게 된 아픔이었다. 그래서일까, 나는 그로부터 왠지 모를 동병상련을 느끼게 되었다.

당시 장준호는 시스템 트레이딩에 집중하고 있었다. 거래 경험이 많지 않았지만 뛰어난 거래 경험자를 만난다면 그 아이디어를 구현해보고 싶다는 바람을 가지고 있었다. 반면에 나는 거래로는 승승장 구했지만 거의 모든 것을 혼자 해나가고 있었다. 매일같이 눈을 비비 며 모니터를 대해야 했던 나로서는 컴퓨터가 자동으로 매매한다는 시 스템 거래에 호기심이 일었다. 왠지 지금보다 더 편한 매매가 되지 않을까 하는 단순한 생각이었다. 그보다 좀 더 진지하게 고민했던 것 은 매매 자금이 불어나면서 냉철함을 유지하는 데 조금씩 부담이 들 때가 있었기 때문이었다. 그리고 당시 시스템 매매라는 것이 어느 정 도 성과를 내고 있다는 소문도 얼핏 들은 터였다.

처음 나는 시스템 매매에 대해 회의적이었다. 과연 사람의 거래를 기계가 대신할 수 있는지, 또 가능하다면 그것이 어느 선까지 가능하 다는 것인지 신뢰할 수 없었기 때문이다. 게다가 나는 거래에서 승승 장구하고 있었고, 거래를 할 때도 단순히 어떤 지표에 의존하기보다 오랜 시간 시장을 연구하면서 생겨난 감각을 적극적으로 활용하고 있 다고 생각했기 때문이다. 그런 감각을 컴퓨터가 구현해낸다는 개념 이 도무지 와 닿지 않았다. 그러나 장준호는 그 감각마저도 분명히 인과관계가 있으며, 그것을 찾아내는 것이 시스템 트레이딩이라고 이 야기했다.

어느 날 문득, '둘이 한번 해볼까?' 하는 생각이 들었다. 김 사장님 의 배려로 내 사무실을 갖게 되었지만 잦은 김 사장님의 방문이 조금 씩 거래에 방해가 되기 시작하던 때였다. 김 사장님께서는 증권 관련 사업을 오래도록 해오신 분인지라 거래 경험도 있으셨고, 거래에 대해서 많은 호기심을 가지고 계셨다. 딜러에게 그러한 환경은 결코 좋은 영향을 끼치지 못했으므로, 그 무렵 나는 독립을 꿈꾸기 시작했다.

우리 둘은 이내 의기투합했다. 그런 모습을 지켜본 김 사장님은 우리 둘에게 투자하고 싶어 하셨다. 하지만 나는 어렵더라도 혼자 힘으로 한번 해보고 싶었다. 시간이 걸리더라도 장준호와 함께 새로운 영역을 개척해나가야겠다는 생각뿐이었다. 나로서는 당분간 하던 거래를 계속하되 시스템 쪽에 승산이 보이기 시작하면 그에 맞춰 자동 매매의 비중을 키워나갈 생각이었다.

마침내 장 실장과 나는 그곳에서 나와 따로 회사를 차렸다. 회사 이름은 각자 이름의 이니셜 하나씩을 뽑아 'S&J'라고 지었다. 자본금은 거래에 전혀 관심이 없는 지인 두 분에게 부탁을 드렸다. 나를 믿어주셨던 두 분의 도움으로 작으나마 회사의 형태를 갖출 수 있었다. 이 S&J는 훗날 설립하게 되는 '세타파워'란 회사의 전신쯤 되는데, 신촌의 작은 원룸에 세운 이 회사를 통해 나는 처음으로 시스템 트레이딩이란 것을 접하게 된 것이다. 나와 장준호, 그리고 오래전부터 내 일을 도와주던 안태오, 이렇게 달랑 세 사람이 한 공간에서 시작했다. 이것이 내가 난생 처음 설립한 회사였다.

여담이지만, 함께 회사를 설립한 순간까지 나는 장 실장의 고향이 어디인지, 심지어 몇 살인지조차 모르고 있었다. 매일 일 이야기만 했으니 당연했는지도 모른다. 그런데 알고 보니 장 실장은 내 친구의 친구였다. 그것도 한 친구가 사무실에 놀러왔다가 우리 둘을 다 알아본 것이 계기가 되었다. 고향이 같고 나이가 같다는 것. 서울 같은 큰 곳에서 자란 사람들에겐 별것 아닌 것처럼 느껴질 수 있겠지만, 연고 하나 없이 서울에 올라와 살던 젊은이들에게는 가슴 풋풋한 경험이었다.

참으로 묘한 인연이었다. 어느 날 둘이 차를 마시면서 이런 이야기를 나누었다. 너와 나의 인연이 참으로 기이하니 아마 우리 둘이 벌이는 일도 흐지부지 끝나지는 않겠다. 우리가 시장을 석권하든지 쫄딱 망하든지 둘 중 하나가 되어 있을 것 같다는 얘기였다.

하지만 당시에 우리 둘이 하고자 했던 일은 지지부진하기만 했다. 손으로 하던 내 계좌는 꽤 괜찮은 수익을 내는 반면, 장 실장과 함께 만든 시스템의 성적은 신통치 않았다. 시스템이란 것이 제대로 되는 게 맞나 의심되기 시작했다. 더구나 당시 내 개인적인 투자 성과가 워낙 좋았으므로 나는 금세 시스템 트레이딩에 흥미를 잃어가고 있었다.

그러던 중 작은 사고가 발생했다. 장 실장이 자기 친구의 1억짜리 계좌 하나를 회사로 가져와 운용을 맡게 되었다. 마침 장 실장이 의욕적으로 개발해놓은 전략이 있었기에 운용을 자진했던 것이다.

하지만 한동안 그 계좌를 시스템으로 돌리다 성적이 영 부진했던지 어느 날 내게 본인이 직접 거래를 해보겠다는 이야기를 해왔다. 신중하게 생각해봐야 할 문제였지만 본인의 의지가 워낙 강해서 나는 그렇게 해보라고 대답했다. 장 실장 본인도 비록 실패의 경험이지만 거래 경험이 조금은 있던 차였다. 다만 9,000만 원을 침범하면 거래를 멈추고 내게 꼭 이야기한다는 조건이었다. 10퍼센트 정도의 손실이라면 내가 거래를 통해서라도 메워놓을 자신이 있었다. 나는 장 실장에게 그때까지는 간섭하지 않을 테니 편안한 마음으로 매매에 집중해보길 권했다. 이번 기회에 거래의 어려움에 대해 알아두는 것도 나쁘지는 않겠다는 생각에서였다.

그러던 어느 날 장 실장이 내게 할 이야기가 있다고 했다. 마침 날씨도 좋아서 서강대 교정을 거닐기로 했다. 도서관 앞에서였는데, 그는 무슨 이야기인지 자꾸 머뭇거리고 있었다. 불길한 예상은 늘 적중하는 법, 알고보니 1억 계좌는 이미 반 토막이 나 있었다. 어쩌다 보니 10퍼센트를 상회한 손실이 났는데, 나와의 약속을 의식해서인지 추가 손실을 메우려 거래를 지속하다 오히려 걷잡을 수 없는 손실로 접어들고 만 것이었다.

그의 풀 죽은 목소리를 들으면서 일단 내가 어떻게든 해보겠다는 이야기밖에 할 수 없었다. 결국엔 그 계좌도 내가 책임져야 하는 상황이 되어버렸다. 장 실장은 일이 이렇게 돌아가는 상황을 못 견디게 힘들어했다.

내가 막고자 했던 것은 장 실장이 겪을지 모를 밑도 끝도 없는 패배감이었다. 내 경험상 한번 패배감에 빠져버리면 회복하는 데 많은 시간과 에너지를 소모하기 마련이다. 나는 이것을 겪지 않게 하고 싶었다. 내가 작은 우산이 되어줄 수 있는 동안 그 안에서 마음을 추슬렀으면 했다. 하지만 이 일을 계기로 확실히 알 수 있었던 것은, 당분간 장 실장에게 운용에 대한 재량을 전적으로 맡길 수는 없겠다는 점이었다. 이때의 경험으로 장 실장은 지금껏 단 한 번도 거래를 하지 않았다.

나중에 언급하겠지만, 시스템 트레이딩을 한다고 모든 사람이 성공하는 것은 아니다. 가장 큰 요인은 심리적인 이유로 운용을 망쳐버리는 일이 곧잘 발생하기 때문이다. 감정 없는 기계에 거래를 맡기더라도 그러한 작업을 사람이 주관하는 한 이런 위험은 상존할 수밖에 없다.

어쨌거나 당시에 나는 시스템 거래는 안 되는 것으로 결론을 내리고 있었다. 일단 내부적으로 뾰족한 성과가 없었다. 또 내 개인적인 거래는 한창 잘되고 있던 차였다. 거래가 순탄히 풀리고 있다는 소식에 김 사장님도 자금을 다시 맡기는 상황이었다. 나의 매매에 집중해야 했고 점점 시스템 쪽에서는 마음이 멀어지고 있었다. 그러다 보니 시스템에만 매진하던 장 실장은 서서히 자신의 역할을 잃어가고 있었다. 둘이 같이 있다는 사실에 공간적 동거 이상의 의미를 찾을 수 없었다.

남은 선택지는 자명했다. 난 그와 결별을 결정했다. 1년여 간의 동고동락은 그렇게 별다른 결실이 없이 막을 내리고 말았다. 그리고 투자자 두 분에게는 투자금 전액을 반환했다. 더 이상 회사를 유지한다는 것이 무의미했기 때문이었다. 컴퓨터가 거래를 대신해서 수익을 낼 수 있다는 기대를 가지고 설립했던 회사는 불과 1년여 만에 문을 닫아야 했다. 고사떡을 하고 돼지 머리를 올려놓고 가족들과 주변 지인들과 함께 고사를 지냈던 개업식을 생각하니 너무 허망했다.

어쨌거나 이것은 장 실장과의 결별뿐 아니라 시스템 매매와의 결별이기도 했다. 나는 다시 혼자가 되었고, 홀로 승승장구했다. 그러던 나는 이윽고 운명의 2004년 5월 10일을 만났다. 그리고 끝난 인연이라 생각했던 장 실장과 시스템 트레이딩, 이 둘을 다시 만나게 되었다. 나는 그날을 향해 조금씩 앞으로 나아가고 있었다.

3장
2004년~2008년
시스템 트레이딩의 시작

고대 이집트인들은 죽어서 하늘에 가면 두 가지 질문을 받고
그 대답에 따라 천당과 지옥으로 나뉜다고 믿었다.
그 첫 번째 질문은 이러하다.
"살아가면서 인생의 참다운 기쁨을 느낀 적이 있느냐?"
두 번째 질문은 다음과 같다.
"너는 인생에서 다른 이들에게 그런 참다운 기쁨을 느끼게 해준 적이 있느냐?"
...
자네는 어떤가? 대답해보게.

– 영화 『버킷리스트 Bucket List**』 중에서**

···

자만의 혹독한 대가

"사장님, 거래에서 손실을 보는 분들을 도저히 이해할 수가 없습니다. 저에게는 시장이 너무 쉽게 보이거든요."

진심이었다. 당시 15억 정도의 거래 계좌에서 매주 1,000~2,000만 원, 매월 5,000~1억 원 정도의 수익을 그야말로 자판기에서 커피 뽑아내듯이 얻어냈고, 게다가 26주 연속 수익이란 기록까지 쌓아가던 터였다.

함께 서강대를 거닐던 김 사장님은 웃음으로 대답했다. 세상 물정 많이 겪어본 분에게 철부지 젊은이의 치기어린 자만으로 들렸을까? 아니면 그런 내가 옆에 있어서 든든하다는 의미였을까? 하지만 시장이 우스우리만치 쉽게만 보이던 나는 실로 거침이 없었다.

그러나 이 한마디에 내가 시장으로부터 돌려받아야 했던 대가는 너무나 혹독했다. 그로 인해 짊어져야 할 뒷감당을 미리 알았더라면 그런 말을 결코 입 밖에 내지 못했을 것이다.

2004년 5월 10일. 자만과 허영으로 가득 채워진 내 삶이 송두리째 뒤집힌 그날, 그땐 몰랐다. 이날이 내 투자 인생의 모든 것을 한꺼번에 뒤바꿔버리게 될 줄은.

어떻게 이런 일이 벌어질 수 있을까? 살다 보면 정말 이럴 수 있을까? 사람이 제대로 망하려면 각본을 짠 듯 드라마틱한 일들이 일거에 펼쳐진다더니, 나 역시 드라마의 주인공이 되어 파멸의 블랙홀로 빨려 들어가고 말았다.

그 사건이 있기 한 주 전, 나는 지인이었던 증권사 임원 한 분의 주선으로 한 일간지 소속의 기자를 만나게 되었다. 당시 기자는 신출귀몰한 투자자를 수소문하고 있었고, 때마침 나는 26주 연속 수익에 월별로도 깨진 기억이 없을 정도로 절정에 가까운 성과를 내고 있었다.

지금도 마찬가지겠지만 당시 팍스넷, 슈어넷, fo24 등의 사이트엔 많은 투자자들이 정보와 의견을 교류하고자 모여들었는데, 내가 여기에 운용 계좌 결과를 매주 올렸기 때문에 이 기록은 투자자들 사이에서 이미 알음알음 알려져 있던 상황이었다. 지금 생각하면 일종의 객기이자 얄팍한 자만심 때문이었겠지만, 어쨌든 이러한 유명세가 신문 독자들의 호기심을 자극할 만한 요소로는 충분했던 셈이다.

그 기자는 내가 앞으로 얼마나 더 연속 수익을 낼 수 있을 것 같은 지 단도직입적으로 물어왔다. 당돌하게도 나의 첫 대답은, '내가 원하는 만큼'이었다. 기자는 이런 나의 대답이 황당했는지 정색을 하고 다시 묻기까지 하였다.

"선생님께서는 정말 원하시는 만큼 수익을 내실 수 있다는 말씀인가요?"

"네, 그렇습니다. 전 제가 원한다면 계속 수익을 낼 자신이 있습니다."

"…."

철없는 호기가 발동했거나, 제정신이 아니었음에 분명하다.

"그렇다면 이렇게 합시다. 일단 50주 연속 수익을 달성하는 시점에 기획 기사를 한번 내도록 하죠. 지금처럼만 하신다면 50주 정도는 무리 없이 가능하겠지요?"

"50주요? 네, 자신 있습니다."

그때는 내 이름 석 자가 신문에 나갈 수 있으리란 사실에 우쭐하기만 했다. 마침 그 기자는 고향에 계신 아버지가 즐겨 구독하시던 신문사 소속이었는데, 무심코 아침 신문을 들여다보시다 아들에 대한 기사에 깜짝 놀라며 대견해하실 아버지의 모습이 떠올라 입가에 미소가 끊이질 않았다. 어쩌면 대학 졸업 후 번듯한 직장하나 없이 투자자랍시고 활동하고 있는 아들로서 아버지 앞에 최소한 면은 설 수 있는 기회라고 생각했을지도 모르겠다.

어쨌든 우리는 '50주 연속 수익'을 달성하면 다시 인터뷰를 하기로 약속하고 헤어졌다. 하지만 그 약속이 허공에서 산산조각 나기까지는 50주는 커녕 채 5일도 걸리지 않았다.

여기서 잠시 거래에 관한 전문적인 이야기를 해야겠다. 그 당시 나는 선물과 옵션을 이용한 합성 거래를 하고 있었다. 그 주에 나는 시장의 흐름을 아래 방향으로 봤고, 전략 또한 그러한 시각에 맞춰 위아래 5퍼센트 정도로 짜놓은 상황이었다. 쉽게 말해 주가가 빠져야 유리하고, 그 폭은 5퍼센트 이내여야 한다는 것이다. 시장이 그렇게만 움직인다면 쭉 그래왔던 것처럼 손쉽게 이익을 챙길 수 있을 것이고, 설사 시장 방향이 예상과 다르게 움직이더라도 설정해둔 폭 안에서만 움직여준다면 충분히 수익을 확보할 수 있는 참이었다.

이러한 거래 방식에서는 방향 못지않게 폭도 중요했다. 이틀에 5퍼센트가 움직이는 등락은 그때나 지금이나 그리 쉽게 나오는 등락은 아니다. 그러니 설령 방향이 틀려도 그 폭이 예상한 선에서 움직여만 주면 수익이 나올 수 있는 구조였다.

5월 10일, 마침내 운명의 그날이 밝아왔다.

수십 수백 수를 거뜬히 복기해내는 프로 바둑기사들처럼 나는 아직도 이날의 주가 흐름을 훤히 기억해낼 수 있다. 아니, 잊으려 해도 죽을 때까지 결코 잊을 수 없을 것이다. 그만큼 충격이 컸기 때문이다. 그날 나의 모든 호흡은 멎어 있었다. 모니터마저 뿌옇게 보일만큼.

사실 첫 손실은 그다지 크지 않았다. 15억 계좌에서 3,000만 원 정도면 눈살은 찌푸려지더라도 간혹 겪을 수 있는 정도의 손실이었다.

잠시 후, 마이너스 5,000만 원으로 손실 폭은 생각보다 커지고 있었다. 108포인트 선에서 시작했던 선물지수가 예상처럼 빠지고 있었음에도 빠른 하락 속도 때문인지 옵션 가격들이 들썩거리기 시작했다. 게다가 옵션 만기주가 시작되는 상황이었기에 옵션의 반응은 경쾌하기까지 했다. 주된 포지션이 옵션 매도였던 나에게는 이런 급격한 흐름이 결코 좋을 리 없었다. 늘어나고 있는 손실이 그 반증. 방향은 맞췄으나 폭은 예상을 벗어나고 있었다.

'손절해야 할까?'

순간, 기자와 했던 약속이 생각났다. 여기서 자르면 회복하는 것도 쉽지 않다. 한 주에 1,000~2,000만 원 정도 수익을 보는 거래인데, 하루에 5,000만 원을 넘는 손실은 회복하기 간단치 않은 금액이었다. 무엇보다 26주 연속 수익이라는 기록이 여기서 깨져버리면 너무 아쉬울 것 같았다. 아니 속된 말로 쪽팔릴 것 같았다. 호언장담이 불과 이틀 만에 깨져버릴 테니 말이다.

어쨌든 눈앞에 펼쳐진 손실 금액은 이미 5,000만 원을 넘기고 있었다. 벌써 5,000. 여기서 자르면 손실은 확정되어버린다. 그리고 인터뷰도 기록도 모두 날아간다. 손절을 위해 엔터키를 누르려던 나의 손가락은 이미 멈춘 지 오래였다.

'에이, 원위치 되겠지.'

나는 자위했다. 한순간에 손실은 보란 듯이 1억을 넘어섰다. 담배를 물고 싶었다. 당시 거래와 관련하여 자료를 정리해주고 도와주던 직원이 있었는데 그 직원이 보고 있다는 생각에 내 딴엔 의연해 보이고 싶었던 것 같다. 모니터 앞에서 일어나 베란다 창을 열고 보란 듯 멋들어지게 담배 한 대를 피우고 왔다.

돌아와보니, 손실은 다시 5,000만 원대로 줄어 있었다. 그래, 그럼 그렇지. 나도 모르게 안도의 한숨을 내뱉었다. 그렇게 가슴을 쓸어내리며 모니터를 응시하고 있는데, 웬걸 순식간에 초 스피디한 폭락이 시작되었다. 중국에서 금리 인상 발표가 터져 나온 것이다. 그 한마디가 그 정도의 메가톤급 뉴스일 줄은 그땐 정말 몰랐다.

2, 3, 4, 5, 6, 7, 8억…. 눈 깜짝할 사이에 손실 금액은 숫자를 바꿔가면서 커져만 갔다. 독사의 아가리 앞에 꼼짝 못 하는 개구리처럼 나는 눈덩이처럼 불어나는 빨간 숫자에서 도저히 눈을 뗄 수가 없었다. 심장이 멎는 느낌이었다. 시장이란 거대한 쓰나미 앞에 얼어버린 것이다. 그것도 완벽하게.

장 마감 시간까지 불과 30분밖에 남지 않은 시점. 선물지수는 마침내 100포인트를 깨며 내려가고 말았다. 이미 망연자실해 있던 나는 거의 무의식 상태에서 손절을 단행했다. 물론 이미 그것은 손절이 아니었다. 시장에 대한 항복 선언일 뿐, 자금을 지키려는 의미에선 무의미한 행위였던 것이다.

손실 금액이 10억을 넘어가려는 순간 나는 나도 모르게 일괄정리 버튼을 누르고 말았는데, 내가 보유했던 물량이 워낙 많았던지라 호가마다 띄엄띄엄 걸쳐져 있던 물량들을 죄다 훑으며 가격들을 흔들어버리고 말았다. 그것은 그날의 최저점이었고, 나의 공포가 차트 위에 영원한 기록으로 탈바꿈되는 순간이었다.

공포의 차트

10억이 넘는 순간 눈을 질끈 감으며 정리하였건만 최종 손실 금액은 12억 8,000만 원. 풋옵션 매도를 해놓은 까닭에 장중에 지수 10퍼센트의 폭락으로 손실 금액은 엄청나게 커져버린 것이다. 그날 나는 내 전 재산을 날렸고, 그것도 모자라 9억 정도의 부채를 지게 되었다. 주식시장에서의 실패 후 그 모든 빚을 갚아나가면서 얼마나 숨죽이는 시간을 보냈는데, 또 이런 결과를 만나게 되다니. 한숨마저 나오지 않았다. 신촌에서 한남동까지 아무 생각 없이 걸어서 왔다.

시장에는 늘 예측하지 못한 위험이 도사린다는 것을 이미 많은 경험을 통해서 알고 있었고 여기저기 잘도 떠들며 다녔건만, 정작 나 자신은 순간의 고집에 옥죄여 엄청난 화를 입고 만 것이다.

나는 절규하고 있었다. 2001, 2002, 그리고 2004년까지. 무언가 이루어질 듯하다가도 반전처럼 고꾸라지는 나의 운명에 기가 막힐 뿐이었다. 무슨 이런 인생이 다 있나 싶었다.

그날 저녁 집에 돌아와 양주 한 병을 혼자서 다 마셔버렸다. 처음 알았다. 소주 한 병도 제대로 못 마시던 내가 양주 한 병을 모조리 비우고도 정신이 말짱할 수 있다는 것을. 거실에 수십 번을 토하며 몸은 가눌 수 없었지만 정신만은 투명해져갔다.

몇 년간 다람쥐가 도토리 모으듯 쌓아왔던 것들이 한순간에 무너져버렸다. 그날 나는 정말이지 목 놓아 울었다. 울다가 토하고, 또 울다가 토하고. 그러다 다음날 뜨는 해를 보았다. 태양은 다시 뜬다지만 나의 재기는 까마득해 보였다. 아니 불가능 그 자체였다.

이튿날부터 나는 넋 나간 사람이 되었다. 나도 사람인지라 누군가에게라도 나의 한탄 섞인 이야기를 하고 싶었으나 할 사람이 없었다. 가족에게는 철저히 알리고 싶지 않았거니와 몇 백만 원의 월급을 벌고자 땀 흘려 일하는 친구들에게도 차마 말할 수 없는 사연이었다. 그 친구들에게는 이미 달나라 이야기였을지도 모른다.

혼자서 멍하니 있으려니 정말이지 하루하루 가슴이 터져버릴 것만 같았다. 어느 날 문득, 스포츠 신문에서 반라의 여인 사진에 찍혀 있는 광고 전화번호가 눈에 들어왔다. 당시 유행했던 소위 폰섹스 전화였는데 나는 기다렸다는 듯이 수화기를 들었다. 그리고 그녀들에게 전화를 걸어 이야기를 시작했다.

나름 잘나가던 사람이 있는데, 한번은 남에게 사기를 당해서 다 날리고, 또 한 번은 동업자가 남에게 사기를 당해서 혼자 독박 쓰고, 마지막은 자기 잘난 맛에 까불다가 다 날리고…. 이런 기가 막힌 스토리를 그냥 혼자서 주저리주저리 이야기했다.

생각해보면 매일 외로운 남성들의 독특한 성적 취향을 달래줘야 했던 그녀들에게 나는 엉뚱한 사람이 아니었을까 싶다. 하지만 당시의 나로서는 내 이야기를 누군가에게라도 하고 싶을 뿐이었다. 그래야만 터질 듯한 울화통을 달래며 살아날 수 있을 것 같았다.

파생거래와 하등 관련이 없는 그녀들로서는 전혀 이해할 수 없는 이야기투성이였겠지만 그래도 나의 푸념에 위로라도 해주는 그녀들이 있어서 다행이었다. 혼잣말을 하는 것보다는 그게 훨씬 나았다. 하지만 위로의 대가는 톡톡히 치러야 했다. 한 달 뒤 청구된 통화료를 보고는 깜짝 놀랐으니 말이다.

며칠 후 김 사장님이 보자고 하셨다. 먼저 말씀을 드렸어야 했는데 이런저런 못난 핑계로 차마 말씀 못 드린 채 차일피일 미루고 있던 터였다. 약속 장소는 김 사장님의 회사가 있던 '거구장' 건물 꼭대기 커피숍이었다. '거구장'은 큰 거북이라는 뜻의 건물이었는데, 약속 장소에 도달한 내 마음은 새끼 거북이만도 못했다. '어찌 말씀 드려야 할까?' 먼저 도착해 기다리는 20여 분이 너무나 길게만 느껴졌다. 초조한 마음을 달래보려 애꿎은 담배만 피워댔다.

당시 내가 운용했던 계좌 중 김 사장님의 계좌가 가장 컸다. 게다가 원금만큼은 지켜낸다는 조건이었다. 사장님은 담배를 한 대 피우시더니 천천히 생각해보자고 했다. 그리고 오히려 나를 위로해주셨다. 호통이든, 하소연이든, 으름장이든 모든 걸 감내해야 하는 처지였건만 도리어 아무런 말씀도 없으시니 쥐구멍이라도 찾고 싶은 심정이었다.

그렇게 2004년의 화창한 봄은 정말이지 잔인한 봄이 되어가고 있었다. 강남의 어느 바에서 친구와 술을 한잔 기울이던 중 선배의 전화를 받게 되었다. '삼산이수'라는 필명을 쓰는, 지금은 한맥증권의 임원으로 계시는 정기원 형님이었다.

"알바야. 이 까짓것 재기 못하겠냐? 일어나라. 넌 할 수 있을 거다."

다시 또 눈물을 쏟았다. 강남 어느 골목길에 쭈그리고 앉아서 울었다. 그냥 하염없이 눈물이 나왔다. 그리고 이날의 눈물이 거래 때문에 내가 흘린 마지막 눈물이었다.

어찌됐건 또 한 번의 파산이 내겐 현실이 된 것이다. 앙드레 코스톨라니가 말한 세 번의 파산. 이번이 정확하게 세 번째 파산이었다. 앞의 두 번은 주식이었고, 마지막 세 번째는 선물 옵션이었다. 얄미운 운명의 장난일까?

그래도 나는 일어나야만 했다. 여전히 거래에 대한 내 심장은 끓고 있었고 내가 잘할 수 있는 일이라고는 이 일밖에 없었다. 아니 그렇게 믿고 싶었다. 그리고 믿어야만 했다. 뭐랄까, 나는 살면서 무언가를 먼저 포기해본 적은 없었다. 내가 먼저 포기하지 않는 한 돌파구를 찾아야만 했고, 다시 원점에서부터 생각해보았다.

'이 일을 계속 할 것인가? 그리고 내가 만났던 그 황당하고도 엽기적인 날을 또 만나게 될까?' 대답은 둘 다 '그렇다.'였다. 나는 누가 뭐라 하든 이 일을 계속 할 것이고, 거래의 한복판에 서 있는 한, 내가 만났던 그날은 다시 올 것이 분명했다. 그리고 또 하나 거부할 수 없는 사실, 그날이 오면 나는 또 얼어붙을 거란 것이었다. 출발점을 바꿔야만 했다. 지금까지 하던 거래 방식을 통째로 바꾸는 것밖에는 방법이 없었다.

'그래, 아무런 감정이 없는 시스템 트레이딩으로 가자.'

답은 명확했다. 그런데 이미 내겐 아무것도 남은 것이 없었다. 남은 것이 있다면 평생 가도 갚기 힘든 엄청난 부채뿐.

마침 그때, 카이스트에 교수님으로 재직 중이신 K 교수님이 찾아와 함께 시스템 트레이딩을 하고 싶다고 하셨다. 이분은 그야말로 천재 교수님이자 학식과 명망이 높기로 유명한 분이셨다. 이분은 당시 나의 파산을 모르셨다.

그러고 보니 사고가 나기 몇 달 전, 모 증권 사이트에서 했던 이틀 간의 강의가 생각났다. 주말 이틀 동안의 수강료가 50만 원이었으니 제법 고액의 강의였고, 그때 가장 앞자리에 앉아 계셨던 분이었다. 당시에 26주 연속 수익을 내던 내 계좌가 업계에서도 화제였던 때라, 고액이었음에도 강의는 단 한 번에 마감이 되었다. 그날의 내 강의가 이분에게도 제법 의미가 있었는지 마침내 나를 직접 찾아 오셨던 것이다.

나에게는 거래 아이디어를 현실적으로 구현해줄 수 있는 사람이 필요했고, 그분은 거래 경험자가 필요했다. 이해관계가 절묘하게 맞아 떨어졌다. 더구나 카이스트 교수라는 타이틀은 너무 많이 지쳐버린 나에게 의지가 되는 직함이었다. 나중에야 비로소 알게 되었지만 증권협회 회원이기도 하셨던 그분의 명성은 나의 생각을 몇 갑절 뛰어넘고 있던 터였다. 뭔가 돌파구가 필요했던 그때, K 교수님이 내민 손은 그야말로 나에게 천군만마였다.

우리 둘의 의기투합을 소식 삼아 무작정 김 사장님을 찾아갔다. 그리고 도움을 청했다. 사장님은 찬찬히 내게 몇 가지를 물으셨다.

"자네가 저번에 실패했던 이유를 정확히 알 수 있겠는가?"

"네, 그렇습니다. 시장 앞에서 얼어붙고 말았기 때문입니다. 리스크 관리에 실패했던 겁니다."

"그렇다면 이제 어떻게 할 셈인가? 대안은 찾은 거야?"

"시스템 거래입니다. 컴퓨터로 감정 없는 거래를 실행하면 됩니다. 저에게는 아직 많은 경험과 거래 아이디어가 남아 있고, 이걸 프로그램으로 만들어내겠습니다. 그러면 시장에서 제대로 싸워볼 수 있습니다."

그동안 벌었던 수익으로 봤을 때 그래도 거래에 대해선 뭔가 아는 놈이라고 생각하셨는지, 문제를 나름대로 명확히 짚고 해결 방향을 잡았다고 보신 것인지, 그도 아니라면 카이스트 교수님의 명성에 기대 하신 것인지 모르겠지만, 김 사장님은 흔쾌히 내게 3억 원을 투자하기로 결정해주셨다. 개인적인 생각으로는 아마 세 가지 이유가 다

결정에 영향을 미쳤을 듯싶다.

어쨌든 그 돈으로 우리 세 사람은 회사를 차렸다. '세타파워'라는 조금은 촌스러운 이름의 회사는 그렇게 탄생하였다. 간혹 건전지나 세탁에 관련된 회사가 아니냐는 오해를 받기도 했지만, '세타'란 시간과 관련된 옵션거래 용어다. 그러니 회사의 이름은 한국식 영어로 '시간의 힘'이 되는 셈이다. 당시에 내게 남은 거라고는 오직 젊음이 준 선물인 시간뿐이었고, 진정 시간의 힘을 믿고 모든 열정을 쏟고자 했을 따름이다. 당시 S 증권에서는 '파생가'라고 하는 파생 전문 HTS를 막 개발해놓고 있었다. 그리고 이것을 홍보하려고 전국 순회 강연회를 잡고 있었다. 그 강연회를 누구에게 맡겨야 하나 고민하던 중 내게 연락이 왔다. 조건도 나쁘지 않았고, 무엇보다도 연락을 한 사람이 학교 때 절친했던 후배였다. 그렇게 시작된 강연회는 2주에 한 번씩 잡혔다. 지방을 시작으로 서울로 올라오는 일정이었는데, 하필 이 강연회 도중에 5월 10일이 끼어 있었다.

그 사고가 터진 그 주에 서울에서 강연회가 잡혀 있었으니, 당시에 내 이름이 많이 알려진 터라 여의도의 어느 큰 강의실이 모두 꽉 찬 상황에서 나는 강의를 하게 되었다.

강의를 하려고 마이크를 딱 잡는데, 목이 팍 메어왔다. '아…. 정말 도저히 못하겠다.' 그러나 해야 했다. 의무였고, 약속이었다. 그날 나는 '이렇게 해서 돈 벌었다'가 아니고 '이렇게 하면 망한다'고 강의를 했다. 차마 내가 망했다고는 말하지 못하면서 말이다. 많은 사람들은 내 강의에 웃음도 터뜨리고 그랬다. 지금도 가끔 그날의 강의가 떠오른다. 그날 나는 웃으면서 강의했지만, 속으로는 정말 많이 울고 있었다.

고맙게도 이런저런 인연으로, S 증권 측에서 강남역 인근에 위치한 콜센터 옆 집기를 보관하던 사무실을 하나 내줬고, 나는 그곳에서 다시 한 번 기회를 얻게 되었다. 출발선이 그어졌다. 이제 달리기만 하자.

그때가 2004년 여름이었는데 한남대교를 넘어 오는 길에 김 사장님의 차 안에서 사장님께 감사하다고 말씀드렸다. 그랬더니 이렇게 말씀하셨다.

"나는 사업가야. 널 무작정 돕는 게 아니야. 가장 우량주라고 생각한 주식이 일시적인 폭락 상태여서 아주 싼 매력적인 가격에 산 것이지. 그러니 내게 감사할 필요는 없어. 난 여전히 네가 이 일을 못 해 낸다면 그 누구도 못 해낼 것이라 생각해."

당시 김 사장님은 3억을 투자하시고 30퍼센트의 지분을 가져가셨다. 굳이 따져보자면 나의 미래가치를 10억 정도로 계산한 것인데, 당시 나의 가치는 마이너스 10억, 즉 부도난 주식과 다를 바 없었다. 더구나 여전히 김 사장님에게 진 빚도 갚지 못하고 있었다.

이때부터 나는 본격적으로 시스템 트레이딩에 대한 연구를 시작했다. 사실 '시스템(알고리즘) 트레이딩'이라고 하면 무슨 대단한 것처럼 들리기도 하는데, 따지고 보면 거래의 한 종류일 따름이다.

쉽게 예를 들어보자. 일기예보를 보면 내일 비가 올 확률은 몇 퍼센트…. 이런 얘기가 나오는데, 아마도 여러 가지 변수를 넣어서 나온 값일 것이다.

시스템 트레이딩도 비슷한 맥락이다. 주식시장은 반드시 주가가 올라야 돈을 벌 수 있지만 선물이나 옵션 시장은 그렇지 않다. 그저 오를지 내릴지를 맞춰야 하는 일종의 머니게임일 뿐이다. 그러니 시장에서 발생하는 여러 가지 변수들을 종합하여 시장을 예측하도록 설계하고 그것을 컴퓨터가 그대로 작동하게 하는 것, 딱 그 정도의 개념이라고 보면 된다.

간단한 예를 들자면, '외국인이 일정 금액 이상의 주식을 샀을 때 다음날의 주가가 오르는가?'라는 가정을 세워본다. 그리고 그에 대한 자료를 면밀히 검토하여 만약 그것이 타당하다면, 그런 상황이 왔을 경우 시장이 오르는 쪽으로 베팅하도록 설계하는 것이다. 또한 거래에 있어 인간이 갖는 가장 취약한 부분들을 냉정하고 논리적인 프로그램의 힘을 빌려 보완하는 기능도 있다. 손절해야 할 시점에 하지 못하는 까닭은 모두 심리적 요소 때문인데, 기계는 감정이 없기에 냉정하게 이미 세팅되어 있는 명령어를 실행할 따름이다. 한순간의 판단 착오와 공포에 떠밀려 거래를 망쳤던 나에게는 이런 요소가 너무나 절실했다.

어쨌든 그해 여름엔 K 교수님과 뜨거운 열정을 불태웠다. 눈앞이 캄캄할 만큼 많은 부채는 한 분씩 한 분씩 직접 찾아뵙고 그간 사정과 앞으로의 계획을 말씀드렸다. "평생에 걸쳐 갚겠습니다."라고 진심을 담아 말씀드렸고, 모두들 내 진심을 받아주셨다. 어느 한 분도 멱살을 잡거나 목소리를 높이지 않으셨는데, 내 진심이 전달됐거나 아니면 포기 상태이거나 둘 중 하나였기 때문일것이다. 물론 나는 전자라고 믿었지만.

그러나 K 교수님과의 인연은 오래가지 못했다. 나에게는 나의 시장 경험을 프로그램화하여 실전으로 구현하는 것이 가장 급선무였다. 그리고 그런 구현 작업을 탄탄한 전산 지식을 갖춘 교수님께서 해주시리라 생각했다. 하지만 교수님의 입장은 달랐다. 교수님은 나름대로의 식견과 이해력을 바탕으로 자신이 옳다고 생각한 방향대로 가려했다.

나는 이 점을 이해할 수 없었다. 왜냐하면 시장은 단연코 경험의 영역이라 생각했기 때문이다. '많이 경험한 자'와 '많이 아는 자'. 나는 전자가 중요하며, 따라서 전자가 열쇠를 쥐어야 한다고 생각했다. 거래에서는 많이 아는 것이 결코 좋은 결과로 이어지지 않는다. 그러나 교수님은 그 반대로 생각하고 있었고, 고집으로 느껴질 만큼 자신의 주장을 굽히지 않으셨다. 경험과 지식이 조화를 잘 이루면 좋겠지만 그건 말처럼 쉽지 않았다. 일을 진행해나갈 때 무엇을 우위에 둘 것인가로 자주 의견 충돌이 일어났다.

사실 이 부분은 단순히 K 교수님과의 마찰이라고 할 수 없었다. 이는 거래를 대하는 전반적인 사고관의 차이에서 비롯되며, 이후 내가 수많은 시스템 거래 관련자들과 대면할 때마다 끊임없이 부딪혀온 문제이기 때문이다.

그래도 나는 이분과 함께하는 동안 일에 대한 열정이 무엇인지 제대로 알 수 있었다. 일에 대한 열정 하나만큼은 남에게 뒤지지 않는다고 생각했는데, 교수님과 일을 하면서 그런 생각을 깡그리 지워버렸다. 교수님은 운전을 하지 않으셨는데, 까닭을 여쭈니 일 생각 때문에 과거에 앞 차를 그냥 받은 적이 있다고 했다. 그분은 그러고도 남을 분이었다. 나의 열정은 그저 범인의 수준에 불과했다. 또한 진짜 천재가 어떤 수준인지도 알게 되었으니, 이분을 만나기 전에 내가 갖고 있던 천재에 대한 개념과 이후의 개념이 확연히 달라졌을 정도이다.

교수님과 함께 작업하면서 많은 것들을 배울 수 있었지만 확실히 우리의 인연은 흔들리고 있었다. 발단은 그 무렵 장 실장이 나를 찾아오면서였다. 당시 장 실장은 극도로 어려운 상황에 놓여 있었다. 세 아이와 아내를 모두 처가에 내려 보낸 채 혼자 하루하루를 힘들게 버티며 타개책을 찾고 있었다. 그러던 중 마침 고향 친구를 통해서 내가 다시 회사를 만들었다는 소식을 듣고 찾아온 것이다.

그의 첫 마디는 모든 것을 걸고 전력투구하겠으니 참여만 할 수 있게 해달라는 거였다. 다행히 그전에 우리가 결별할 때 서로 감정이 상했거나 하는 그런 상황이 전혀 아니었기에 편하게 이야기할 수 있었다. 마침 내겐 좀처럼 본인의 고집을 꺾지 않는 교수님보다는 내 뜻을 흔쾌히 받아들여줄 사람이 필요했다. 이런 이유로 장 실장과 재결합하기로 결정하고 교수님께 말씀드렸다. 그런데 교수님의 반응은 예상치 못했던 반응이었다.

어차피 직원 한 사람을 새로 뽑는 것에 불과하고, 더구나 실력에 비해서 급여도 턱없이 적은 수준이어서 교수님이 굳이 싫어할 까닭은 없다고 생각했다. 그런데 교수님은 완강히 거부하셨다. 끝내는 장 실장이 들어오면 본인이 나가겠다는 폭탄선언까지 하기에 이르렀다. 밖에서 볼 때 교수님이 가진 조건과 장 실장이 가진 조건은 비교조차 되지 않았다. 더구나 회사를 차린 지 채 3개월도 지나지 않은 시점이었고, 교수님은 나의 직원이 아닌 동등한 지분을 가진 파트너의 위치였다. 그러나 거래만큼은 내가 절대 물러서거나 양보할 수 없는 영역이었다. 설령 그분이 노벨 경제학상을 받은 분이라도 마찬가지였을 것이다. 나는 교수님을 포기할 수밖에 없었다. 이런 내 결정에 주변 분들은 모두 의아해했지만, 그것은 내가 거래를 지식이 아닌 다른 그 무엇의 영역이라고 보기 때문에 가능한 것이었다. 만약 내가 거래를 지식의 영역이라고 봤다면 나는 절대 교수님과의 결별을 감행하지 못했을 것이다. 지금껏 그분만큼 내게 지적 충격을 안겨준 분은 없었으니까 말이다.

우여곡절 끝에 다시 장 실장과 시작하게 된 시스템 트레이딩. 하지만 시스템 트레이딩은 시작부터 난관 그 자체였다. 이미 그전에 장 실장과 잠깐 작업을 해봤지만 그때와는 내 입장이 너무 달라져 있었다. 그전에는 나는 나를 믿었지만 이제는 내가 손으로 하는 거래를 절대 믿지 못하는 상황이었다. 그러니 어떻게든 여기서 결판을 봐야 했다. 그런데 그렇게 노력해도 쉽지가 않았다. 시뮬레이션상에 나타나는 과거의 결과는 믿기지 않을 만큼 화려했으나 실제 시장에 투입하면 엉성하기 짝이 없었다. 모든 시스템 트레이더들에게 가장 큰 숙제인 '과최적화'에 빠지는 것이었다.

창문조차 없어 어두웠던 좁은 사무실. 그래도 숨 막혔던 그 사무실이 가끔 그리울 때가 있다. 어쩌면 그 사무실에서 쏟은 땀내가 그리운 것인지도 모른다. 그 좁은 공간에서 나와 장 실장은 열정을 불살라갔다. 당시 장 실장의 급여가 160만 원, 내가 180만 원을 받아갔던 걸로 기억하는데, 생활조차 빠듯한 금액이었지만 이제 더 이상 물러설 곳도 없고, 물러설 수도 없으며, 결코 물러서지 않는다고 매일 다짐하면서 하루하루를 버텨갔다. 지금의 나는 반백의 머리를 하고 있다. 심지어 수염도 그러한데, 이때부터 그렇게 된 것이다.

당시 교수님과 결별하면서 장 실장과 관련해 내가 우려했던 것이 하나 있었다. 교수님에겐 안정된 사회적 지위와 경제적 여유가 있었다. 반면 나는 사회적 지위라고 할 건 하나도 없었고 경제적 상황도 최악이었다. 그런 까닭에 심리적으로나마 교수님과 함께하면 부담을 덜 수 있었다. 그런데 장 실장은 나보다 더하면 더했지 못한 상황이 아니었다. 그 역시 몇 번의 거래 실패와 소송 건으로 인해 경제적으로 어려운 상황이었다. 간혹 사무실로 빚쟁이가 찾아오는 일도 있었고 이런 일들은 사무실 분위기를 암울하게 만들기에 충분했다. 물론 처음부터 알고 있었고 우려했던 부분이었다. 그런 까닭에 사무실에서는 웃음을 찾아볼 수 없었다. 물기 하나 없이 말라비틀어진 나뭇가지를 보는 느낌이었다.

 그러던 어느 날, 팽팽했던 긴장감이 마침내 폭발하고야 말았다. 매일매일 살얼음판을 걷는 듯한 느낌이었던 나는 연이틀 늦은 장 실장에게 뭐라고 한마디 했다. 당시 그는 가족 모두를 처가에 내려 보내고 혼자서 숙식을 해결하던 때였으니 얼마나 심리적으로 막막했을지 이해 못 할 상황은 아니었다. 그와 함께한 지 수개월. 그러나 답이 보이지 않는 때라 그도 초조했을 터였다. 물론 나도 마찬가지였다.
 하지만 구멍가게 수준의 회사라도 회사는 회사고 엄연한 조직이었다. 조직의 룰을 생각하지 않을 수 없었던 나의 질타는 평소보다 매우 날카로웠고 신경질적이었다. 그날따라 장 실장은 그런 나의 질타를 견디지 못했다.
 "성필규, 나 못하겠다. 너 혼자 해라."
 나는 묵묵히 듣고 있다가 딱 한마디를 했다.
 "그러고도 네가 아빠 자격이 있냐?"
 당시 나는 대표였고 그는 직원이었다. 그런데 우리 회사는 인원이라 해봐야 그와 나, 그리고 여직원 이렇게 달랑 셋이었다. 직원 둘 있는 회사의 대표. 무슨 권위나 이런 게 있을 리 만무했다. 더구나 그와 나는 사적으로는 같은 고향, 같은 나이인 친구였다. 그런 나한테 그 정도 싫은 소리도 듣지 못하면서 어찌 아빠라고 할 수 있냐는 말이었는데, 장 실장은 그 말을 듣고 울컥했는지 사무실을 떠나버렸다.

나는 텅 빈 사무실에 홀로 앉아 한참이나 담배를 태워 물었다. 과거부터 그때까지 겪은 힘겨웠던 일들이 눈앞에 스쳐갔다. 얼마나 시간이 흘렀을까. 다시 그가 들어왔다.

"성 대표. 내가 미안하다."

갈등은 거기서 끝났다. 둘 다 방법이 없었다. 나도, 그도 이미 아빠였다.

내가 했던 거래 경험을 그대로 프로그램화하는 일은 생각보다 쉽지 않았다. 수많은 시행착오로 점철된 채 2005년이 지나갔다. 열심히 한다고는 하는데 도통 이렇다 할 성과가 나오지 않았다. 그래도 마냥 시간은 흘러갔다. 우리가 시행착오를 거듭하며 제자리만 맴돌던 중에도 먼저 뛰어든 시스템 트레이더들 중에는 놀라운 성과를 보이는 팀들이 있었다. 그러니 이것이 안 되는 것은 아니었다. 내가 못하고 있는 것일 뿐.

그렇다고 딱히 수익이 안 나는 것도 아니었다. 연 20퍼센트 정도의 수익은 기록하고 있었기 때문이다. 지금 같으면 적지 않은 수익률로 받아들일 수 있겠지만 당시에는 운용하던 돈이 워낙 적었기 때문에 급여를 충당하는 수준밖에 되지 못했다.

2006년을 맞이하여 세타파워를 설립한 후에 이렇다 할 큰 위기도, 기회도 없이 지냈던 시간이 드디어 분기점을 만나게 되었다. 2006년 6월 당시 우리 회사 계좌는 35퍼센트의 수익을 기록하고 있었는데, 마침 그해 5월 31일에는 4년마다 치러지는 지방선거가 예정되어 있었다. 하루 전날이었던 5월 30일, 우리 회사는 매도 포지션으로 풀 베팅한 채 오버나잇(overnight)을 감행한 상태였다. 스텝이 꼬이기 시작한 것은 그때부터였다.

'오버나잇'이란 보유한 주식이나 파생상품을 당일 청산하지 않고 다음날까지 쥐고 가는 것을 말한다. 이 경우 밤사이 보유 포지션 방향에 유리한 시장 요인이 발생하기만 한다면 다음날 개장부터 큰 수익을 확보하고 시작할 수 있다. 이러한 매력으로 인해 많은 거래자들이 활용하는 매매 방식 중 하나이다. 물론 그 반대 경우에는 엄청난 위험에 직면하게 되므로 많은 주의가 요구되기도 한다. 어쨌든 데이 트레이딩에 주력하고 있는 지금과는 달리 당시의 세타파워는 전략상 필요하다면 오버나잇까지 적극적으로 활용하고 있었다.

매도 포지션으로 풀 베팅을 했다는 것은 바꿔 말하면 시장의 예상 진로를 아래 방향으로 보고 승부수를 던졌다는 의미인데, 예상처럼 그날 저녁 미국 시장은 보란 듯이 폭락했다. 다음날 한국이 휴장만 아니라면 꽤 큰 수익이 기대되는 날이었건만 안타깝게도 지방선거에 따른 휴장일이었던 탓에 입맛만 다실 수밖에 없었다. 나로서도 미국 시장이 어떻게 진행할지 좀 더 두고 보는 수밖에 어찌해볼 도리가 없었다.

찜찜한 기분 때문일까. 몸이 조금씩 뻐근해지더니 목덜미가 욱신거리기 시작했다. 숨 쉴 틈 없는 긴장감에 둘러싸여 있을수록 몸이 먼저 반응하기 마련이다. 어차피 이쪽 일을 시작한 이래 얻게 된 고질병이었다. 여느 때처럼 뜨듯한 온기로 통증이라도 덜고자 사무실 근처 황금온천이란 찜질방으로 향했다. 하지만 이미 오감은 온통 미국 시장에 쏠려 있었다. 욕조에 몸을 담그는 둥 마는 둥 하다가 찜질방 편의시설인 피시방 한 쪽 구석에 자리를 잡고 앉았다.

아뿔싸! 미국 시장은 이미 전일 폭락을 거의 다 메워가고 있었다. 안 좋던 예감이 적중한 것이다. 오랜 시간 거래를 하다 보면 크게 깨지는 날도 크게 버는 날도 다반사다. 벌고 잃는 것이 일상이다 보니 매일매일의 손익에 일희일비해서는 절대 이 일을 할 수 없는 법이다. 그렇지만 때로는 좋지 않은 느낌에 온몸이 짓눌리며 초조해질 때가 있는데, 이날이 그랬다. 어딘지 모르게 자꾸 꺼림칙했다. 태엽장치가 뒤틀려버린 시계처럼.

6월 1일. 사정이야 어쨌든 매도 포지션은 자그마한 수익으로 마무리되었다. 휴장으로 인해 기대치에 턱없이 모자란 결과였지만 어쨌거나 수익으로 끝났으니 다음을 기대해보자며 마음을 가다듬었다. 그러나 마음속 어딘가 자꾸 걸리는 것이 있었다. 이날 일은 유난히 더 기억에 남는다. 오래도록 이 일을 하면서 생겨난 감이랄까. 무어라 설명할 수 없지만 이때의 기분은 말할 수 없을 만큼 좋지 않았다.

마침 그 달에 아들 녀석의 돌잔치가 있었다. 가족과 김 사장님만 초대한 조촐한 자리였다. 아빠로서 마냥 기쁜 날이어야 했지만, 그날도 나는 내내 어두웠다. 어딘가 잘못되어 가고 있다는 느낌에 좀처럼 어두운 기운이 가시지 않았다.

불길한 예감은 왜 그리도 잘 맞아떨어지는지, 그날부터 우리는 정확히 한 달 만에 1년 반 동안 벌어놓았던 수익을 모조리 시장에 반납해야 했다.

사실 당시에 나는 우리 시스템들의 약점을 정확히 파악하고 있었다. 그러나 나와 장 실장 두 사람의 힘만으로는 하루하루를 버티는 것마저 버겁던 때였다. 아이디어는 모두 내 몫이었고, 그것을 구현하고 주문까지 처리하는 것은 장 실장의 역할이었는데 장 실장의 진도가 예상보다 더딘 상황이었다. 전산에 문외한인 나로서는 잘 몰랐지만 후에 알고 보니 주문을 비롯하여 전반적인 거래 인프라를 구축하는 것은 결코 만만한 작업이 아니었다.

그런 까닭에 정작 거래 전략들의 약점을 가다듬는 작업은 엄두도 내지 못했다. 그저 그 약점이 시장에 연속적으로 노출되기는 쉽지 않을 터이니 어지간해서는 버틸 수 있을 것으로 봤던 것이다. 하지만 이는 큰 판단 착오였다. 나중에 본격적으로 언급하겠지만 시장은 그런 안일함을 결코 오래 놔두지 않는다. 당신에게 약점이 있다면 인정사정없이 그 약점을 후벼 파올 만큼 잔인한 것이 바로 시장이다.

돌이켜보건대, 나는 이때 극도의 공포를 느꼈다. 단순히 깨작깨작 어렵사리 쌓아뒀던 수익을 한 달 만에 빼앗겨서가 아니었다. 순간 답이 보이지 않았기 때문이었다. 몇 시간 만에 전 재산을 날린 상황에서 겪은 두려움과는 판이했다. 그때는 망연자실한 당혹감과 물밀듯한 후회는 있었어도 다시 해볼 수 있다는 자신감만은 살아 있었고, 그런 자신감이 밑알이 되어 딛고 일어날 힘을 주기까지 했다. 하지만 이번엔 달랐다. 미미한 수익일지언정 올바른 방향이라 믿고 뚜벅뚜벅 걸어왔는데 모든 것이 원점으로 돌아온 것이다. 사막 한가운데서 저 멀리 오아시스를 발견하고 머나먼 길을 걸어왔는데, 그 오아시스가 말라 있을 때의 기분이었다. 답이라고 생각하고 걸어온 길을 시장은 그것도 아니라고 말하고 있었다. 어쩌면 답은 없는 것일지도 모른다. 부정적인 생각은 계속되었다. '어디에 내 마음을 기대야 할까? 어디서부터 다시 풀어가야 하는 것일까?' 매일 무수히 담배를 피웠고 잠 못 이루는 날들이 연속되었다.

문득, 실패로 마무리될지도 모르겠다는 생각마저 들었다. 단순히 세타파워뿐만 아니라 내 인생이 송두리째 실패할지도 모른다는 두려움. 비극적인 망상에 사로잡히면 의지는 사라지게 마련이다. 아무것도 가진 것 없는 내가 의지마저 빼앗겨버리면 게임의 결과는 뻔하다.

두려웠고 외로웠다. 사막 한가운데 서 있는 느낌, 망망대해 한가운데 홀로 버려진 느낌이 딱 그런 느낌일 것이다. 세 번의 파산 때도 이런 느낌은 아니었다. 사실 이번에는 돈이라고 해봐야 크게 날린 것도 없었다. 그러나 내가 택한 마지막 방법이 틀릴지 모른다는 공포심, 그것이 나를 무섭게 했다.

이럴 때일수록 결정은 단호해야 했다. 내겐 무엇보다 흔들리지 않을 굳건한 좌표가 필요했다. 그것이 나의 내면에서 들을 수 있는 유일한 외침이었던 것 같다. 동네 놀이터 그네 위에서 꼬박 밤을 새웠고, 일생일대의 결단을 내렸다.

'모든 거래를 멈추자.'

'시장은 급하지 않다. 조급한 건 나의 마음뿐이다. 다시 원점으로 왔지만 성급함을 버리고 순리대로 풀어가야만 한다.'

내가 해야 할 일은 무엇이 순리인지 정확히 판단한 후 실천에 옮기는 것이었다. 일단 운용 중이던 김 사장님과 지인들의 계좌를 모두 중지했다. 성과 파악을 위해 남겨둔 세타파워 법인 계좌를 제외한 모든 계좌를 잠정적으로 중단한 것이다. 지금껏 내가 운용하던 계좌를 자의로 멈춰본 것은 이때가 처음이자 마지막이었다.

딜러가 자신이 운용하던 계좌를 멈춘다는 것은 일반인들이 생각하는 것과는 다른 의미가 있다. 지금까지 추구해온 방향이 틀렸음을 인정하는 일이고, 이것은 프로페셔널이란 자부심에 차 있는 딜러들에게는 매우 힘든 결정일 수밖에 없다. 어쨌든 일을 순리대로 풀어가야 했다. 일단 작업을 수월하게 하기 위해서라도 프로그래머 한 분이 더 필요하다는 결론이 섰는데, 마침 생각나는 분이 계셨다.

'날빛'님. 지금은 '조 이사님'이라는 호칭이 더 편해진 분이다. 이분은 장 실장과는 또 다른 특이한 인연인데, 사실 이분은 내가 증권방송에서 승승장구하던 시절의 수강생이었다. 당시 삼성전자에 근무하면서 내게 주식을 배우던 중이었고, 직업은 프로그래머였으며 종종 내 강의를 듣고 그 내용으로 자동거래 프로그램을 만들어 보내주기도 하셨다.

2004년 5월, 깡그리 망하고 어렵게 버티던 중 반드시 처리해야 하는 돈이 생겼다. 그런데 당연지사 내게는 그런 돈이 전혀 없었다. 때마침 내가 망했다는 소식이 나를 알던 분들에게 쭉 퍼졌던지 어느 날 메신저로 연락이 왔다. 본인이 삼성전자를 퇴사했는데 마침 5,000만 원 정도의 여유가 있으니 언제든 흔쾌히 가져가라는 내용이었다.

너무나 고맙지만 그럴 수는 없는 일이었다. 인터넷상으로 맺은 인연이다 보니 아직 실제로 뵌 적도 없고, 방송 ID 외에는 아는 바가 전혀 없었다. 그런 분께 차마 신세를 질 수는 없는 노릇 아닌가? 더구나 나는 이분에게 선생님이라는 호칭으로 불리고 있던 입장이었다. 고마운 마음만 안은 채 정중히 거절했다.

그런데 몇 개월이 흘러 그 돈이 정말 필요할 만큼 상황이 급박하게 흘러갔고 나는 결국 이분에게서 돈을 빌리고 말았다. 오래된 친구도 아니고 가족도 아닌, 그야말로 얼굴도 이름도 모르는 분에게서 5,000만 원을 빌려 급한 문제를 해결했던 것이다. 이것이 2004년의 일이었다.

2006년 여름, 나는 이분께 삼고초려를 했다. 회사에 남은 자금도 얼마 되지 않아 어차피 이래 죽으나 저래 죽으나 마찬가지였던 터, 돌파구를 만들고 승부를 내야만 했다. 그러기 위해서는 이분의 역할이 절실했다.

다행히 조 이사님은 퇴사를 하고 유유자적하던 중이어서 도움을 청하기가 어렵지는 않았다. 다만 이미 여유로운 생활에 익숙해 있었고, 살던 곳이 구미인지라 서울 생활에 대한 막연한 두려움이 있었다. 설득하는 데 제법 많은 시간이 들었지만 다행히 서울로 이사를 오며 함께하게 되었다. 그때까지도 난 이분께 빌린 돈을 전혀 갚지 못하고 있었다. 이런 상황 속에서 함께 일하자는 제안은 어쩌면 황당한 제안이었다. 하지만 그때의 나는 너무 절실했다. 그래도 여전히 희망만큼은 버리지 않고 있었다.

조 이사님의 합류에 힘입어 모든 것에 탄력이 붙기 시작했다. 조 이사님의 합류는 생각보다 훨씬 큰 영향을 미치고 있었다. 이 분의 작업 스타일은 나와 너무 잘 맞아떨어졌다. 조 이사님은 일에 있어 완벽함을 추구하는 성향이었고, 그 덕분에 우리는 튼튼한 초석을 하나씩 만들어갈 수 있었다. 장 실장 또한 주문 프로그램 제작에 더욱 매진할 수 있게 되었다. 내가 원하던 것들을 빠르게 처리하며 속도를 낼 수 있었다. 막힌 체증이 뚫리는 기분. 이제 '1+1=2'가 아니라 '1+1=3'이었다.

계좌를 멈추고 새롭게 전열을 가다듬던 그 무렵, 김 사장님과 나는 회사 근처의 오래된 나무 아래에서 대화를 나누었다. 분명 김 사장님은 매우 좋은 투자자였지만 모든 면에서 좋을 수는 없었다. 가끔은 마찰도 있기 마련이었다. 사람과 사람의 관계라는 게 늘 좋기만 할 수는 없다. 물론 돈에 관한 문제는 전혀 없었다. 다만 김 사장님의 거래에 대한 지나친 관심, 그리고 나의 지나친 자존심이 화근이라면 화근이었다. 쥐뿔도 없으면서 일에 대한 자존심 하나만은 절대 죽일 수 없었던 나는, 이것저것 물어보는 것을 꽤나 싫어했다. 비록 과분한 도움을 받고 있었지만, 그때도 내 일에 대한 자존심은 그대로였다. 하지만 지금도 잊을 수 없는 그날의 대화 이후, 나에 대한 김 사장님의 깊은 신뢰와 진심을 알게 되었고, 그 이후 사장님의 궁금증에 나 자신의 자존심을 앞세우지 않으려 노력했다.

그때는 정말 어려운 상황이었다. 김 사장님께서 내게 투자한 3억 원은 서서히 줄어들고 있었고, 회사는 여전히 미래가 보이지 않았다. 그런데 이때 김 사장님은 내게 오히려 7억을 더 투자하겠다는 것이었다. 나는 진심으로 고마웠지만, 그 결정이 너무 의아해서 여쭤봤다.

"무슨 까닭으로, 답이 보이지 않는 제게 또 투자를 하십니까?"

"너만큼 열심히 하는 사람을 본 적이 없어. 그런 사람에게 하는 투자는 실패해도 아깝지 않다는 게 내 생각이야. 그리고 성공해도 등 돌리지 않을 사람이 너라고 생각했고, 나는 그런 사람에게 투자할 뿐이야."

3억이라는 돈이 부족해 겪을 불안감을 없애주려는 사장님의 깊은 뜻이었다. 어쩌면 밤낮을 가리지 않고 일했던 나의 모습을 좋게 봐주신 것이 아닌가 싶었다. 어떻든 진심으로 고마웠다. 당시 김 사장님의 회사도 그리 넉넉지 않은 상황이어서 그 돈은 김 사장님께도 매우 큰돈이었다. 게다가 그때의 회사는 어쩌면 끝내 답을 찾지 못하고 끝날 수도 있는 그런 상황이었다.

그런 면에서 보면 승부사는 내가 아니라, 김 사장님일지도 모르겠다. 다 망해가는 회사에 초기 투자금액보다 훨씬 많은 돈을 투자한다는 것은 보통 사람들이 쉽게 할 수 있는 일은 아니다. 그 결정은 합리적인 투자 관점에서 절대 이해할 수 없는 결정이었다. 이른바 '위험천만한 물타기'이기 때문이다. 그러나 어쨌든 내게 매우 큰 힘이 되어준 일이었다.

그러고 보니 이즈음 맺은 또 다른 인연이 있다. 조 이사님의 합류로 뜨거운 하루하루를 보내던 어느 날, 가깝게 지내는 선배님으로부터 전화 한 통이 왔다. 내가 꼭 만나고 싶었으나 연이 닿지 않았던 A 사장이었다. 그는 나보다 훨씬 일찍 이 시장에 뛰어들어 이미 눈부신 성과를 내고 있던 터였다. '시스템 트레이딩' 하면 A였고, 그만큼 그의 존재감은 절대적이었다. 꼭 한 번 그를 만나고 싶었는데 그렇게 우연한 자리에 기회가 만들어진 것이다.

A 사장과 처음 만났을 때 그는 내게 큰 관심이 없었다. 그도 그럴

것이 당시 그쪽은 우리 회사와는 비교도 할 수 없이 잘나가고 있었다. 영국 프리미어리그 축구 선수가 동네 조기 축구 선수에게 무슨 관심이 있겠는가.

그런 그에게 각자 회사의 시스템을 하나씩만 바꿔서 살펴보자고 제안했다. 나로서도 꺼내기 쉬운 얘기는 아니었지만 꺼진 심지라도 온기를 얻을 수만 있다면 얻어내야 할 판이었다. 그만큼 절박했고 무엇보다 우리가 제대로 된 방향으로 가고 있는지 비교 평가해볼 만한 대상이 필요한 차였다.

A 사장의 반응은 예상보다 더 냉랭했다. 그러지 말고 우리 쪽 것을 먼저 보내보라는 것이었다. 갑을 관계는 아니지만 어차피 우리에게 주도권은 없었다. 얼굴이 화끈거렸지만 감내할 수밖에 없었다.

시간은 조금씩 지나고 있었지만 대화에 진척은 없었다. 사실 이건 대화도 아니었다. 그는 이미 내 질문들을 반쯤 무시하고 있었고, 나도 건성건성 대답하는 그의 말투에 더 이상 자리를 함께할 필요가 있는지 회의감이 들었다. 마침내 자리에서 일어나 A 사장에게 마지막 질문을 던졌다.

"사장님, 마지막으로 딱 한 가지만 묻고 싶습니다. 시스템 트레이딩, 이거 되는 겁니까?"

나로서는 절박한 질문이었다. 그리고 이에 대한 대답을 해줄 수 있는 사람은 오직 눈앞에 있는 A 사장뿐이었다. 어차피 나야 시스템 트레이딩의 선구자가 아니기 때문에 그의 대답에 따라 앞으로의 방향과 속도가 달라질지도 모르는 것이었다.

"됩니다. 그러나 아무나 할 수는 없습니다."

1초도 지체 없이 나온 대답이었다. 그의 대답에는 추호도 의심 없다는 단호함이 묻어 있었다. 그 짧은 대답 하나만으로도 난 이 자리에서 모든 것을 얻어낸 것이나 다를 바 없었다. 다시 피가 끓는 느낌이었다. 내게 필요한 것은 내 모든 것을 걸 만한 확신이었다. 그의 대답이 나의 확신에 동그란 방점을 찍어주었다. '당신이 해냈다면 나도할 수 있어!'

운전하고 오는 내내 가슴은 펌프질하듯이 뛰었다. 솟구치는 아드레날린을 발산하듯 회사 문을 박차고 들어가 전원 집합을 호령하며 A 사장으로부터 받은 자극을 업무의 기폭제로 돌렸다. 몇 명 되지 않는 직원들이었지만 나를 통해 그로부터 받은 자극을 느꼈으면 했다. 어쩌면 우리에겐 새로운 동력이 필요했는지도 모른다.

어쨌든 전략을 교환하기로 한 일은 어렵사리 얻은 절호의 찬스였다. 가슴은 폭발할 듯해도 머리는 냉정해야 했다. A 사장의 제안대로 우리가 개발했던 거래 전략을 먼저 보냈다. 하지만 그는 우리의 전략을 확인 후 약간의 보완을 해주고 나서, 연락을 뚝 끊었다.

나중에 들은 얘기지만, 우리가 보낸 내용을 보고는 뭐 이런 한심한 수준이 있나 싶었다고 한다. 같이 놀 군번이 아니라고 생각되어 바로 내 연락을 무시한 것이었다. 이 일은 나에게 첫 대면과는 비교할 수 없을 만큼 엄청난 충격을 주고 자존심마저 상하게 만들었고,

그 후로 나는 밥 먹고 자는 시간조차 아까워하며 프로그램 개발에 골몰했다.

여담이지만, 우리 회사가 500퍼센트 수익률을 돌파하던 2008년 어느 날 A 사장을 우연히 다시 만났다. 나는 그에게 단도직입적으로 물었다. 내게 할 이야기가 없냐고. 그는 내 말이 끝나자마자 지난 일에 대해 사과했다. 그답게 시원시원했다. 그 사과를 듣고 나도 한마디 했다.

"정말 고맙다."

진심이었다. 그럴 의도가 아니었다 하더라도 그는 내게 자극을 주었던 유일한 사람이었고, 그 자극은 자존심 강한 내게 그 어떤 것보다 큰 약이 되었다. 당시 그는 내게 시스템 트레이딩이 '되는 것'이라는 사실을 몸소 보여준 등대였고, 또 내 자존심을 철저히 밟아줌으로써 내 모든 것을 다시 끌어 올리게 만들어준 지렛대였다. 그리고 그는 오늘 이 순간까지도 이 시장에서 친하게 지내는 나의 동료이자 경쟁자로 남아 있다.

'이 게임은 반드시 내가 이긴다!'

'어쨌든 시스템 트레이딩은 확실히 된다.'
나는 A 사장과의 굴욕적인 만남 후에 섬뜩하리만치 강한 전율을 느꼈다. 내가 이 게임에 모든 집중을 쏟고 있는 한 나는 이길 수 있다고 확신했다. 누군가를 이기려면 내가 가진 모든 것을 걸어야만 했다.

어쨌든 조 이사님까지 합류한 2006년의 여름은 아주 뜨겁게 내 곁을 흘러가고 있었다. 돌이켜보면 그 만큼 열정적으로 내 모든 것을 쏟아 부어가며 그 무언가에 매달린 일은 그전에도 그 뒤로도 없었던 것 같다. 그리고 그 두 달 동안 만들었던 시스템 전략들이, 후일 대한민국 파생시장에 한 획을 긋게 될 줄은 그때는 꿈에도 몰랐다.

疾如風 徐如林(질여풍 서여림)

달릴 때는 바람처럼 달리고,

머물 때는 숲처럼 고요히 머물며.

侵掠如火 不動如山(침략여화 부동여산)

적을 칠 때는 불과 같이 치고,

움직이지 않을 때는 산과 같이 한다.

『손자병법』의「군쟁」편에 나오는 문구다. 어릴 적부터 나는 이 문구를 무척 좋아했다. 지금부터 하려는 이야기도 같은 맥락이다. 전달하는 입장에서는 꽤나 조심스러운 내용인데, 누군가 내게 이 방법이 맞느냐고 하면 그렇다고 대답할 수 없을 것 같다. 다만 내가 그렇게 했을 뿐이다.

흔히 주위의 많은 분들은 나를 무대포일만치 배포가 큰 사람, 그렇기에 그것이 한방 맞아떨어져 큰 성과를 이룬 것으로만 아는 분들이 있다. 그런 생각은 어디까지가 맞는 것일까?

레버리지 관리. 굳이 투자를 전문적으로 하거나 준비하는 단계가 아니더라도 레버리지 관리에 대해서 한두 번은 들어봤을 것이다. 흔히 레버리지 관리란 본인의 투자 금액에 대한 전반적인 관리를 일컫는다. 하지만 대부분의 사람들은 이를 매우 보수적인 쪽으로만 이해하는 경향이 있다. 금융시장에서 "레버리지 관리를 좀 하시죠."라는 말은 "투입 금액을 좀 줄이시죠."라고 이해되곤 한다.

그러나 제대로 된 레버리지 관리는 제대로 된 승부를 걸 수 있게 하는 합리적이고 효율적인 방법론 또한 포괄한다. 투자의 본래 목적이 무엇인가? 수익을 확보하려는 현실적인 목적이 있는 한 자금을 제때 활용하여 제대로 된 수익을 뽑아 올리는 방안은 분명 진지하게 다뤄야 할 요소다.

사실 선물 옵션은 그 자체로서 레버리지가 극대화되어 있는 상품인지라 보수적이고 철저한 레버리지 관리를 해야 함은 주지의 사실이다. 그런데 나는 보수적인 쪽으로만, 즉 자금을 지키는 쪽에만 무게를 두지는 않았다. 수익과 손실에 따른 관리를 정교하고도 리드미컬하게 해낼 수 있다면 자신감을 갖고 수익의 기회를 더욱 크게 맞이할 수 있는 법이다. 달릴 때 바람처럼 달리고 적을 칠 때 불과 같이 치는 쪽, 그것이 내가 선택한 방향이었다. 이제 그 이야기를 하고자 한다.

2006년 여름을 보내고 나니 이전과는 달리 적지 않은 시스템들을 구축할 수 있었다. 과거의 로직들이 주로 기술적 분석에 바탕을 뒀다면 이 무렵에 만들었던 로직들은 최대한 나의 실전 경험을 살리고자 하였다. 그중 가장 핵심적인 것은 아침 동시호가에 주문을 들어가서 무조건 장 마감에 정리하는 방식으로 나는 이것을 '홀짝 시스템'이라고 이름 지었다.

홀 아니면 짝. 일종의 찍기 시스템인데, 그날의 시장은 결과적으로 오르거나 내리거나 둘 중 하나일 수밖에 없다는 데 초점을 맞춘 것이다. 우리 시장을 죽 관찰해온 결과 적어도 아침 동시호가는 전날 저녁에 열린 미국시장을 그대로 따라가고 있었고, 여기서 얻은 힌트를 바탕으로 몇 가지 테스트를 거쳐 나름대로 신뢰할 수 있는 결과물을 얻어낸 것이다.

또한 이 신호의 특징은 장중의 어떤 흐름에도 반응을 보이지 않는다는 것이다. 동시호가 진입에 종가 청산이기 때문이다. 어쨌든 이 단순한 논리는 2008년 금융 위기 장세에서 나에게 엄청난 수익을 안겨주었다.

이와 같은 홀짝류 외에도 다양한 아이디어를 구현하고 적절한 검증 작업을 거쳐 마침내 주축이 될 만한 시스템들을 다량 확보할 수 있었다. 이제 이것들이 나를 벼랑으로 밀어낼지, 아니면 날개가 되어줄지 확인하는 일만 남았다. 나는 극단적인 운명의 양 갈래길 앞에서 있었다.

마침내 멈춰두었던 계좌 운용을 재개했다. 한번 해볼 만한 시점이 온 것이다. 느낌은 아주 좋았다. 안개가 걷히는 것 같았다. 사람들은 대개 어떤 일을 할 때 성공할지 실패할지 스스로 직감적으로 느낄 수가 있다. 자신이 얼마나 많이 준비했는지, 얼마나 치열하게 임하고 있는지 본인이 가장 잘 알 테니 말이다. 적어도 그해 여름의 나는 나 자신을 한계상황까지 내몰고 있었다.

謀事在人(모사재인) 成事在天(성사재천)

일은 사람이 꾸미고 그 일을 이루는 것은 하늘이라는 뜻이다. 이제 내 손을 떠나 시장에 맡길 뿐이다. 준비는 끝났다. 이제는 운명에 맡길 뿐이었다.

기회는 누구에게나 온다

그렇게 2007년이 되었다. 지난해 흘린 땀방울이 본격적으로 성과를 내기 시작했다. 이미 계좌는 2006년 겨울부터 확연하게 탄력을 받아 불어나고 있었다.

매몰차기만 하던 시장이 나에게 활짝 문을 열어주는 느낌이었다.

2006년 여름에 만들었던 시스템들이 믿기지 않을 정도로 잘 맞아떨어지기 시작했다. 방향이 나오면 나오는 대로, 또 안 나오면 안 나오는 대로 각자의 역할을 다하며 맞물려 돌아가는 시계 부품들처럼 시스템들은 각자의 임무에 충실하며 시장 흐름을 받아내고 있었다. 거침없이 수익률 고점을 돌파해가는 날들이 지속되었다. '기회는 누구에게나 온다. 그러나 준비된 자만이 그 기회를 잡는다.'는 시장의 격언이 이거였구나 싶었다. 나는 철저히 준비했고, 시장은 그 준비에 수익으로 화답해주었다.

그리고 그해 여름 드디어 그 많았던 부채를 모두 해결할 수 있었다. 나의 자산이 마이너스에서 '0'이 되는 순간이었다. 셈법으로만 따지면 기껏 원점으로 돌아왔을 뿐이나 이미 그것은 단순한 원점이 아니었다. 한번 흐름을 타면 그 흐름 또한 오래가는 것이 이 시장의 속성이기도 하다.

2006년 가을부터 시작된 나의 상승세는 꺾일 줄 모르고 지속되었다. 2007년 여름에서야 오래된 부채를 모두 갚고 한숨 돌릴 법도 했는데, 시장 흐름이 심상치 않았다. 나는 또 한 번 승부를 보기로 결정했다. 그것은 자금을 차입해 옵션 시스템에 투입하기로 결정한 것이다. 한마디로 가장 공격적인 거래 형태를 가장 공격적인 자금으로 실행하겠다는 것이었으니, 주위의 모든 사람들이 말리는 것은 어쩌면 당연한 일이었다.

그러나 1년간의 운용 상황을 보면서 나는 자신이 있었다. 당시 우리 회사는 파생 전문 사이트 fo24에 매일매일 손익을 공개하고 있었다. '파생펀드 열전'이라고 하여 파생거래를 하는 여러 회사들이 자신의 계좌 수익을 매일 오픈하며 경합을 벌이고 있었던 것이다. 기록은 fo24 측에서 담당하고 있어 거짓이 개입될 수 없기 때문에 대외적인 공신력을 확보할 수 있었다.

'파생펀드 열전'에 대해 조금 더 말해볼까 한다. 김 사장님에게 부탁해 법인 계좌를 하나 만들었는데, 원금은 1억, 시스템으로 옵션을 운용한 것이었다. 일명 '켈리 시스템'을 응용한 자금 룰을 적용하기로 했다. '켈리 시스템'은 거래 손익에 따라 자금을 증감시키는 공식화된 원칙 중 하나인데, 쉽게 말해 수익이 나면 그 다음 거래에서 투입 자금을 좀 더 키우고 손실이 나면 투입 자금을 좀 더 줄이는 방법이다. 정확한 계산과 지루한 실천이 요구되지만 거래가 잘 풀리지 않을 때는 자금을 최대한 지켜내고 거래가 잘 풀릴 때는 과감히 몰아치며 운용 효율을 극대화시키는 고도의 전략이다.

물론 이 방식이 늘 유리한 것은 절대 아니다. (금융시장에 늘 유리한 그 어떤 방식도 존재하지 않는다.) 만약 박스권의 수익률 그래프를 그린다면 이런 식의 자금 투입은 오히려 손실을 누적시킬 뿐이다. 생각해 보자. 잘나갈 때 늘렸더니 다시 깨지고, 깨질 때 줄였더니 다시 잘나가고, 이런 엇박자를 타면 안 쓰느니만 못하다.

지금도 fo24 사이트에 가면 '알바트로스 옵션'이라는 당시 그 계좌의 수익률을 볼 수 있는데, 2007년 6월 4일에 1억으로 시작한 계좌는 불과 1년 반 후인 2008년 11월 7일에 최고점인 16억 3,500만 원까지 가는 믿기 어려운 수익을 기록하게 된다. 그리고 2009년 5월 11일, 8억에서 그 기록은 막을 내리게 된다. 애초에 최고점에서 절반만큼 깨지면 계좌를 멈추기로 계획해두었기 때문이다.

초기 자금 1억 원이 16억 원까지 불어나는 동안에 숱한 화제를 낳았듯이, 16억이 8억이 되는 과정에서도 말들이 끊이지 않았다. 저렇게까지 깨져나가는데도 가만히 있을 수 있냐는 얘기였다. 하지만 그런 방식이었다. 그런 방식이었기 때문에 16억까지 갈 수 있었던 것이다.

그리고 fo24 파생펀드 열전에 보여주었던 계좌는 내가 굴리고 있던 것들의 극히 일부였고, 방법 또한 수많은 방법 중 하나일 뿐이었다. 이미 나는 수많은 옵션 계좌를 통해 그보다 더 화끈하고, 때로는 실험적으로 보일 만큼 과감한 거래들을 감행하고 있었다. 물론 단서 조항은 있었다. 시장 흐름을 좇아가는 추세 거래, 철저한 시스템 운용, 켈리 공식에 의거한 적극적 자금 관리 등이다. 이들 삼박자의 조화에 힘입어 옵션의 화려함은 꽃을 피울 수 있었다.

이 시장에서 비정상적인 수익을 지속적으로 내는 사람은 결코 존재할 수 없다. 시장은 대부분 투자자들을 실망시키기 위해 자신이 해야 할 모든 일을 다 한다고 하지 않던가. 그것을 너무나 잘 아는 내가 위와 같은 극단적인 선택을 하다니, 이를 어찌 설명해야 할까?

거래도 일종의 도박이라고 한다면 성패를 좌우하는 요인은 기회가 왔을 때 몰아 때리는 힘과, 내 흐름이 아닐 때 기다릴 수 있는 인내심이다. 사실 이론적으로는 다들 아는 이야기다. 그런데 실천은 매우 힘든 일이기도 하다.

예를 들어 몇 사람이 모여 카드를 친다고 해보자. 어느 한 사람에게 지속적으로 유리한 패가 뜰 수는 없다. 대부분 비슷하게 카드가 돌아가게 되어 있다. 차이는 결국 아주 좋은 카드가 떴을 때의 운용 방식에 의해 결정된다. 내 카드가 확실한 카드일 때 판을 최대한 키우는 능력, 그리고 카드가 좋지 않을 때 기다릴 줄 아는 인내력이다.

나는 1년여의 흐름을 보면서 이 흐름이 언젠가는 끝나겠지만 당분간은 아닐 것이라고 결론 내릴 수 있었다. 지금은 몰아 때려야 하는 힘이 중요한 시기라고 말이다. 그때는 내가 견딜 수 있는 선을 정하고 승부를 봐야 할 때였다. 모든 준비는 이미 다 갖춰져 있었다.

"나는 갬블러입니다. 한때는 인생의 참된 매력이 도박이라는 말을 믿었고, 내 인생 전부를 건 승부도 했었죠. 운명은 늘 내 편이 아니었지만, 이번 승부는 내가 이길 것 같습니다. 올인!"

드라마 『올인』의 마지막 대사다. 그랬다. 나는 모든 것을 걸었다.

당시 오랜 시간 내 옆에서 나를 도왔던 조 부장과 노량진 수산시장에서 회 한 접시를 앞에 두고 나눴던 대화가 기억에 선하다.

"위험한 결정입니다. 지금도 충분히 많이 투자하고 있습니다."

"조 부장, 내 오랜 경험이 만들어낸 직감은 지금 승부를 보라고 한다."

나는 어떤 결정을 내리기까지 다른 사람들보다 훨씬 많이 고민하는 편이다. 그러나 일단 고민이 끝나면 뒤를 돌아보지 않는다. 이것은 인간관계에서도 마찬가지다. 남보다 정에는 약하지만, 안 된다 싶으면 미련을 두지 않는다. 지금 생각해도 그때의 나는 참 대단했다. 아니, 무모했다는 표현이 맞을지도 모르겠다.

당시에 나는 이제 막 3억 정도 되는 내 계좌를 운영하고 있었는데, 여기에 김 사장님께 부탁하여 지인분께 30억을 빌렸다. 30억에서 10퍼센트만 손실을 보면 나는 또 내 전 재산을 깨끗이 다 날리게 되는 상황이었다. 거래에서 10퍼센트 손실은 언제든 만날 수 있다. 그러니 단순한 만큼 매우 위험한 구조였다. 수천, 수만 번의 고민을 거듭한 후 결정을 내렸다. 그리고 기다렸다. 투입 시점을 말이다.

수익과 손실을 지그재그 반복하면서 금액이 커져가던 당시 모습에 비추어 충분히 떨어질 만큼 떨어져 다시 오를 시점이라고 판단되던 어느 날, 마침내 투입을 결정하고 모든 화력을 쏟아부었다. 그리고 그 결정은 드라마틱하게 맞아떨어졌다. 이후 연전연승을 거듭하였고, 원금의 열 배를 차입한 나로서는 10퍼센트의 수익만 나더라도 내 원금만큼의 수익이었다. 이렇게 나는 수익이 나는 족족 지속적으로 사이즈를 불려나갈 수 있었다.

여기서 잠깐 옵션에 대한 이야기를 한다면, 많은 분들이 주식은 당연히 아시지만 선물을 아는 분들은 많지 않다. 옵션은 더더구나 그렇다. 아주 가끔 신문 지상에서 옵션이 수백 배 터졌다는 자극적인 기사를 통해 접하는 정도가 전부일 듯하다. 굳이 쉽게 설명하자면 주식, 선물, 옵션은 맥주, 양주, 폭탄주가 모두 술이듯이 모두 같은 거래 상품일 뿐이다.

다만 주식은 순한 맥주, 선물은 독한 양주, 옵션은 잘 못 마시면 머리 터져버리는 폭탄주라고 보면 된다. 맥주도 못 마시면서 폭탄주를 잘 마시는 사람은 없다. 그런데도 이 시장에 뛰어드는 순서를 보면 주식을 먼저 하다가 주식으로 망하면 선물에 뛰어들고, 선물이 안 되면 마지막에 뛰어드는 데가 옵션이다. 맥주 한 잔에 취하는 사람이 이걸로는 약하다면서 양주를, 그 다음에는 폭탄주를 들이켜는 꼴이다.

물론, 옵션에는 주식이나 선물과는 비교할 수 없는 한방이 있다. 하지만 냉정히 생각해보자. 그런 한방을 내가 만날 수 있을까? 순하디순한, 주식시장에서조차 실패한 사람에게 그 한방이 갈 가능성은 단언컨대 없다. 그럼에도 가장 어려운 방식의 거래에, 가장 초조한 사람들이 뛰어드는 것이 지금 이 순간에도 벌어지고 있는 안타까운 현실이다.

하지만 나는 뛰어들었다. 그러나 나는 무수히 경험했고 무수히 따져봤던 터였다. 승부는 이길지 질지 알 수 없는 게임에 뛰어드는 것이 아니다. 이미 이겨놓고 그것을 확인하러 가는 것이다. 나는 승부란 그런 것이라 생각해왔고, 그때는 이겨놓았다고 판단했다. 그 판단을 단순한 운이라고 생각해야 할까? 실력이라고 생각해야 할까? 글쎄, 답하기 어려운 내용이다.

오늘의 축배를 들이킬 자격

마침내 2008년이 밝아왔다. 전 세계 금융인들에게는 결코 잊을 수 없는 한 해가 열렸다. 지금껏 딱 한 번 해돋이를 보러 갔는데 공교롭게도 그해가 바로 2008년이었다.

우리는 시장의 흐름을 동전 쌓기에 비유하곤 한다. 쌓을 때는 조심조심, 무너지는 것은 한순간이다. 상승장에서는 변동성이 낮아지고 하락장에서는 변동성이 커지는 것이 일반적인 시장의 모습이다.

이러한 변동성은 선물 옵션에서 매우 중요한 요소가 된다. 변동성이 크다는 것은 한마디로 시장에 먹을 공간이 커진다는 의미이다. 어쩌면 파생이 하락장에서 수월한 것도 태생이 그러한 까닭인지 모른다.

2008년은 시작부터 느낌이 이상했다. 발단은 1월. 월봉으로 그 달에 그린 장대 음봉은 그때까지 대한민국 증시에서 볼 수 없었던 가장 큰 음봉이었다. 나는 연초부터 가격 불문하고 큰 매도세가 나왔다는 사실에 주목했다. 이미 옵션 계좌들은 그 한 달 동안에만 50퍼센트가 넘는 수익을 기록하며 거침없는 질주를 시작하고 있었다. 연초의 폭발적인 수익에 일단 기분이 상쾌했다.

수익이 나는 족족 투입 금액도 커지다 보니 하루 손익 크기도 마구 커지기 시작했다. 돈의 속도가 사람의 상식을 넘어서면 두려움이 앞서기 마련이다. 내게 돈을 맡겼던 지인들이 서서히 그 거대한 요동을 버거워하기 시작했다.

어쩌면 당연한 것이었다. 사람은 돈에 관한 한 이성보다 감성이 우선한다. 욕심, 부러움, 아쉬움, 두려움. 돈을 둘러싼 이 모든 반응들이 다 어디에서 비롯되겠는가? 이성으로 판단한다면 얼마를 벌든 잃든 원금에서의 비율로 받아들이면 그만이다. 하지만 사람의 감정은 이런 셈법마저 방해한다. 절대 금액을 느끼기 때문이다.

돈이 돈으로 느껴지는 사이즈란 것이 있다. 쉽게 생각해보자. 1미터 폭의 널빤지를 1미터의 높이에서는 쉽게 건너는 사람도 10미터 높이에서는 몸을 떨기 마련이다. 왜일까? 10미터란 높이가 어떤 위력을 갖는지 현실로 느껴지기 때문이다. 그 정도 높이에서 떨어지면 몸이 부서질 거란 우리의 인식. 이렇게 우리의 피부에 와 닿는 느낌이 돈의 세계에서 절대 금액이 미치는 위력이다.

만 원, 십만 원의 변화에는 아무런 느낌이 없다가도 일정 금액을 넘어가면 상황은 달라진다. 1,000만 원이 오갈 때 몇 달치 월급이라고 느껴지고, 몇 억이 움직일 때 아파트 한 채 값이 아른거린다면 이미 그 영향력 안에 들어갔다고 봐야 한다. 이처럼 돈에 대한 우리의 감각이 투자에 미치는 가장 큰 악영향은 정작 수익을 볼 때 나타난다. 1억으로 5,000만 원을 버는 딜러라면 10억으로 5억을 벌어야 하는데, 대부분의 딜러는 10억으로도 5,000만 원을 버는 데 그친다. 그것이 절대 금액의 영향력이다.

돈의 크기에 멘탈이 움직이는 순간은 반드시 온다. 다만 그 시점이 다를 뿐이다. 큰돈을 벌고자 하는 입장에서 우리가 해야 할 일은 자신의 그릇을 키우거나 돈을 줄이는 것밖에 방법이 없다. 그런데 내가 경험한 바로는 이 그릇은 사람마다 천성적으로 차이가 있다. 같은 자산을 가진 사람이라도 보수적인 성향이 있고 공격적인 성향이 있다. 딱히 어느 것이 맞다고 할 수는 없다.

하여간 나는 이 그릇이란 게 처음부터 컸다. 당시 나보다 자산이 한참 많으셨던 김 사장님도 멀미를 느끼기 시작하셨다. 그런데 나는 별반 느낌이 없었다. 주량이 있듯 돈량도 있다.

그렇지만 나도 역시 사람이었다. 어느 시점부터인가 서서히 멀미가 느껴지기 시작했다. 담배 한 대 피우고 오면 보통 수천만 원은 사라졌다 들어왔다 했다. 움직이던 돈에 '0'이 하나씩 붙어가니 서서히 돈으로 느껴지기 시작했다.

내가 돈을 다루는 것이 아니라 돈이 나를 집어삼키고 있었다. 그 영향은 생각보다 컸다. 시장이 끝나면 그렇게 피곤할 수가 없었고, 내 감정이 장중의 숫자들에 좌우되는 것을 느낄 수 있었다. 이쯤 되면 돈을 버는 게 아니라 돈에 쫓기는 것과 다를 바 없다.

어느 날인가, 억대의 수익이 순식간에 손실로 바뀐 적이 있었다. 나도 모르게 외마디 소리를 지르며 주먹으로 책상을 내리 쳤다. 손실로 돌아선 수익 때문이었는지, 그런 장면에 초조했던 나 자신 때문이었는지는 알 수 없었다. 아마 둘 다였을 거다.

저녁에 퇴근하면서 한남대교를 건너다가 차를 돌려서 여의도로 갔다. 여의도 한강 공원은 1989년 내가 서울에 처음 왔을 때 촌놈이 처음으로 가본 한강이었고, 그 이후 학교를 졸업하고 혼자 있을 때 연을 날리러 자주 왔던 곳이다.

문득 친한 트레이더 선배가 생각났다. 사람이 저 정도까지 배포를 가질 수 있을까 눈을 비비고 봐야 할 사람이었다. 이 선배는 자신이 직접 거래를 했다. 타고난 배포에 갈고 닦은 실력이 더해지니 자산은 눈덩이 불어나듯 커지고 있었다.

한번은 무용담 같은 이벤트가 펼쳐졌다. 마침 형님도 나처럼 매일 거래 결과를 인터넷에 게재하고 있었는데, 무슨 연유에서인지 공개적으로 목표 수익률을 제시하고 매일같이 결과를 게재할 것을 선언했다. 목표는 1년 후 10배의 수익 달성이었다. 원금은 5,000만 원이었다. 당시 모든 파생인들의 이목을 집중시켰다. 나는 선배에게 양해를 얻어 그 계좌의 손익을 우리 회사에서 실시간으로 볼 수 있었다. 선배의 거래는 어느 스포츠보다 손에 땀을 쥐게 했고 나의 피를 들끓게 만들었다.

정말 거짓말같이 1년이 채 못 되어 수익이 10배에 가까워지고 있었다. 손 매매에 실패해 시스템에 몸을 실은 나로서는 선배의 거래가 경이로움 그 자체였다.

그러던 어느 날, 시장이 선배가 쥐고 있는 포지션 쪽으로 움직이기 시작했다. 파생의 위력이랄까. 선배의 옵션들이 드디어 날갯짓을 시작했다. 이대로 가면 선배의 목표 수익이 오늘로서 달성될 참이었다. 나와 장 실장은 침을 삼키며 계좌를 지켜보았다.

앞으로 500만 원, 300만 원…. 목표치가 점점 다가오고 있었다. 모든 직원들이 환호성을 지르기 시작했고 정말 축포라도 터트려야 할 판이었다. 드디어 100만 원, 50만 원…. 금메달 결정 몇 초를 남긴 국민의 한 사람처럼 가슴이 요동쳤다. 마침내 30만 원…. '그래, 이 언덕만 넘으면 돼.'

그때였다. 선배도 목표 달성을 목전에 앞두고 엔터키 누를 준비만 하고 있었고, 우리도 10배 수익률을 기념하기 위해 화면 캡처를 준비하고 있던 터였다. 맹렬하게 치솟아 오르던 가격이 주춤하더니 조금씩 빠져나가기 시작했다. 다시 반등하는가 싶더니 계속 사그라지기만 하는 것이었다. 그렇게 목표 지점을 남기고 그날은 마무리되었다.

그런데 그 후부터 믿기 어려운 일들이 일어나기 시작했다. 실패했다 하더라도 900퍼센트를 상회하는 수익률을 유지했던 계좌가 급격하게 밀리기 시작하는 것이었다. 그리고 마침내 원금까지 되돌아오고 말았다.

선배는 깨끗하게 실패를 인정했다. 나는 웃지도 울지도 못할 이 거래를 지켜보면서 많은 생각에 빠졌다. 딱 30만 원이었다. 목표했던

1,000퍼센트 수익에 모자란 것이 딱 그만큼이었다. 물론 마지막에 매매가 잘 안 풀린 탓도 있겠지만, 그날을 전후로 전혀 다른 성과가 펼쳐졌다는 사실을 난 가볍게 흘릴 수 없었다.

　그것은 멘탈의 문제였다. 형님도 분명 어느 순간 멘탈이 흔들렸을 것이다. 자그마한 요동이었겠지만 모든 것을 되돌려야 할 만큼 그 여파는 컸다. 난 그때의 일로 인해 내가 어느 선까지 멘탈을 키우고 다져갈 수 있는지 심각하게 고민해보았다. 냉정한 시스템 거래를 하고 있지만 그 주체는 사람이다. 나도 사람이었기에 더욱 그랬는지도 모른다.

　나는 한강변에 서서 생각을 정리하고 있었다. 분명 과거에 비해 경제적으로는 많이 좋아졌다. 그렇지만 거래 도중에 책상을 쳐본 적은 한 번도 없었다. 그런 나의 모습에 깊은 실망을 느꼈다.

　'내가 이거밖에 안 되나, 이 정도 금액 변화 앞에서 책상을 내리칠 정도란 말인가.' 나 혼자 있는 방이었으니 망정이지 직원들이 보면 어떤 생각을 했을까? 눈앞에 보이는 손익 때문에 이렇게나 크게 감정이 흔들리다니.

　그날 나는 이렇게 결론을 내렸다.

　'이럴 거면 그만하자. 앞으로 돈은 계속 커질 거고 장중에 변화되는 금액은 훨씬 커질 텐데, 그때마다 이럴 건가? 그래, 지금부터는 좋은 로직을 개발하는 싸움이 아니다. 눈앞에 넘실거리는 돈 앞에서 흔

들리는 내 마음과의 싸움을 시작하자.'

트레이딩이란 결국 돈과의 싸움 아니던가. 이 큰돈을 다루면서 돈에 흔들리게 된다면 거래뿐 아니라 삶마저도 나락으로 떨어지고 말 것이다. 돈 앞에 초연해지는 것이 도 닦는 일이라더니, 정말 그랬다. 내가 가장 먼저 한 일은 모니터를 멀리하는 것이었다. 장중엔 책을 읽기 시작했다. 처음에는 쉽지 않았다. 끊임없이 모니터 안이 궁금했다. 그런데 어느 순간부터는 편하게 책을 읽고 있었다.

그 다음으로 소소하게 키우고 있던 열대어를 대대적으로 키워보기 시작했다. 내 방이 온통 어항으로 뒤덮였다. 열대어들이 노는 모습을 보면서 맘이 편해졌다. 그리고 보니 물을 가까이 하는 것이 돈을 불러오는 거라는 얘기도 들은 것 같다. 어쨌든 그렇게 조금씩 나를 키워갔다.

2008년 상반기에는 이 싸움을 더욱 치열하게 진행했다. 행복했지만 쉽지 않은 싸움이었다. 수익의 속도가 가팔랐고 수익이 나면 그대로 그만큼을 증액해서 투입했다. 나는 아무런 감정 없이 자금 관리 룰대로 움직이는 시스템과 겨루고 있었다. 나의 심장이 시스템의 속도를 따라갈 수 있는지 매일 극한의 시험을 거쳤다.

나는 보통 사람으로서는 엄두도 내지 못할 최고의 공격적 레버리지 전략을 썼다. 레이서가 느끼는 속도감은 레이서만이 알 것이다. 마찬가지로 돈을 거는 승부사의 그것은 극소수 몇 명이 아니면 알지 못한다. 승부를 거는 긴장감, 그리고 그 승부가 맞아떨어질 때의 느낌. 숨을 쉬면서 숨을 멈춰야 했고, 치열한 생각 속에 생각을 비워야 했다. 하루의 승부가 끝나면 승부를 복기할 틈도 없이 잠에 빠져들었고, 한숨 자고 일어나면 바로 또 승부가 벌어졌다. 매일매일이 진검승부였다. 다행히 나는 연전연승을 거듭해나갔다.

나는 아주 오랫동안 한 가지 일을 한 사람에게는 과학적으로 설명할 수 없는 그 어떤 느낌이 들 때가 있다고 생각한다. 이때의 내가 그랬다.

2008년 7월 말, 나는 이상한 느낌을 받았다. 근거를 보자면 사실 이랬다. 2007년부터 운용을 시작한 옵션 계좌가 3월에 수익률 고점을 한 번 찍고는 굼뜬 움직임을 보이고 있었다. 그동안에도 선물 계좌는 지속 고점을 높여가는데 옵션은 정체되어 있을 뿐 도통 오를 기색이 없었다. 나는 옵션이니까 그러려니 했다. 그러던 것이 그해 7월, 4개월 만에 고점을 돌파했다. 3월 17일에 478퍼센트를 찍은 후 361퍼센트까지 내려갔던 옵션계좌가 드디어 7월 8일에 512퍼센트로 뛰어오른 것이다.

사실 거래를 하다 보면 고점 돌파라는 것이 규칙적으로 찾아오는 것도 아닌지라 이런 현상에 어떤 의미를 부여하기는 어려웠다. 하지만 주식시장에서 얻은 경험으로 미루어 보면 신고가 갱신이야말로 결코 간과할 수 없는 신호였다. 하지만 이런 지식을 차치하고서라도, 가슴속에서 뭔가 자꾸 승부처란 울림이 오는 것이었다. 작년 가을 승부를 볼 때 같은 그런 직감이었다. 난 망설이지 않았다. 내가 가용할 수 있는 모든 자금을 옵션계좌에 밀어 넣었다. 당시 옵션 수익률은 1년 만에 600퍼센트를 찍고 있었다. 그런 상황에서 옵션 투입 금액을 최대치로 올렸으니 다들 경악을 금치 못하고 있었다. 그리고 무모해 보인, 그러나 결코 무모하지 않았던 나의 이 승부수는 얼마 후 정확하게 맞아 떨어졌다.

추석 때 고향집에 내려왔는데 난데없이 리먼브라더스의 파산 소식을 듣게 되었다. 리먼브라더스…. 뉴스를 온통 도배하고 있었다. 하지만 이것이 피비린내 나는 아비규환의 서막이 될 것이라곤 나는 전혀 예상하지 못했다.

나는 시장을 보면서 바다를 떠올린다. 너무나 평온해 보이는 바다. 그러나 언제든 모든 걸 쓸어갈 수 있는 바다. 쓰나미처럼 말이다. 시장 또한 그렇다. 늘 거기서, 그 자리에서 맴도는 듯하다가 어느 순간 폭발하면 심장을 멎어버리게 만들 만큼 무서워지는 곳.

2008년 10월이 그러했다. 시장은 공포의 도가니에 빠져들었고, 투매가 투매를 부르는 상황이 시작되었다. 지난 10여 년의 거래일 중 9·11 테러 때를 제외하고는 본 기억조차 없는 선물 하한가마저 보게 되었다. 그것도 여러 번.

선물이 하한가로 장을 마무리하는 날도 생기고, 하한가 근처에서 보합까지 끌어 올리는 날도 있고, 심지어 옵션까지 상한가를 기록하기도 했다. 선물이 상하한가에 이르러 더 이상 나아가지 못할 때 옵션은 무슨 근거에 의해 어디까지 가게 되는지 거래로만 잔뼈가 굵어진 나로서도 도통 알 수 없던 차였다. 어쨌든 시장은 미쳐 돌아가고 있었다.

그런 가운데 우리 시스템들은 최고 수익과 최고 손실을 번갈아가며 찍고 있었다. 최고 수익 후 최대 손실이란 절대 위기이자 최대 기회가 바로 눈앞에 왔다는 것과 다를 바 없었다. 적어도 딜러로서의 본능은 그렇게 얘기하고 있었다. 가장 적극적인 자금 운용 방식을 적용하고 있었기에 이미 계좌 금액은 부풀어 오를 대로 부풀어 오른 상태였다. 이쯤 되면 시장은 이미 블랙홀로 빨려 들어가고 있다고 봐야 했다. 그러한 나의 직감은 틀리지 않았다. 예측불허의 상황 속에서도 결국 자기가 가고자 하는 방향으로 가고 마는 것이 시장의 특성이다. 이런 흐름에 역행하지 않고 끝까지 순응하는 것이 딜러로서 내 임무였고, 지난 2004년의 통한을 떨쳐낼 수 있는 유일한 기회이기도 했다.

운명의 10월 29일. 장중 7퍼센트까지 상승하던 시장은 하한가까지 처박히다시피 내려가게 되었다. 이날의 종합주가지수 고점은 1,078포인트였고 저점은 920포인트였다. 선물지수도 고저점의 진폭이 무려 17퍼센트까지 움직였던 날이다. 그 정도의 진폭이면 선물에서도 엄청난 수익이 생기지만 옵션에서는 그 폭발성이 일반인의 상상을 초월하게 된다. 상식적인 변동 수준을 벗어나면 시장이 조금만 더 움직여도 수익에 '0'이 하나 더 붙곤 하기 때문이다. 주식시장이 17퍼센트의 움직임을 보이는 날을 누가 상상이나 했을까? 그러나 나는 예상을 훨씬 뛰어넘는 지수의 움직임에 얼어붙었던 2004년 5월 10일로부터 4년 5개월 만에 그날과 흡사한 날을 만나게 된 것이다.

이번엔 달랐다. 이번엔 오랜 기다림의 결실을 맛보게 된 것이다. 지난 몇달 동안의 수익보다 이날 하루의 수익이 더 컸을 정도였다. 시가총액으로 얼마가 날아갔다고 저녁 뉴스를 도배하던 그날, 우리 회사의 실적 덕분에 주 거래처였던 모 지점은 당 증권사 전국 지점에서 유일하게 수익을 거둔 지점으로 기록되기도 했다. 주가 폭락 속에서 상식을 뛰어넘는 수익이 발생했기 때문에 해당 증권사의 전 임직원이 우리 회사를 알게 될 만큼 그 여파는 컸다.

이날의 기분을 절대 잊지 못할 것이다. 시장에서 세 번 당했던 나, 주식에 두 번 울고 파생에서마저 무릎 꿇었던 나였다. 버텨내야 했던 시간이 4년 5개월이었고 흘려야 했던 눈물 또한 한 바가지였다. 내게는·너무도 외로운 시간이었다. 어지간한 거래 결과엔 무던해질 만큼 노련해졌지만 이날만큼은 수없는 상념에 빠지지 않을 수 없었다.

2004년 그날의 실패 이후, 내 모든 것을 바꿔버리지 못했다면 어떻게 되었을까? 아마도 오늘 또 한 번 피눈물을 흘리며 절망 속에 허덕였을 것이다. 오늘 나는 상상을 초월하는 시장의 움직임 속에서 과거와는 정반대의 모습으로 대응했고, 엄청난 전리품마저 한가득 챙길 수 있었다. 오늘 시장은 기꺼이 내 편이 되어주었다.

사실 많은 사람들이 내가 이날을 비롯해 2008년의 금융위기에서 어떻게 돈을 벌 수 있었는지 궁금해한다. 주식 폭락의 아비규환 속에서 살아남은 것만도 쉽지 않을 때 오히려 큰 수익을 거두었으니 말이다. 그러나 기본적인 원리는 매우 간단하다. 파생상품은 매수자의 손익과 매도자의 손익을 더하면 총 손익이 제로가 되는 제로섬(Zero-Sum) 게임이다. 매도자가 이익을 보면 그만큼 매수자가 손실을 보고, 반대로 매도자가 손실을 보면 그만큼 매수자가 이익을 보는 구조이니 만큼 남들 대다수가 잃는 반대편에 서 있어야 비로소 큰 수익을 거둘 수 있다. 자본주의 시장에서 큰돈을 벌고자 하면 다수와 반대되는 편에 서야 한다는 것이 상식적인 나의 판단이기도 했다.

물론 이것이 아무 때나 되는 것은 아니고, 시장의 참여자들이 극도의 탐욕이나 공포에 물들어 있을 때 비로소 이루어질 수 있다. 한때 나 또한 공포 속에 부화뇌동했던 아픔이 있었으니 남과 다른 편에 선다는 것은 여러 가지 이유로 쉽지 않는 법이다.

벼르고 별러 마침내 2008년, 장중 상하한가를 기록할 만큼 파생시장은 연일 충격적인 행보를 거듭했고, 한국뿐 아니라 세계 증시 전체가 그러했으니 내겐 그야말로 준비된 기회였다. 폭풍우 같은 시장 변동성 속에서도 나는 일절 흔들리지 않았고, 회사 역시 하루하루 거래를 밀고 나갔던 것이다. 그리고 무엇보다 내가 그 혼란 속에서도 전혀 흔들리지 않을 수 있었던 것은 그간의 노력과 경험을 믿었던 덕분이었다.

아마도 많은 분들은 이날의 기분을 짜릿함이나 황홀함으로 예상할지도 모르겠다. 그런데 그것만은 아니었다. 정말 무어라 단정 짓기 어려운 감정들, 굳이 가까운 단어를 찾으라면 외로움이었다. 너무나 기뻐해야 할 그날, 왜 기쁨보다 외로움을 먼저 느꼈는지 모르겠지만 아무튼 그랬다.

2008년 가을, 참여자들은 너 나 할 것 없이 공포로 물들어갔고, 나의 계좌는 시장을 빨아들이듯 수익을 챙기고 있었다. 그리고 11월, 시장은 변동성의 극한을 달렸으며, 나는 수익의 정점에 우뚝 설 수 있었다. 마침내 승부는 적중했고 도전은 성공했다. 누구보다 열심히 했으니 수익이야 마땅한 대가였는지도 모른다.

헌데 이 모든 것이 오래전부터 예정되었던 일처럼 느껴졌다. 사실 이런 날이 왔을 때 어떡해야 할지 마음의 준비가 없었던 것도 아니었다. 분명 한층 더 성장했고 무엇보다 여유란 것이 생겼다. 그렇지만 늘어난 여유만큼 채워지는 것은 담담함, 그리고 외로움이었다. 내가 간과했던 것은 승자도 지친다는 사실이었다.

영혼을 가진 승부사가 된다는 것

가을의 절정, 많은 이들이 잠들어 있을 서울의 밤이었지만 나는 잠을 이룰 수 없었다. 시장은 인간이 감추고 있는 모든 모습을 벗겨내 버린다. 그것이 시장에 숨어 있는 진짜 무서움이다. 욕심, 나약함, 자만, 아집, 공포. 나 역시 그렇게 하나씩 발가벗겨지면서 이 길을 걸어왔다. 다만 그런 나의 부끄러운 모습을 인정하고 다시 하나씩 가릴 옷가지를 만들어왔을 뿐이다.

나는 그런대로 몸이라도 가리며 뛰어들었지만 많은 이들은 그러지 못했고, 아마 앞으로도 그럴 것이다. 그렇지만 그 차이는 하늘과 땅만큼이나 크다. 나의 수익도 그에 따른 결과였다. 어쨌든 나는 지금껏 허무하게 발가벗겨진 토끼들을 사냥해왔고, 날이 뜨면 또다시 몰이에 나서는 맹수가 되어야 한다.

마침내 '긁어모았다.'는 표현이 더 어울릴지도 모를 만큼 큰 돈을 벌었다. 하지만 그러기까지 나는 정말 많은 것을 잃고 또 얻었다. 그런 과정에서 알게 된 것은, 시장은 기회만큼이나 한계도 분명하다는 것이었다. 결코 부와 행복만이 잠재된 곳은 아니라는 것이다. 그렇기에 적어도 한 번쯤 내 삶을 다른 각도에서 볼 필요가 있었고, 문득 지금이 그때라는 생각이 들었다.

사실 내 고민의 출발점은 잃어버린 건강과 쉬 느낄 수 없는 행복감이었다. 매일 돈이 굴러가는 한복판에 서 있다 보면 매 순간 감내해야 할 스트레스가 엄청나다. 이건 단순히 매매에만 해당하는 것이 아니었다. 돈을 매개로 한 사람들과의 관계만 해도 나를 지치게 만들기에는 충분했기 때문이다.

거래는 분명 흥분되는 경험이며 무엇과도 바꾸기 싫은 나의 생업이기도 하다. 하지만 과로와 극도로 긴박한 환경에 지속적으로 노출되다 보면 결국 몸이 견뎌내지 못한다. 노인처럼 새하얘진 머리와 수염, 불어난 체중, 목과 허리의 극심한 통증. 분명 단순한 직업병을 넘어 몸을 서서히 갉아먹고 있는 상황이었다. 곧 나이 마흔을 눈앞에 두고 있던 시점에서 이런 몸 상태로는 인생 후반기를 시작할 엄두조차 나질 않았다.

당분간 쉬고 싶었다. 거래는 계속 하더라도 내 스스로에게 정신적으로나마 쉴 시간을 주고 싶었다. 모든 것을 쏟아 붓는 과정에서 온 정신적 탈진은 생각보다 후유증이 컸다. 무엇보다 사람에 지쳤다. 전국 곳곳에서 나를 만나자고 찾아오는 분들이 계셨다. 내가 무엇이 대단하다고 그분들의 청을 거절할 수 있을까 싶어서 매일처럼 찾아오는 분들을 다 만났다. 그분들의 한탄과 탄식과 실패담, 그리고 이런저런 부탁까지, 나는 아주 빠르게 지쳐갔다.

2008년 겨울, 처음으로 스키장이라는 곳에 가봤다. 깨알 같은 인파를 보며 내가 참 남들과 다른 삶을 살아왔다는 것을 새삼스레 느낄 수 있었다. 서투른 스키였지만 재미를 느꼈다. 숨 쉬는 맛이 달랐고, 색다른 에너지를 느꼈다. 하얀 설원이 나도 모르게 쌓여 있던 마음 한구석의 답답함을 풀어주는 것 같았다. 아마도 자그마한 나만의 해방감이었을 것이다.

곧이어 아들과 함께 뉴질랜드에 다녀왔다. 지구 반대편. 한동안 모든 잡념을 떨치고 오기에 충분한 거리였다. 우선 아들 녀석이 좋아했다. 아빠와 함께하는 시간이 마냥 좋은가 보다. 미안했다. 사실 녀석이 어떻게 커왔는지조차 나는 잘 모른다. 부자간에 얼굴 볼 틈조차 없이 허덕이며 달려왔기 때문이다. 훌쩍 커버린 모습이 마냥 대견하기도 한데, 어쨌든 여행 내내 좀처럼 아빠 곁에 붙어서 떠날 줄을 몰랐다.

그리고 오랫동안 인연을 쌓아온 선배 트레이더와 함께할 수 있어서 좋았다. 지금은 뉴질랜드에 정착해 살고 계신 이 선배는 대한민국 파생시장에서 손꼽히던 승부사다. 작은 체구에 날카로운 눈매, 그리고 카랑카랑한 목소리. 이분이 훗날 손 거래만으로 100억대까지 수익을 낼 줄은 아무도 몰랐을 것이다. 선배와 나는 소위 배포가 잘 맞았고, 2년 정도의 시간을 자주 만나서 카드도 치고 술도 기울이며 정을 나눴다. 헌데 선배가 홀연히 뉴질랜드로 이민을 결정하고 떠났다. 그런 선배를 나는 한국이 아닌 먼 타향에서 만나고 있었다. 선배의 안내로 뉴질랜드의 절경이란 절경은 다 보았고, 함께 와인을 마시며 밤새 얘기꽃을 피웠다. 치열한 파생판 속에서 피워낸 사람 냄새 맡을 수 있는 관계. 우리는 온갖 무용담과 에피소드를 술안주 삼으며 추억 어린 감상에 빠져들었다. 무엇보다 뉴질랜드의 밤공기는 시원했고, 문득 행복에 대해 생각해보게 되었다.

행복. 나는 시장에서는 성공했으나 삶에서는 실패한 투자자들을 무수히 많은 책과 현실 속에서 만나왔다. 그야말로 영혼이 없는 승부사 말이다. 나 역시 영혼 없는 승부사로 남을 순 없다. 분명 내 삶의 목적도 내 나름대로의 행복을 이뤄나가는 것이다. 돈이나 성취감이 행복으로 직결되지 않는다는 것쯤은 상식으로 알고 있었지만, 정말이지 이쪽 분야에서 일반인은 상상조차 못할 성공을 이룬 동료들 모두 행복이란 화두 앞에서만큼은 말수가 줄어들기 일쑤였다. 꿈을 안은 채 열심히 뛰던 때가 그나마 즐거웠다는 넋두리만 있었다. 하지만 이 것이 잠깐의 즐거움과 보람은 될지언정 행복은 각자 품고 가야 하는 또 다른 숙제나 마찬가지였다.

나에게도 행복은 현재 진행형인 숙제다. 그나마 당시 조금의 여유가 생기면서 진지하게 이 문제를 곱씹어보게 된 것이다. 나 역시 한 사람의 가장이다 보니 아무래도 가장 먼저 내가 꾸린 가정에서 그 답을 찾아보았다. 고백하건대 시장의 알바트로스와는 달리 가정에서의 성필규는 낙제점이다. 그리고 보면 나는 나의 행복을 너무 밖에서만 찾은 것이 아닌지 후회도 든다.

분명 성공도 행복감을 주는 하나의 요소다. 그렇기에 나도 성공만을 좇으며 인생을 살아왔는지도 모른다. 주변을 둘러볼 만한 여유가 없었던 것도 어찌 보면 그런 이유가 아니었을까. 물론 돈으로부터의 해방이 진정한 성공이었는지부터 판단하자면 끝이 없을 것이다. 어쨌든 2008년의 나는 이미 너무 많은 길을 걸어온 느낌이었고 최소한 걸어온 길을 되짚어 봐야 할 시점이라고 생각했다. 어차피 돌아갈 수도 없고 돌아갈 생각도 없었다. 하지만 다시 앞으로 나가기 위해서라도 그래야만 했다.

또 한 가지 드는 생각은 바로 성공 뒤에 따라올 후유증이었다. 어쩌면 남은 인생을 '성공 바이러스'에 걸려버린 환자로 살아가야 될지도 모른다는 막연한 두려움이 조금씩 움트고 있었다. 예전만큼의 열정을 일으키는 것이 가능하기나 할까? 배고픔은 사라지고 풍요란 이름의 허무감만이 나를 지배할지 모를 일이었다. 성공을 위해 뛰었지만 성공의 그림자까지 받아들일 준비는 부족했다. 다만 아직 거래가 재미있다는 것, 파생시장을 그리 쉽게 떠나지는 않으리란 것만은 어렴풋이 받아들일 수 있었다. 당시 누군가 내게 물었다. 얼마를 벌면 그만둘 거냐고. 그 질문을 한 이는 이 시장과 나를 몰라도 너무 모르는 사람이다. 나는 이 시장에서의 싸움 그 자체가 너무 즐거웠다. 그랬기에 그 긴 세월을 견딜 수 있었다. 얼마의 금액이라는 목표? 그런 것 자체가 처음부터 없었다.

뉴질랜드에서 돌아오자마자 운동을 시작했다. 담배를 끊고 불어난 체중을 관리하기로 했다. 일단 먹는 유혹을 참는 것이 쉽지 않았다. 그러던 중 누군가가 먹는 즐거움만큼 짜릿한 것이 입는 즐거움이라고 말해줬다. 시골 촌놈 출신답게 패션과는 담을 쌓고 살아왔는데, 살을 빼기 위해서라도 패션에 관심을 가져보려 애썼다. 헌데 이놈의 승부 근성 때문인지 기왕 불어난 체중을 줄이는 김에 제대로 한번 몸을 만들어보자는 생각이 들었다. 당시에 불었던 '몸짱 열풍'도 한몫 했겠지만, 실은 아들놈한테 멋진 아빠로 기억되고 싶어서였다.

언제부턴가 내가 블로그를 쓰게 된 것도 훗날 하나뿐인 아들에게 아빠가 어떤 인생을 살아왔는지 알려줄 솔직한 기록이 될 수 있으리란 생각에서였다. 아들 앞에서만은 떳떳하고 멋진 아버지로 남고 싶었다. 성공하면 성공하는 대로 실패하면 실패하는 대로 솔직함만이 아버지로서 해줄 수 있는 가장 큰 교육이라는 생각에는 아직도 변함이 없다.

한 중년 남자의 다이어트 정도로 보일 수도 있겠지만, 이런 이유로 나는 나의 몸과 일대의 승부를 벌여보기로 했다. 이미 망가진 나의 몸이야 게으름과 변명의 합작품, 이제 이것을 노력과 극복의 아이콘으로 탈바꿈시키고자 한 것이다. 쉽진 않았다. 맛있는 과자 한 조각은 너무나 달콤했다. 그래도 트레이너와 매일같이 땀방울을 흘리며 나의 무모했던 다짐을 지켜낼 수 있었다. 정확히 1년 만에 13킬로그램을 감량할 수 있었다. 겸연쩍지만 당시 웃통 벗고 찍었던 사진들을 볼라치면 여전히 흐뭇하다. 한때 한여름에도 히터를 달고 살아야 할 만큼 골골했었지만, 지금은 건강도 많이 호전되었고, 무엇보다 땀 흘리는 즐거움은 내 자신에게 선사한 새로운 선물이 되었다.

4장

2009년~2012년
더 넓은 시장으로

타석에 들어서지 않고는 홈런을 칠 수 없고
낚싯줄을 물에 드리우지 않고는 고기를 잡을 수 없으며
시도하지 않고는 목표에 도달할 수 없다.

– 캐시 셸리그만 Kathy Seligman

...

조금 더 큰 무대로

2009년은 사무실 이사와 함께 시작했다. 이사는 예전부터 여직원들에게 호언장담했던 약속이었다. 세타파워 사무실은 이전에 창고로 썼던 곳이라 창문 하나 없는 답답한 곳이기도 했다. 사방에 시세 모니터들로 도배가 되어 있어 티는 잘 나지 않았지만, 회사 대표로서 창문 하나 없는 환경에 근무하던 직원들에게는 늘 미안한 마음이었다. 최고의 성과와 그에 걸맞은 최고의 뷰(view)를 선사해주겠다는 약속만큼은 꼭 지키고 싶었다. 문득, 돈을 버니까 이런 약속도 지킬 수 있고 참 좋다는 생각이 들었다.

당시 평당 분양가가 가장 높았던 서초동 모 건물에 자리를 잡았다. 남산까지 광활히 펼쳐진 전경은 강남권에서도 흔치 않은 것이었다.

모든 책상을 창가로 향해 두었다. 모니터를 보며 일하다가도 시선만 살짝 올리면 멋들어진 서울 광경을 만끽할 수 있었다. 마냥 좋아하는 직원들을 보며 마음 한구석의 짐을 덜어낸 느낌이었다. 내 집 마련을 이룬 주부의 심정이 이런 것일까.

마침 길 건너에는 삼성 사옥이 있었다. 왠지 모르게 세계와 겨룬다는 웅장함이 느껴졌고, 무엇보다 철야로 불 켜진 사무실들을 볼 때마다 숙연해졌다. 사실 우리 쪽 일이라는 것이 거래와 관련된 제반 시스템들을 구축해놓는 게 쉽지 않아서 그렇지, 일단 체계가 잡히고 나면 어지간해서는 관성으로 나아갈 수 있기 마련이다.

지난 2008년만 보아도 일개 작은 회사로서는 할 수 있을 만한 파생거래는 다 해보았고, 거래 규모도 결코 만만치 않은 단계까지 끌어올려봤기에 적어도 트레이딩에 관한 한 이미 갖출 것은 다 갖춰놓은 상태였다. 그러다 보니 조금 나태해진다고 해서 당장에 티가 나는 것도 아니었다. 게다가 이쪽은 잘 작동해나가고 있는 한 괜히 긁어 부스럼을 만들지 않는 것이 오히려 득이 되는 체계였다. 마침 나 또한 정신적 휴양기를 보내고 있던 차여서 이래저래 회사는 물에 물탄 듯, 술에 술탄 듯 흘러가고 있던 것이다. 옆에 밤샘하는 삼성을 보면서 반성을 좀 해야겠다고 생각이 들 정도로 2009년을 보내는 전반적인 회사 분위기는 평이했다.

2008년에 불을 뿜었던 시장 변동성은 그해 11월을 정점으로 서서히 가라앉으며 제자리를 찾아가고 있었다. 2009년은 옵션 쪽 반응만 좀 시큰둥했을 뿐 다시 주포로 돌린 선물 거래 쪽이 그런대로 성과를 내주고 있어 시장이나 우리 회사나 그야말로 무난한 흐름을 지속하던 때였다.

그렇지만 그런 분위기와는 달리 시스템 트레이딩 업계는 생각보다 뜨겁게 달궈지고 있었다. 지난 2008년에 이론적으로 수백 수천 년에 한 번 있을 법한 시장 변동성 속에 업계를 이끌어가던 몇몇 업체들의 성과가 알려지게 되어 그런지 많은 회사와 팀, 심지어 개인들까지 이 분야로 뛰어들고 있었다. 하지만 주식시장은 이미 빠른 속도로 안정을 찾아가고 있었기 때문에 뒤늦게야 참가한 사람들은 그리 큰 재미를 보지는 못했을 것이다. 그러고 보면 똑같은 기회라도 준비된 자에게 더 값진 결과를 안겨주는 것이 세상의 이치인 듯하다.

나 역시 시행착오와 어려움을 견디며 노하우를 쌓아왔고, 게다가 큰 기회가 오기 전에 자금을 많이 키워둘 수 있었던 점이 특히 주효했다. 집채만 한 파도가 오더라도 기껏 소주잔 하나 쥐고 있으면 그만큼밖에 담지 못하는 법이다. 적어도 매매에서 많은 것을 얻고자 한다면 큰 그릇을 준비할 줄 알아야 한다. 그것이 일생일대의 기회를 제대로 살리느냐 못 살리느냐의 분수령이 되곤 한다.

지금 생각해보니 2008년을 마무리하면서 가장 현명하게 대처했던 일 중 하나는 주식시장이 다시 안정적인 상황으로 들어설 것에 충분히 대비했던 것이었다. 사실 계좌 운용이야 철저한 자금 관리 원칙을 따르고 있으니 시장 변화에 유연하게 대처할 수는 있는 것이지만, 2008년을 시작하기 전, 이것이 승부처란 판단에 따라 매우 적극적인 운용을 펼쳤던 것들을 분명 적절한 시점에 마무리 지어야 했다.

새해가 막 시작될 무렵 이에 대한 모든 재편성을 끝마쳐뒀으니 이미 나에게 2009년이란 1년 동안의 승부를 마감하고 한결 홀가분한 마음으로 시작한 한 해였던 셈이다. 덕분에 육체적, 정신적, 시간적으로 여유를 둘 수 있었고 조금씩 취미 활동을 늘리며 내 자신을 재충전해나갔다. 그러는 동안 회사는 딱히 잘 되는 것도 없었지만 뒷걸음치지 않고 조금씩 성과를 올리며 전진하고 있었다.

헌데 앞에 언급한 대로 폭발적인 시장은 나를 비롯한 몇몇 트레이더들을 스타급으로 만들어버렸고, 그러다 보니 그리 크지 않은 영역에서나마 유명세를 치르게 되었다. 물론 귀찮고 번거로운 점이 더 많았다. 무엇보다 잦아진 술자리가 가장 곤혹스러웠다. 원래 술을 잘 못하는 체질이기도 하거니와 일반적으로 사회에서 갖는 술자리란 것이 그렇듯 몸과 마음에 부담을 안게 되는 일이 다반사였기 때문이다.

더는 안 되겠다 싶어서 어차피 업계 사람들 만나는 일이야 당분간 피할 수 없으니, 이왕이면 '영건'들을 만나는 데 에너지를 써보기로 하였다. 그래서 이해에는 젊은 후배들을 만나보는 데 상당히 많은 시간을 할애했다.

그들 역시 시장에 처음 발을 들일 때의 나처럼 에너지가 넘쳐 있었다. 도전정신으로 뭉친 패기는 실로 힘이 넘쳤고, 다양한 아이디어로 똘똘 뭉쳐 있었다. 열정 있는 모습은 언제나 보기 좋은 법이다. 이들과의 교류는 무척이나 재미있었고 내게도 많은 호기심과 궁금증을 불러일으키곤 하였다.

다만 공통적으로 시장을 너무 쉽고 만만하게 보는 경향이 있기에, 노파심에 몇몇 조언을 해주기도 했다. 하지만 기본적으로 이론과 다른 현실세계를 극복해나가는 것은 그들이 해야 할 몫이자 숙제였다. 물론 매 순간이 치열한 전쟁과 같고, 성공 확률도 희박한 파생시장에서 이들이 모두 잘될 것이라고 장담할 수는 없다. 현실이 엄연히 그러하니까 말이다. 그래도 그들 모두에게 행운이 있기를 진심으로 기원했다.

2009년 여름에 이르러 해외 진출과 투자자문사 설립이라는 두 가지 고민이 시작되었다. 두 가지 모두 언젠가 한 단계 더 큰 도약을 위해 이루어내야만 하는 것이지만, 지금이 시작하기에 적절한 시점인지 생각에 생각을 거듭해야 했다.

해외 진출 문제에 대해 말하자면, 사실 금융시장에 진출한 대한민국 모든 회사들은 글로벌 진출을 꿈꾼다고 할 수 있다. 나 역시 마찬가지였고 이쪽에서 성공을 꿈꾸는 젊은 사람들 모두 한 마디씩 하는 것이 해외 진출에 대한 포부이다. 더 큰 무대, 더 넓은 시장으로 뻗어나가고픈 욕구는 당연한 것이리라.

하지만 우리에게는 조금 달리 따져봐야 할 현실적 입장들이 있었다. 먼저 국내 파생시장 규모의 한계다. 사실 대한민국 파생시장은 거래 규모 면에서는 이미 세계 최고 수준이다. 그러나 우리가 하는 거래는 일명 '데이 트레이딩(Day-Trading)'으로서 매매를 당일 시작하여 당일 끝내는 것을 기본으로 한다. 그러다 보니 아침 장 시작 때나 오후의 장 마감 즈음, 그리고 시장에 특정한 충격이 가해지면 일시에 거래가 몰리는 경향이 있다.

자금 규모가 작고 거래 물량이 많지 않을 경우에는 이런 현상이 큰 문제가 아니겠지만, 물량이 많아지면 얘기는 달라진다. 이미 지난 2008년 금융 위기 상황 때 우리는 한 특정 회사가 현실적으로 무리 없이 보유할 수 있는 한계 물량까지를 경험해봤던 터였다. 일정 규모 이상의 자금을 운용하면 거래 결과를 스스로 잠식해 들어갈 수 있을 정도로 오차가 커져버리는데, 우리는 그 마지노선이 어느 정도인지 그때의 경험을 통해 이미 간파하고 있었다.

이러한 현상을 전문적인 용어로 '슬리피지(Slippage)'라고 한다. 물론 슬리피지를 줄이기 위해 기술적으로 많은 방법들을 사용하고 있었지만, 이것도 어느 정도 한계가 있기 마련이다. 이런 경우엔 거래 방식을 다변화하거나 운용 시장을 넓히는 수밖에 없다. 결국 이러한 이유 때문이라도 자의 반 타의 반 무대를 넓혀야 할 필요성이 생기게 되는 것이다.

해외 진출을 모색하게 된 또 하나의 이유는 바로 한국 주식시장의 변화였다. 변화의 속도가 빨라진 점도 큰 원인이었다. 늘 변화하는 것이 시장이지만 분명 코스피 시장은 점점 더 복잡해지고 이해하기 어려워지고 있었다. 그러다 보니 한동안 그런대로 잘 통용되었던 패턴이나 연관성마저 잘 들어맞지 않는 경우가 잦아지던 터였다.

나는 기본적으로 시장도 생명체와 마찬가지로 진화해간다고 생각한다. 다만 시장의 진화란 것이 계속 특성을 바꿔가기만 하는 것인지 한 바퀴 돌고 돌아오는 것인지까지는 알 수 없다. 분명한 것은 시장이 변해간다는 사실이다. 재미있는 것은 한국 주식시장은 여타 선진 금융 시장에 비해 그 변화 속도가 빠르고 변화무쌍하다는 점이다. 이 것이 국민성에 기반한 것인지 선진 시장으로 가는 과정에서 나타나는 통과 의례인지는 잘 모르겠지만 여하튼 그런 특징이 감지되는 것만은 사실이다.

상대적으로 중국과 같은 신흥 시장은 흡사 한국 시장의 초창기 모습처럼 그 흐름을 간파하기가 매우 쉬운 편이다. 그런 점에서 앞선 거래 경험은 신흥 시장일수록 큰 메리트로 작용할 여지가 있다. 달리 보면 신흥 시장 참가자들의 눈에는 우리가 '외국인'이다. 한국 투자자들에게 트라우마처럼 각인되어 있는 외국인 거래자에 대한 피해 의식도 따지고 보면 그들의 선구자적인 실력에 기반했던 것은 아닐까? 어쨌든 외국인들에게 잃었던 돈을 외국인으로서 다시 찾아오자는 농담도 있던 시기였다.

고민의 또 한 가지 이유는 심심치 않게 불거지는 '파생거래세'에 대한 논의였다. 물론 이 자리에서 파생거래세에 대한 옳고 그름을 논하고자 하는 것은 아니다. 실거래에서 발생할 유불리 측면에서만 본다면 우리에게 파생거래세는 그야말로 폭탄과 다를 바 없다. 특히 우리의 주력 방식인 데이 트레이딩은 거래 회전율이 무척이나 높기 때문에 거래마다 달라붙는 세금은 결국 눈덩이처럼 불어나고 만다.

점점 '효율적'으로 변하고 있는 한국 파생시장에서 그런 데미지를 이겨내면서까지 수익을 내는 것은 결코 쉬운 일이 아니다. 어쨌든 이런 제약들이 자꾸 논의 선상에 오르내릴수록 자연스레 좋은 여건을 찾아 해외 시장으로 눈을 돌리게 되는 것은 어쩌면 당연한 일이었다.

거기에 마지막으로 빼놓을 수 없는 것은 바로 도전의식이었다. 그즈음 업계 관계자들 사이에서, 또 알음알음 구성되어 있는 인적 네트워크 사이에서 회자되기 시작한 것이 바로 해외 진출 문제, 특히 상하이를 중심으로 한 중국 시장으로의 도전이었다. 당시 이미 진출해 있거나 진출을 막 눈앞에 둔 회사들이 있었지만 아직 개척 단계에 있는 것만큼은 분명했다.

시스템 트레이딩이 되냐 안 되냐에 대해서는 종지부를 찍은 지 이미 오래였고, 합리적인 거래 방식으로 뿌리 내린 후 놀라운 성과까지 실현해내던 터라 이제 한번 밖으로 나가볼 만하지 않겠냐는 분위기가 무르익었던 것이다. 업계에서는 언제 어떤 방식으로 나가느냐에 관심을 둘 뿐, 우리 회사의 결단도 기정사실화하는 상황이었다.

2009년을 달군 또 하나의 고민은 바로 투자자문사 설립 문제였다. 이건 정말이지 해외 진출과는 차원이 다른 문제였다. 해외 진출이야 차차 성장하기 위한 교두보 마련이자 거래시장을 다변화하는 측면으로 해석해도 무리가 없겠지만, 투자자문사 설립은 현재의 모습을 완전히 새롭게 탈바꿈하는 것이었다. 더 나아가 공식적인 제도권 진출이자 투자자와 금융계로부터의 평가를 받으며 발전해가겠다는 의미이기도 했다.

직원들의 의견은 대체로 반반이었다. 제도권으로 올라가 본격적으로 한번 해보자는 의견과, 지금껏 남의 이목에 신경 쓰지 않고 우리끼리 조용히 잘해왔는데 자문사는 잘해야 본전에 못하면 망신이라는 의견으로 양분되었다.

주변 지인들은 모조리 부정적이었다. 특히 자문사를 운영하고 있던 선배의 이야기가 재미있었다. 투자자문사를 차리면 결국엔 욕먹어 죽거나 굶어 죽거나 둘 중 하나라는 것이다. 투자 고객과의 관계에서 발생하는 스트레스가 만만치 않고, 평판과 성과 모두를 잡아내야 하는 사업이기 때문에 어느 한쪽의 결과라도 시원치 않으면 회사 문 닫기 딱 좋다는 요지였다. 공감 가는 부분이 많았다. 명함이 필요한 것도 아닌데 왜 굳이 이 길로 들어서려 하느냐며 선배가 되묻기도 했다.

그랬다. 왜 굳이 쉽지 않은 길로 들어서려 했던 걸까? 제도권으로 올라갈 것이냐, 아니면 일명 재야(在野)에 남을 것이냐, 이건 회사의

194

나아갈 방향이자 내 인생을 건 선택이었다. 나름 재야에서 전진해온 나에게 제도권은 정말 강과 바다만큼이나 다른 영역일 수 있었다. 되레 지금껏 쌓아온 많은 것들을 하나씩 잃을지도 몰랐다.

실제로 파생업계에서 나보다 먼저 자문사를 설립해본 친구가 있었다. 바로 'A 사장'이었다. 한창 승승장구하던 그는 보란 듯이 파생 전문 투자자문사를 차렸지만, 딱 1년 만에 라이선스를 자진 반납하며 자문사를 스스로 접었다. 공교롭게도 그렇게 모든 스트레스를 털어내버리고는 다시 비상했다. 미리 경험해본 A 사장은 파생만으로 자문사를 꾸려나가는 것은 힘들다며 진심 어린 충고를 해주었다.

그런데 결국 이런 저런 이유들이 내겐 도전할 만한 가치가 되었다. 뭐랄까, 나는 그냥 또 앞으로 나아가고 싶었다. 아직 인생이란 것이 무엇인지 잘은 모르겠지만 적어도 지금처럼 정체되어 있으면 안 된다고 생각되었다. 그래, 나가자. 조금 더 큰 무대 위로 올라서자.

자문사는 어차피 겪어봐야 할 단계이기도 했고, 건방지게도 아직 나의 전성기는 오지 않았다고 생각했다. 언젠가 찾아올 전성기라면 제도권에서 이루고 싶었다.

또 하나, 주식투자로만 알려진 금융시장에 전혀 다른 상품과 거래 방식이 있다는 것을 알리고 싶었다. 그것도 수많은 사건 사고로 얼룩져 있는 파생상품으로 말이다. 파생거래가 결코 위험하지만은 않으며 오히려 안전한 투자 대안이 될 수 있다고 인식시키고픈 사명감이 들었다. 우리가 어렵사리 일구어낸 시스템을 통해 투자 활동에 기여

하고 싶었고, 우리와 함께한다면 이전보다 편안한 투자를 만끽할 수 있으리라는 확신도 있었다.

2009년이 저물어가던 날, 마침내 나는 해외 진출과 투자자문사란 두 마리 토끼를 잡기로 결정하였다. 2010년의 새해가 뜨면 나에겐 또 한 번의 도전이 펼쳐질 것이었다.

가장 큰 약속 하나

나의 2010년은 한 쌍의 카나리아와 함께 시작되었다. 그러고 보니 나는 어릴 때부터 동물 키우기를 무척이나 좋아했던 것 같다. 한때 열대어를 키우는 재미에 빠지기도 했었는데, 반려동물이든 관상용이든 수많은 동물들을 키워보면서 적어도 동물을 키우는 데는 특별한 기교가 통하지 않는다는 것을 알게 되었다. 한낱 취미일지언정 애정을 갖고 정성껏 키우는 수밖에 없었다.

카나리아. 처음 지인에게서 암수 한 쌍을 선물 받았을 때는 내가 이토록 작은 날짐승에 빠져들게 될 줄은 생각도 하지 못했다. 그러고 보니 고향에서 새끼 부엉이를 키워본 기억이 있다. 둥지를 잃고 추위에 떨고 있는 가녀린 녀석 한 마리를 집에 데려와 키웠던 건데, 무럭무럭 건강히도 자라더니 어느 날 힘찬 날갯짓을 보이며 저 하늘 멀리 날아가버리고 말았다.

"그것 봐라. 야생에서 살아야 할 놈은 그렇게 떠나기 마련이지."

엉뚱한 녀석에게 정성을 쏟았던 내게 하신 아버지의 말씀이었다. 그래도 건강히 살아남아 제 힘껏 날아올랐으니 기분만은 좋았다.

지금까지 천직이라 여긴 트레이딩은 늘 시간과의 싸움이었고, 나 자신과 밀고 당기기를 거듭하는 긴장의 연속이었다. 그러다 보니 잠시나마 모니터에서 눈을 떼 머리를 식힐 수 있는 건전한 취미 생활이 필요했다. 낚시에 재미를 붙여보기도 했지만 도시 한복판에서 그럴 수도 없는 노릇이다. 그런데 카나리아는 이런 점에 있어서도 정말 안성맞춤이었다.

알고 보니 카나리아는 매우 예민한 동물이었다. 그런데 나는 오히려 그런 녀석들이 좋았다. 매일같이 가꾸고 보살펴주며 왠지 모르게 푸근한 부성애를 느꼈고, 아침마다 가녀린 깃털을 단장하는 녀석들이 귀엽기만 했다. 무엇보다 좋은 건 삭막한 도시 공간을 뒤덮을 만큼 아름다운 노랫소리였다. 언제부턴가 나 자신이 스트레스를 받을 때마다 카나리아만 골똘히 쳐다보고 있다는 것을 알게 되었다. 그만큼 카나리아의 매력에 흠뻑 빠져들었던 것이다.

그리고 3월, 또 한 번의 이사를 단행했다. 일단 기존에 두 개의 사무실로 나눠 쓰고 있던 것을 하나로 통합했다. 투자자문사를 시작하기로 한 데 따른 결정이었다. 새롭게 인원도 보강했기에 공간이 더 필요하기도 했다. 마침 입주해 있는 건물 꼭대기에 펜트하우스가 비어 있었다. 인테리어 공사는 한 달씩이나 걸렸는데 새 보금자리로 옮기는 데는 채 하루가 걸리지 않았다. 어쩌다 보니 나의 공간도 조금 더 늘어나 있었다. 게다가 사무실이 구조상 두 부분으로 분리되어 있어 본의 아니게 직원들의 업무 공간과 꽤 떨어져 있게 되었다. 도시 속의 섬 생활이랄까. 나는 나의 공간을 온통 카나리아로 채워나갔다.

그런데 이렇게 투자자문사를 추진해가던 중 모든 진행을 접을 뻔했던 일이 생기고 말았다. 마침 부모님을 모시고 중국 '장가계'란 곳으로 여행을 떠난 시점이었다.

중국 여행 중에 나의 계좌는 속절없이 깨지고 있었다. 연일 맥없이 손실만을 기록했던 것이다. 세 번의 파산을 경험한 후 재기에 성공한 나는 스스로에게 한 가장 큰 약속이 있었다. 개인적으로 전체 자산의 20퍼센트가 깨지면 미련 없이 이 바닥을 떠나기로 다짐했던 것이다. 더도 덜도 아닌 딱 20퍼센트. 언제나 이 마지노선을 깔아두었기에 그 누구보다 잘 질 자신이 있었고, 그렇기에 모든 것을 거는 올인이 가능했다.

나 자신에 대한 이 약속을 가볍게 여겼다면 결코 오늘날의 알바트로스는 없었을 것이다. 그만큼 이 원칙만은 세상 무엇보다 굳건히 지켜왔던 터였다. 그런데 그 한계점이 다가오고 있었다. 상하이에서 비행기를 탈 때는 정확히 전체 자산의 17퍼센트까지 깨지고 있었다. 중국 여행길에 오를 땐 10퍼센트 손실 상황이었는데, 그 며칠 사이에 17퍼센트까지 내려갔으니 추가로 3퍼센트쯤이야 오늘 내일 언제든 무너질 수 있는 상황이었다.

서울행 비행기 안에서 아버지께 나지막이 이 내용을 말씀드렸다. 손실이 정해진 선에 닿으면 저는 미련 없이 시장을 떠날 것인데, 어쩌면 곧 그 선에 닿을지도 모르겠다고. 아쉽지 않겠냐는 말씀엔 최선을 다했기에 전혀 그렇지 않다고 답변 드렸다. 그 대답은 진심이었다.

한창 자문사 설립 중에 있었지만, 자산의 20퍼센트가 깨지며 모든 것이 중지된다면 이를 운명으로 받아들이고 지금까지와는 다른 인생을 살아보고 싶다는 생각도 분명히 있었다. 매일처럼 수억 원의 돈을 잃고 다시 벌기를 반복하는 일상. 언제부터인지 일상의 평온함을 느끼고 싶은 갈망이 커졌나 보다. 이것은 거래에 지친 것과는 또 다른 문제였다.

게다가 부가가치를 창출하는 일을 하고 싶다는 욕구도 무시할 수 없었다. 세상에서 남에게 기쁨을 주지 않고 돈을 버는 사람은 사기꾼, 도둑, 그리고 나 같은 딜러밖에 없지 않을까. 무릇 시장에서 거둔 승리는 그 누군가의 눈물인 법이다.

평생을 교직에 헌신한 아버지께서 내 직업에 갖고 계신 작은 아쉬움도 그런 점에서 비롯되었다. 퇴임 후 뉴질랜드에 있는 선배가 세웠던 장학재단을 운영하고 계신 아버지였다. 당신을 통해 기부란 것도 해보며 살고는 있지만, 당신 말씀이 늘 마음 한구석에 자리 잡고 있는 것도 따지고 보면 나 역시 살다 보니 그런 부분에 조금이나마 눈을 떴기 때문일 것이다.

남보다 너무나 빠른 속도로만 살아온 날들. 분명 마흔이란 나이를 맞아 이런저런 상념이 가득했던 때였다. 계좌가 드라마틱하게 수익을 향해 돌아서길 바라는 마음과 그냥 나머지 3퍼센트를 더 깨져 이 시장을 미련 없이 떠나길 바라는 마음, 내 안에는 이 두 마음이 공존해 있었다. 어떤 마음이 더 컸을까? 어쩌면 후자였을 수도 있다.

하지만 그렇게 반쯤 마음을 정리한 채 서울에 들어오고 난 바로 다음 주가 되자 거짓말같이 계좌는 수익으로 돌아섰고 연일 불꽃을 토해냈다. 마침내 수익의 고점마저 새롭게 갱신하고 말았으니, 단순한 신의 장난이었을까? 아니면 자문사 설립을 앞둔 나의 운명이었을까? 나는 이 일을 새로운 운명으로 받아들일 수밖에 없었다.

어느 날 강남 중심가를 바라보다 문득 내가 여기까지 왔구나 싶었다. 젊은 시절 처음으로 서울 땅을 밟았던 날, 이 넓은 땅덩어리 어디에도 벽돌 한 장 내 것이 없다는 생각에 한숨이 절로 나왔다. 그러나 지금은 강남 한복판 펜트하우스에 서 있다. 하지만 전주 촌놈은 이제부터 다시 시작한다. 새로운 회사 이름도 PK. '필규'라는 내 이름을 걸었고 그만큼 물러설 여지를 없애고자 했다.

會當凌絶頂(회당능절정) 一覽衆山小(일람중산소)

반드시 태산의 정상에 올라

뭇 산이 작음을 내려다보리라.

두보의 싯구 마지막 구절이다. 지금껏 '알바트로스'로 살아온 나.
이제 '성필규'라는 이름 석 자로 내딛는 첫 걸음이다.

PK투자자문

내 이름의 영문 첫 글자를 딴 멋쩍은 이름의 투자자문사는 우여곡
절 끝에 그렇게 시작되었다. 직원들은 제도권 진출에 대한 기대로 한
껏 부풀어 있었지만 주변 사람들은 대체로 조심스럽게 바라보는 눈
치였다. 어떻게 보면 우리는 시작부터 자문업계의 이단아였다. 파생
상품에, 컴퓨터로 매매를 실행한다는 것은 아직까지 자문업계에서도
생소한 측면이 있었기 때문이다.

자문사를 차려보니 세타파워 때보다 이것저것 결정해야 하는 것이
많아졌다. 한번은 직원들이 고객들이 내야 하는 수수료 결정에 대한
논의를 해오기도 했다. '뭐, 그런 건 알아서들 할 수 있는 것 아닌가?'
하고 생각했는데 내용을 살펴보니 이게 단순히 계산기만 두들겨가지
고 결정할 수 있는 문제는 아니었다.

우리의 모토는 고객으로부터 최종 성과인 운용 수익률로 인정받자
는 것이어서 성과수수료는 그런 방침에 맞게 조절하면 되는 것이었

다. 그러나 문제는 기본 수수료였다. 기본 수수료는 돈을 맡길 때 고객이 무조건 지불해야 하는 비용이었다. 나라는 사람이 투자자문사나 증권사와 같은 제도권에는 하루도 있어본 적이 없어서였을까? 이런 구조에 왠지 거부감이 들었다.

식당에 가서 음식을 주지 않는데 돈을 내는 곳도 없고, 극장에 가서 영화를 안 틀어주는데 돈을 낸다면 이 또한 말이 되지 않는다. 그런데 투자업계에는 그런 것이 말이 된다는 얘기였다. 나는 이 기본수수료를 없애고 싶었다. 그런데 결과적으로는 그렇게 하지 못했다. 업계의 관행을 깨고 싶지 않아서였다. 내가 찾은 합일점은, 일단 시작은 튀지 않게 하되 최대한 빠른 시간 안에 뒤집자는 것이었다. 나중에 번 만큼 가져가면 될 일이었다.

'성필규 회장.'

자문사 때문에 나에게 가장 먼저 변한 것이 바로 직함이었다. 지금도 그렇지만 이 소리만 들으면 낯이 간지럽다. 내가 그런데 남들이 들으면 얼마나 웃길까 싶다. 예전 세타파워 시절의 '성 대표'는 나름 샤프하고 멋져 보이는 어감이었는데 '성 회장'은 정말 노땅 같은 느낌이었다. 가뜩이나 백발에 가까운 머리인데 말이다.

사실 이 칭호를 갖게 된 것은 법적인 문제 때문이었다. 금융회사의 대표는 자기 명의의 계좌를 주식, 파생 통틀어서 하나밖에 운용하지 못하게 법으로 묶여 있었다. 나는 수도 없이 많은 시스템을 여러 방식으로 운용하고 있었기 때문에 하나의 계좌만 가질 수는 없는 노릇이었다. 여러 경로를 통해 자문해보니 회장은 그런 제약에 영향을 받지 않는다고 했다. 나로서는 선택의 여지가 없었다. 울며 겨자 먹기로 회장 직함을 내가 떠안고 대표이사 자리는 장 실장이 맡게 되었다. 한동안 이 호칭에 적응하지 못해 매우 어색했다. 그렇다고 만나는 분들마다 이런 배경을 설명할 수도 없는 노릇이었다. 그래, 동문 회장도 회장이고 산악회 회장도 회장이다. 그렇게 편하게 생각하기로 했다.

그리고 대표이사의 자리는 장준호에게 주어진 또 다른 책무였다. 또한 지금까지 함께 일궈온 결실이기도 했다. 장준호. 그는 내가 힘들고 고통스러웠을 때부터 늘 내 곁을 지켜주었고, 주말이든 공휴일이든 어느 날이건 단 하루도 쉬지 않고 사무실에 나와 자리를 지켜주었다. 끊임없이 미궁 속에서 해결책을 찾아 나설 때는 머리를 맞대어주었으며, 특히나 회사의 기술적인 부분에 그의 노력과 책임감이 배어 있지 않은 곳이 없었다. 그러고 보니 일과 관련한 나의 스트레스를 묵묵히 받아준 사람도, 내가 공포에 사로잡혀 있을 때 다시금 중심을 잡을 수 있도록 제 역할에 충실해준 사람 역시 그였다. 내게는 결코 그 어떤 것으로도 환산할 수 없는 존재였다. 그렇게 그와 나는 각각 새로운 직함과 책임을 안고 출발점에 다시 서게 된 것이다.

"회사 홈페이지를 만드는 데 촬영이 필요합니다."

회장이란 직함으로 팠던 명함에 잉크도 채 마르지 않았는데, 이번엔 홈페이지를 만든다고 법석이었다. 그런 것을 꼭 만들어야 하는지 혼자 투덜거리기도 했다. 그런데 자문사에서는 의무사항이라 꼭 만들어야 한다는 얘기였다. 이전 회사처럼 조용히 일해나갈 수는 없겠구나, 하는 생각이 들기 시작했다.

영상 촬영만 해도 꼬박 며칠이 걸렸다. 이건 뭐 처음부터 끝까지 내 영상으로 도배를 할 판이었다. 이렇게까지 해야 하나 푸념을 하니 그나마 회사에서 내세울 만한 게 내 얼굴밖에 없다고 한다. 직원들 얘기를 듣고 보니 정말 그랬다. 우리 회사에는 흔하디흔한 증권사 경력이 있는 직원도 한 명이 없었다. 한마디로 외인구단이었다.

"카나리아한테 모이 좀 줘보세요."

"모니터 앞에 앉아보세요."

"이리 서봐요, 저리 서보세요."

촬영기사의 요구에 진이 다 빠지고 말았다. 그렇게 찍어가지고 어떻게 써먹나 궁금했다. 그래도 나중에 완성된 홈페이지를 보니 상당히 그럴 듯하게 나오긴 했다. 이런 것이 편집의 힘인지, 고향에 계신 부모님께서 내용을 보고는 재미있어 하셨다. 재미있자고 만든 것은 아니었는데 말이다.

그 즈음, 치킨집 차리자마자 조류독감 맞은 꼴을 당해야 했다. 파생에 대한 안 좋은 뉴스가 연일 언론을 도배했다. 한창 홈페이지 단장하고 있던 차에 무슨 날벼락인가 싶었다.

'고속버스터미널 폭탄 사건'
'유명 스포츠 선수 파생 피해 사건'
'11월 11일 운용사 파산 사건'
'금감원 ELW 시장 조사'
'시스템 트레이딩 사기 행각 발각'

좌우지간 연일 사건 사고였고 파생은 온통 도박, 깡통, 패가망신이
란 얘기뿐이었다. 그때 언론의 인터뷰 요청이 들어오기 시작했다. 하
필 이럴 때 인터뷰 요청이 오는 것인지, 못내 답답했지만 나는 파생
에 대한 안 좋은 인식 앞에 또다시 나서야 했다. 회사에서 나 말고는
그런 자리에 나갈 수 있는 사람도 없었고, 나 자신도 파생거래에 대
한 편견들을 조금이나마 해소하고 싶었다.
　예상대로 인터뷰마다 파생거래의 위험에 대한 질문이 빠지지 않았
다. 파생거래라고 무턱대고 위험한 것이 아니라는 메시지를 전하려
고 진땀을 빼야 했다. 그렇다고 내 말이 곧이곧대로 이해되지는 않을
것이었다. 세간의 인식을 바꾸는 데는 많은 시간이 필요한 법이니 말
이다.

'투기꾼'이라는 이미지

파생에 대한 인식보다 더 나쁜 것은 바로 파생거래를 해서 수익을 낸 사람들에 대한 선입견이다. 파생의 수익이 누군가의 손실에서 비롯된다는 것이 가장 큰 이유다. 그런 면에서 나 또한 '투기꾼'이란 오명에서 벗어나기가 쉽지 않았다.

한번은 이런 일이 있었다. 4년 전에 증권사 임원분의 소개로 나를 인터뷰하러 온 기자가 한 명 있었는데, 사정상 인터뷰를 정중히 거절하면서 그래도 먼 거리 오셨으니 저녁이라도 먹자는 나의 제안에 자리를 이동하게 되었다. 식당까지 가는 길에는 내 차를 같이 타게 되었다. 그리고 그날 우리는 좋은 분위기에서 식사를 마치고 헤어졌다. 그런데 사건은 그날로부터 한참 후에 일어났다. 그 일이 있고 나서 3년 가까이 지난 후, 그때 그 기자가 나에게 다시 인터뷰를 청해온 것이다. 4년 전에는 내가 개인 회사의 대표일 뿐이었기에 인터뷰 같은 것에 굳이 응할 필요가 없었지만 이제 자문사 오너로서 회사를 알리기 위해서라도 별 수 없던 차였다. 그러던 중 기자가 인터뷰와는 상관없이 사적인 내용을 질문해왔다.

"그때 그 차 아직도 타세요?"

"네, 차종은 그대로고, 차만 다른 걸로 바꿨습니다."

그런데 이 한마디 대답이 화근이 되었다.

'가수 임재범 필(feel)의 벤틀리 타고 다니는 투자고수'

그 다음날 인터넷 포털 메인 화면에 내 사진과 함께 이런 제목의 글이 떡하니 뜬 것이었다. 정말 부끄럽고 당황스러워서 말도 나오지 않았다. 연예인 닮았다는 말이야 웃어넘긴다고 쳐도 마치 내 입으로 내 차가 뭐라고 떠든 사람마냥 인식될 만큼의 자극적인 포장엔 혀를 내두를 수밖에 없었다. 포털 사이트 메인 화면의 위력을 난 그날 처음 알았다. 20년 전 친구들에게서까지 문자와 메일이 쇄도했다.

그날 인터넷 댓글은 실로 가관이었다. 네티즌들이 나에게 돌을 던지기 바빴다. 나는 이미 개미들의 피를 빨아 고가 수입차나 끌고 다니며 수익률을 뻐기는 희대의 투기꾼으로 전락해 있었다. 나는 언론사들의 자극적인 제목과 기사 내용을 이때 실감했고, 그것이 또 그들의 업무임을 알게 되었다. 그 후로 언론 인터뷰는 모두 피하게 되었다. 그러나 그런 돌팔매질도 '결국 파생거래를 하는 사람은 모두 투기꾼'이라는 오해에서 비롯된 것일지도 모른다.

이런 일들이 모두 자문업에 뛰어들자마자 시시각각 내가 겪어야 했던 일이었다. 분명히 나와 나를 둘러싼 환경은 하나씩 달라져가고 있었다. '길을 아는 자와 걷는 자의 차이'. 영화 매트릭스의 명대사다. 2010년 투자자문업에 뛰어들고 나서 나는 또다시 그 차이를 실감하게 되었다. 새로운 길을 걷는다는 것은 그리 쉬운 일이 아니었다.

투자는 내가 가진 원칙과 계획대로 실행하면 그뿐이었다. 하지만 고객의 돈을 관리해야 하는 투자자문사 입장에서는 처음부터 모든 것을 설명해야 하는 번거로움에 더해, 파생거래에 대한 부정적인 선입견과도 싸워야 하는 이중고가 기다리고 있었다. 또한 트레이더로서의 내 자존심까지 상처 입어야 하는 상황도 적지 않았다.

그러고 보니 난 어릴 적부터 자존심 하나만큼은 지독하리만큼 강했다. 좀처럼 고개를 숙이는 법이 없었고, 그런 일을 저질러도 어지간해선 승복하지 않았다. 교직에 계신 부모님이 학교에 자주 불려다니신 이유도 마찬가지였고, 정작 성인이 되어 빚에 허덕일 때도 술값만큼은 내가 계산했을 만큼 얻어먹는 것을 싫어했다.

한번은 이런 일이 있었다. 모 유명 증권방송에서 프로그램을 새로하나 시작하게 되었다. 나름 이름 있는 강사들이 모였고, 매일 한 코너씩 번갈아가면서 강연을 하는 것이었다. 그런데 다함께 모인 첫 자리에서 담당 피디가 강사들과 상의도 없이 자기들 마음대로 방송 요일을 정해주는 것이었다.

이런 일정은 강사들과 협의해서 정하는 것이 정상이 아닌가. 나는 황당했다. 내가 피디에게 절차상의 문제점을 이야기하자 오히려 나를 이상하게 바라보았다. 누구도 말하지 않는 것을 왜 당신만 그러느냐는 눈빛. 나는 바로 자리를 털고 나왔다. 트레이더로서의 자존심도 있었고 전문가를 우습게 보는 행태를 용납할 수 없었다. 더욱 화가났던 것은 그러한 굴욕을 감내하고 있는 다른 강사들이었다. 그런 모습들이 결국 이런 일을 불러왔다고 생각했다.

그런 나였다. 특히 돈 앞에서 자존심을 구기는 것만큼은 참기 어려웠다. 나는 여태껏 살아오면서 운용 자금을 구하러 다닌 적이 없다. 대개 떠밀리다시피 투자금을 받았고 그것도 맡기 싫어 돌려세우기 일쑤였다. 그런 내가 투자 설명을 해야 하고 마케팅에 익숙해져야 하는 것이었다. 내가 익숙하고 잘할 수 있는 것은 거래 자체이지 결코 마케팅은 아니라는 생각이 새삼스럽게 들었다. 여러 차례 자문사 일로 투자 설명회와 강연에 불려 다닐 때도 그런 기분을 떨쳐내기 어려웠다.

이래저래 몇 번의 투자 설명회와 두어 번의 방송 인터뷰를 끝마치고 나니 계절은 서서히 더운 여름을 지나 가을로 접어들고 있었다. 자문사도 조금씩 자리를 잡아가는가 싶었다. 자문사 허가는 8월에 이미 받아두었지만 사실상 투자 고객을 받기 시작한 것은 9월이 되고부터였다.

전체적으로 자문사는 순조롭게 출발하고 있었지만 나의 신경은 나도 모르게 꽤 예민해져 있었다. 그러다 보니 직원들을 다그치는 일도 잦았다. 이유는 간단했다. 자문사에서 담당자의 실수는 자칫 고객의 손실로 직결되는 법이다. 항상 긴장을 늦춰서는 안 되었고 이러한 마음가짐을 회사 내에 단단히 심어둬야만 했다. 그러다 보니 수시로 날카로워지기 일쑤였던 것 같다.

"성 대표, 자문사 차리기만 하면 돈 싸들고 가서 투자할 테니까 거절하지 말고 받아줘."

그러고 보니 자문사를 차리기 전에 모두 이구동성으로 한 얘기가 있었다. 돈을 들고 달려오겠다는 이야기들. 그렇지만 대부분 뜸을 들였다. 큰돈일수록 신중하게 움직인다는 것을 새삼 깨달았다. 수탁고는 예상보다 천천히 채워지고 있었다.

신기하게도 가장 먼저 회사의 문을 두드린 일반 고객은 아흔에 가까운 C 할머니셨다. 사실 이분은 2년 전 세타파워 때도 몇 번 찾아오셨던 분이었다. 당시 당신의 유산으로 생각하신 자금을 가장 잘 운용할 수 있는 곳을 찾아 수소문 끝에 우리를 찾아왔던 터였다.

감히 그런 자금을 맡을 수는 없었다. 우리는 번번이 거절했다. 그러던 그분이 내가 자문사를 차렸다는 소식을 듣고 한달음에 찾아오신 것이다. 사실 나이가 많다고 파생거래가 불가한 것은 아니다. 하지만 나이는 사람을 보수적으로 만들기 마련이다. 돈에 관한 보수적인 성향은 기본적으로 파생과는 맞지 않다. 더군다나 자금의 성격도 선뜻 받아들이기엔 무리가 있어 보였다. 그렇기에 우리는 이 할머니와 상당히 긴 얘기를 나눠야 했다.

하지만 그분의 의지는 확고했고 마침내 C 할머니는 우리의 고객이 되었다. 고마워해야 할 쪽은 우리인데 오히려 우리에게 고마워하셨다. 오랜 동안 생각을 거듭하며 우리를 찾아온 그분에게 나는 일말의 책임감을 느꼈다. 타인의 자금을 맡는다는 것은 부담스럽고도 숙연한 과정이었다.

"조 부장, 우리 할머니 계좌 특별히 더 신경 써드리도록 해."

C 할머니 앞에서 장 대표가 하는 말이었다. 물론 그럴 수는 없다.

모든 고객의 돈은 평등하기 때문에 상대적인 유불리가 있어선 안 된다. 공정한 운용은 금융회사로서의 기본 원칙이다. 그러니 장 대표의 이 말은 할머니에 대한 공경이자 배려였다. 어쨌든 자문사는 한 분 한 분 새로운 인연을 맺어나갔고, 안면조차 없던 고객들이 늘기 시작하면서 나도 이 제도권이란 영역에 뛰어들었다는 사실을 비로소 체감할 수 있었다.

그러던 어느 날, 자문사로 투자 고객들이 하나 둘씩 발길을 주는 가운데 나의 눈살을 찌푸리게 하는 사건이 발생하고 말았다. 바로 앞에서도 언급했던 11월 11일 도이치뱅크 사건이었다. 내가 이 사건을 곱게 넘기지 못했던 이유는 바로 언론의 보도 행태 때문이었다.

'499배 풋옵션 대박'

파생과 관련한 기사는 늘 이런 식의 자극적인 제목으로 시작된다. 사건의 본질은 호도한 채 호기심만 불러일으키는 자극적인 기사는 결국 파생시장을 도박판으로 몰고 갈 뿐이다. 귀가 솔깃해진 투자자들의 그릇된 판단을 오히려 부추기기 때문이다.

'499배의 대박이 터졌다. 최저가 1,000원에 잡은 풋옵션을 쥐고 있다가 결제를 감행했다면 49만 9,000원의 순수익을 올릴 수 있었다. 100만 원만 투자했어도 4억 9,900만 원, 1,000만 원을 투자했다면 자그마치 49억 9,000만 원이라는 로또 못지않은 수익을 낼 수 있었던 기회였다.'

기사 내용 또한 늘 이런 식이다. 한번 생각해보자. 종일 변화하는 시세 속에서 최저 가격을 잡아내는 것도 억지스럽지만 설령 그런 가격에 잡을 수 있었다 하더라도 이건 털어내지 못하고 '물린 것'이지 냉정한 판단이 깔린 투자였다고 말할 수는 없는 법이다. 그런 식의 언급은 주가지수 최저점에 사서 최고점에 팔면 돈 번다는 얘기와 하등 다를 바가 없다.

게다가 그런 희박한 확률의 거래에 수백, 수천만 원씩 투자하는 사람이 몇이나 있을까? 기껏 몇천, 몇만 원이 대부분이라고 보는 것이 합당할 것이다. 그리고 설령 공격적인 베팅을 감행했다손 쳐도 그렇게나 희박한 확률의 베팅을 과연 올바른 투자행위라고 해야 할까?

결코 이 사건의 본질이 '대박'에 있던 것은 아니다. 핵심은 '불공정 거래'였고 시장 교란에 대한 엄중한 책임을 물어야 하는 사건이었다. 결국 언론은 언론답게 이에 대한 여론을 환기시키고 사건의 전모를 찬찬히 파헤쳐야 했다. 언론이 하지 않으면 누가 그 역할을 할 것인가. 문제는 파생과 관련해 이런 일이 발생할 때마다 자극적이고 본질을 곡해하는 기사가 늘 있어왔다는 점이다. 건전한 시장과 투자 문화에 언론의 역할은 절대적이다. 이제부터라도 언론의 바람직한 역할을 기대하고 싶다.

가격은 이미 모든 것을 반영하고 있다

세간을 떠들썩하게 했던 11월 11일의 사건이 서서히 잊혀갈 무렵, 그간 조용히 타진해왔던 해외 진출이 본격적으로 가시화되고 있었다. 우리가 선택한 해외 진출 첫 무대는 중국 상하이였다. 사실 상하이 진출은 여러 선택지 중 고민 끝에 내린 결정이었다. 미국이나 싱가포르, 홍콩 등 전반적으로 진출 여건이 잘 갖춰진 곳들이 이미 있었기 때문이다. 무엇보다 중국이 갖춘 사회주의 국가란 틀은 결코 무시할 수 없는 불안 요소였다.

해외 진출에서 그 나라가 지닌 법과 제도, 관습, 문화 등 내재된 발전 가능성과 별개로 꼼꼼히 따져봐야 할 것이 많았다. 자본주의 시장에 관한 역사가 짧은 곳이다 보니 위험이나 제약 사항도 많았지만 역시 상하이를 중심으로 한 신흥 시장으로서의 잠재력은 무궁무진해 보였다.

그런 판단으로 하나씩 준비해갔던 상하이 법인이 제 모습을 갖춰나가고 있었다. 이제 이 법인의 준비가 모두 끝나면 우리의 해외 진출에 새로운 교두보가 되어줄 것이다. 그러고 보면 시스템 트레이딩에 관련된 기술과 인프라는 모두 해외에서 시작되고 발전되어 국내로 들어왔는데, 이젠 역으로 한국의 업체들이 이 거래 기술을 갖고 밖으로 나가고 있다. PK투자자문도 드디어 이런 조류에 참여하게 된 것이다. 상하이는 우리에게 그 출발점이나 마찬가지였다.

나는 그때까지 상하이를 직접 방문하지는 않았었다. 하지만 방문을 계속 미룰 수 있는 상황이 아니어서, 일단 자문사 일정이 비어 있는 스케줄에 맞춰 상하이 출장 일정을 잡았다. 2박 3일간의 출장이었다. 그런데 하필 출국이 예정되어 있던 날에 감기 몸살로 몸져 눕게 되었다. 심한 오한이었다. 할 수 없이 함께 출발하기로 했던 장 대표와 다른 직원만 먼저 떠났고, 그 후에 나도 다행히 차도가 있어 다음 날 일찍 바다를 건널 수 있었다.

처음 가본 상하이는 그야말로 놀라움 자체였다. 그전 장가계를 관광할 때 잠시 공항에 들러본 기억은 있었으나 상하이 도시를 둘러본 것은 이때가 처음이었다. 상하이의 사이즈는 그야말로 속칭 '대박'이었다. 국제도시란 위상은 알고 있었지만 정말 그 규모엔 혀를 내두를 수밖에 없었다. 무엇보다 건물들이 내뿜는 위용이 압권이었다. 강남의 건물들은 상하이에 비할 바가 아니었다. 상하이에 돈이 몰려 있다더니 그럴 만하다 싶었다.

첫날밤에는 상하이 야경을 구경하기 가장 좋은 곳을 찾아보았다. 이구동성 추천하는 곳이 리츠칼튼 호텔 꼭대기 층이었다. 직원들과 함께 기대를 한껏 품은 채 가보았다. 정상에서 내려다본 야경은 이루 형언할 수 없는 감동이었다. 야경이라면 예전에 한동안 여의도에 머물며 한껏 만끽하기도 했고 지금도 강남 한복판의 결코 낮다고 할 수 없는 높이에서 감상하곤 하지만 이곳에서 내려다본 야경은 그 위용이나 아름다움에서 차원이 달랐다.

문득 익숙한 글자가 시야에 들어왔다. 상하이 한복판 가장 높은 빌딩 중 한 곳에 들어서 있는 미래에셋증권의 간판이었다. 이야기를 들어보니 그 빌딩은 미래에셋이 인수한 것이었다. 분명 한국 금융의 발자취가 이곳 상하이에 조금씩 뿌리내리고 있었다. 부러웠고 동시에 자랑스러웠다. 나는 시야를 한껏 넓히며 나도 모르게 내 자신을 둘러싸온 좁은 틀을 깨고 있었다. 상하이 방문은 그런 경험만으로도 큰 의미로 남을 터였다.

그러한 기분에 취해서였을까? 나는 최고급 와인 한 병을 주문했다. 오랜만에 느껴보는 가슴 두근거리는 감정을 와인 한 잔에 담아 직원들과 함께하고 싶었다. 발그레 올라오는 취기가 야경과 어우러지고 있었다. 하지만 나는 새롭게 마음을 다지고 있었다. 어쩌면 오랜만에 내 안 깊은 곳에서 새롭게 승부욕이 발동하고 있었는지도 모르겠다. 세상은 더욱 넓어지고 있었다. 이젠 한국이라는 무대에 안주해서는 안 되겠다는 생각이 들었다.

음식이 입맛에 맞지 않은 탓에 우리 일행은 북한 식당인 '평양 고려관'이라는 곳으로 향했다. 그곳에서 처음으로 북한 사람들을 만나보았다. 처음 먹어본 북한 음식은 신기한 것도 많았지만 그래도 입맛엔 한결 잘 맞았다. 이국땅에서 몇 끼 만에 처음으로 밥다운 밥을 먹은 셈이다.

헌데 음식을 하나씩 소개해주는 종업원들마다 '조국에서 온 재료'

라는 표현을 즐겨 쓰고 있었고, 하도 그 표현이 재미있어 넌지시 말을 한 번 건네게 되었다. 마침 이(李) 씨 성을 가진 아가씨가 있기에 본가가 어디인지 물어보았더니 반갑게도 '전주 이 씨'라고 대답을 해주었다. "내가 바로 그 전주에서 온 사람"이라며 남남북녀가 화기애애하게 이야기꽃을 피우고 있던 찰나 서울의 조 부장에게서 로밍 전화 한 통이 왔다.

"회장님, 지금 연평도에서 북한하고 포격전이 있었습니다. 이거 전쟁이라도 날 판이에요."

장 막판 몇 분을 남긴 시점에 북의 도발과 우리의 대응 사격이 있었던 것이다. 그날이 바로 11월 23일 연평도 포격 사건이 발생한 날이었다. 공교롭게도 그 시각에 나는 다름 아닌 북한 출신의 종업원들과 대화를 하고 있던 셈이다. 어쨌든 포격 소식에 순간 주변 분위기는 묘해지고 말았다. 이것이 중국 상하이에서 내가 겪은 남과 북의 현실이었다.

나라 밖에 있을 때 나라 안에 그런 일이 터지니 정말 이상한 기분이었다. 중국에서도 이 사건이 제법 심각했는지 그날 저녁 호텔의 현지 TV에서도 연신 관련 내용을 내보내고 있었다. 내용은 알아들을 수 없었지만 검은 연기로 자욱한 연평도 사진은 계속 나오고 있었다.

긴장감이 감돌긴 했지만 일단 서로의 포격은 멈춰 있는 상황이었고 최소한 귀국은 할 수 있겠다는 생각이 들었다. 정말 전쟁이 가능한 것일까? 시장은 열릴 수 있을까? 외국인의 주식 비중이 이렇게 높은 상황에서 그들은 어떻게 대처할 것인가? 나의 궁금증은 철저하게 금융인으로서의 궁금증이었다. 무엇보다 다음날 시장이 어떻게 반응할지 자못 긴장되었다. '아마도 크게 하락하겠지.' 지극히 상식적인 나의 생각이었다. 상하이의 마지막 밤을 그렇게 뒤척이면서 지새웠다.

다음 날 아침에 스마트폰을 통해 본 국내 기사들은 온통 전쟁이 코앞인 상황이었다. 혼란스러웠다. 드디어 개장. 시장은 열리자마자 예상대로 꽤 큰 폭으로 하락했다. 다만 언론의 대서특필에 비하면 전일 대비 2.33퍼센트 하락은 좀 약한 느낌이었다. 그래도 분명 만만히 볼 수 없는 하락폭이었다.

헌데 우리의 시스템은 모두 매수 쪽을 가리키기 시작했다. 게다가 황당하게도 몇 년 만에 처음으로 가장 많은 매수 신호가 발생하기까지 했다. 2008년 이후로 최대의 선물 매수 물량을 보유한 것이다. 아무리 생각해도 비상식적인 상황이었다. 아침에 내가 봤던 국내 신문들만 보면 전쟁이 코앞에 다가온 판국이었다. 시장에서 이런 저런 경험을 모두 다 한 나로서도 납득하기 힘든 현상이었다.

회사에서 전화가 왔다. 이런 상황에서 매수에 포지션이 왕창 몰려버리니 직원들도 자못 긴장되었던 것이다. 아무리 프로그램에 맡기는 원칙적인 매매를 한다지만, 이런 상황에선 일단 물량을 줄이고 봐야 하지 않겠냐는 직원들의 의견이 있었다.

순간 나도 마냥 초연해할 수만은 없었다. 망설였다. 여태껏 경험해

보지 않은 초유의 사태 앞에서 나도 어찌해야 좋은 건지 쉽게 판단이 서질 않았다. 어느 것이 정답인지 알 수가 없었다. 가슴은 위험을 줄이기 위해서라도 정리하라 하고 머리는 시스템을 믿으라 했다. 문득 몇 가지 뉴스에 의해서 움직였던 날들의 지수 흐름이 기억났다. 노무현 대통령 탄핵, 중국발 금리 인상, 북한의 핵실험.

모두 장중에 큰 폭의 하락을 했고 장 마감 무렵에는 상당 부분 회복을 시켜놓으며 마무리되었던 흐름이었다. 즉 뉴스에 의한 시세는 연속성이 없는 편이다. 그런데 그때는 모두 장중에 발생한 뉴스였다. 그리고 방향은 아래였다. 지금은 장중이 아닌 이미 전일 발생한 뉴스였다. 그리고 당연히 아래로 가야 할 듯한데 오히려 위로 움직이고 있었다. 나의 머리가 초스피드로 움직이기 시작했다. 순간 떠오른 것은 '기본으로 돌아가자.'였다.

'가격은 이미 모든 것을 반영하고 있다.'

거래에 관한 한 우리는 대원칙이 있었다. 가격을 믿고 그 가격의 흐름을 인정하는 것. 우리가 추세를 따르는 거래를 하는 데는 그러한 바탕이 있기 때문이었다.

'그래 믿자. 가격을 믿어야 한다. 그리고 우리의 시스템을 믿어야 한다.'

결단을 내렸다.

"우리는 그대로 간다. 흔들리지 말자."

이것이 내가 상하이에서 해줄 수 있는 얘기의 전부였다. 그리고 내 스스로에 대한 또 한 번의 다짐이기도 했다. 그 원론적인 믿음엔 보답이 있었다. 바로 이날 우리는 2010년 최대의 수익을 기록하게 되었다. 연평도 사건이 터졌던 바로 다음날 시장의 상승에 많은 것을 걸어 최대 수익을 내다니…. 시장의 난관이자 묘미는 늘 이러한 아이러니였다. 다소 아쉬웠던 점은 자문사를 막 등록한 후였기 때문에 이 성과를 나눌 고객이 몇 분 없었다는 점이었다.

여담이지만, 시스템 트레이딩 업계의 많은 업체들이 이날의 극단적인 상황을 받아들이지 못한 나머지 일을 그르치고 말았다고 한다. 너무나 비상식적인 상황에 자신들의 시스템을 믿지 못했고, 그러한 나머지 인위적인 개입을 하여 수익을 놓치거나 큰 손실을 내고 말았다는 것이다. 그리고 보면 이날의 사건이 이쪽 시스템 업계엔 두고두고 곱씹어봐야 할 시사점을 하나 남긴 셈이다.

상하이 출장을 마치고 와보니 자문사 첫 고객의 계좌를 운용하기 시작한 지 두 달 정도가 흘러가고 있었다. 그런데 그 계좌는 벌써 만만치 않은 수익을 내고 있었다. 운때를 잘 타고 가는 좋은 고객이다. 첫 시작부터 별다른 손실 구간을 보지 않고 수익으로 뻗어나가는 계좌를 나는 '돈이 붙는 계좌'라고 말한다. 오랜 기간의 경험상 분명 돈이 붙는 계좌는 있다. 나는 돈을 버는 데 있어 '운때'라는 것이 분명 있다고 믿는 편이다. 돈이 붙는 계좌는 이러한 운때를 확실하게 자기 것으로 만들기 마련이다.

신기하게도 사람들은 첫 순간부터 수익을 맛보아야 한결 마음이 가벼워지는 것 같다. 물론 나도 마찬가지다. 하지만 손실을 만회해나가는 것보다 수익을 잃어가는 것이 더 지켜보기 괴롭다는 사실도 알아야 한다. 수익을 다시 시장에 돌려주는 것은 그것은 수확한 씨앗을 밭에 다시 뿌리는 것과 같다. 투자를 길게 바라봐야 하는 이유도 바로 여기에 있다.

조금씩 날씨가 을씨년스러워질 무렵이 되자 세무조사가 나를 기다리고 있었다. 말로만 들어보던 세무조사를 난생 처음으로 받게 된 것이어서 기분이 묘했다. 그것도 회사가 아닌, 순전히 나 개인에 대한 조사였다. 떳떳하지 못할 것은 없었지만 단어가 주는 어감은 그다지 좋지 않았다.

"대체 거래만으로 이렇게 많은 수익이 가능한 겁니까?"

담당 세무사가 직접 눈으로 보고 놀라는 눈치였다. 나도 그때 처음 알았다. 내가 이 시장에서 거래를 통해서 얼마나 수익을 냈는지 말이다.

약간 번거롭긴 했으나 그렇게 조사는 마무리되었다. 조사를 끝내고 세무서에서는 나의 자산이 순전히 거래에 의해 생긴 것이라는 점을 증명해주는 서류를 하나 보내주었다.

그러고 나서 주위를 둘러보니 다들 한 해를 마무리하는 분위기로 한창 들떠 있었다. 서서히 2010년의 해가 지고 2011년의 해가 떠오르려 하고 있었다. 2010년은 자문사를 시작한 해였으니, 돌아오는

2011년은 자문사로서 맞는 첫해가 되는 셈이었다.

　새해의 시작과 더불어 주력했던 일은 랩어카운트(Wrap Account) 상품을 만드는 일이었다. 모 운용사가 주체가 되어 개발 중이던 랩어카운트 상품에 우리 회사의 수익 모델이 상당히 잘 어울린다고 하여 우리도 자문사 자격으로서 상품 설계에 참여할 수 있었던 것이다. 준비도 꽤 순조롭게 풀려서 업계의 예상보다 빠른 새해 첫 달에 상품이 출시될 수 있었다.

　상품 운용이 시작된 이후 두 달 정도는 순조로운 성과를 보이고 있었다. 주가지수는 잠시 주춤하던 상황이었는데 반해 우리 쪽 상품은 그런대로 좋은 흐름을 유지해나간 것이다. 하지만 두 달이 지난 시점이 되자 상황은 반대로 흐르기 시작했다. 주가지수가 반등에 성공하며 조금씩 상승해나가는 데 반해 우리 쪽 랩 상품은 조금씩 손실로 들어서고 있었던 것이다. 하나둘 투자자들의 불만이 나오기 시작했고, 상품 관계자들도 투자자들의 성화에 동요되기 시작했다. 나는 상품 판매를 담당했던 증권사로부터 상품의 성적 부진에 대한 상황 해명을 요구받게 되었다. 우리가 자문사 자격으로 참여한 지 불과 몇 달도 되지 않아 생긴 일이었으니 마라톤으로 치면 이제 겨우 몇 킬로미터밖에 달리지 않은 셈이었다.

　상품의 부진에 대한 나의 해명은 그분들에게 별 소용이 없었다. 간접 투자 산업이 엄연한 서비스업이라는 것을 다시 실감할 수밖에 없었다. 증권사 측으로서는 일단 고객의 불만을 달래주기 위해서라도 단기적으로 상황이 바뀔 수 있는 특단의 대책이 있는지를 궁금해 하는 것 같았다. 하지만 투자라는 것은 꾸준히 시간을 들여 해결해나가야 되는 것이었다.

　나로서는 자존심을 굽히며 하고 싶은 얘기를 다 할 수 없거나, 내가 옳다고 생각하는 대로만 밀고 나갈 수 없는 이 같은 상황이 제일 곤혹스러웠다. 거래에 대한 나의 자존심은 꽤 센 편이어서 이 시장에 뛰어든 이후로 한 번도 누군가에게 '내게 돈을 맡겨 달라.'고 해본 적이 없었다. 내가 하는 방식이 옳고 그 결과가 좋다면 알아서들 찾아올 것이었다. 그것이 내 얄팍한 내 자존심인 동시에 자랑이기도 했다. 돈 냄새라는 것이 있긴 있는 건지 돈이 되는 곳이면 사람이 모이기 마련이었다. 내가 한창 좋은 성과를 올리고 있을 당시에도 어떻게들 알았는지 무수히 많은 분들이 나를 찾아왔었다. 물론 세타파워 때의 일이다. 그때는 정말 거절하기 힘든 지인들을 제외하고는 어느 분의 돈도 맡지 않았었다.

　하지만 자문사를 차린 후에는 입장이 확 바뀌어버린 것이었다. 나는 이전부터 갑을 이런 관계들을 매우 싫어했다. 갑도 싫고, 을도 싫고. 그저 나는 자유로운 영혼이 되길 원했는지도 모른다. 그런데 자문사를 맡고 보니 내 자신이 완벽한 을의 위치에 놓여 있다는 것을 분명히 알게 되었다. 이 일로 증권사에 불려 다니다시피 하다 보니 더더욱 그런 감정이 들게 된 것 같았다.

한번은 모 증권사 지점장님께서 본인 고객 중에 5억 정도를 위탁하시려는 분이 있으니, 직접 와서 설명해달라는 부탁을 해왔다. 물론 나는 거절했고, 그쪽에서는 이런 일이 처음이었는지 무척 낯설어했다. 결코 그분의 제안이 부담스러웠던 것은 아니었다. 나는 다만 나를 설명하면서까지 투자를 받고 싶지 않았을 뿐이다.

우리 직원들은 너무나 잘 아는 사실이지만, 나는 자문사를 통해서 내 돈을 벌고자 했던 것이 아니었다. 하루에 움직이는 내 돈의 손익을 안다면 내가 자문사로 뭔가 돈 되는 일을 하려 했던 것이 아님을 잘 알 수 있을 것이다.

자문사를 통해 하고자 했던 나의 계획은 재야에서 이룬 것을 제도권에서도 한번 보여주고 싶다는 것이었다. 주식만이 투자의 전부라 믿는 현실 속에서 그와 다른 것이 있음을 보여주고 알려주고 싶었던 것인데, 초반부터 많은 벽을 느끼고 말았다. 물론 실력과 실적으로 극복해야 하는 일이었지만, 생각보다 난관이 많아 힘이 들었다.

고객과 관계자들의 푸념이 좀처럼 가라앉지 않던 가운데 8월이 되자마자 갑자기 미국의 신용등급 강등이란 초대형 사건이 터지고 말았다. 정말 시장은 알 수 없다. 세계의 리더를 자임하는 미국에 대한 평가가 바뀌어버린 이 전대미문의 사건은 미국 부도설과 제2의 리먼 사태에 대한 두려움으로 번지며 연일 시장을 강타하기 시작했다. 2년간 거침없이 치솟았던 지수는 불과 한 주 만에 500포인트 가까이 폭락했는데, 때마침 우리의 상품들은 이 기회를 놓치지 않았고 폭락하는 지수와는 다르게 수익을 올리고 있었다. 그러자 갑자기 언론이 우리의 상품에 주목하기 시작했다. 이것도 격세지감이라고 해야 할지 모를 일이다.

이때 다시 고객이 늘기 시작했다. 그러면서 느낀 것이 투자에 대한 고객들의 마인드였다. 누군가에게 자금을 맡겨 운용하려는 분들은 딱 두 가지 사실만 알면 된다. 수익은 곧 위험과 같다는 것, 그리고 내가 견딜 수 있는 위험 수준이 얼마인가 하는 것. 잘 알려져 있는 얘기 같지만 가장 중요한 내용이기도 하다.

투자자가 운용자에게 정확히 알려야 하는 것은 본인이 견딜 수 있는 선이다. 그러나 투자자 본인은 대부분 그걸 잘 모른다. 물론 안다고 생각할지도 모르지만 50퍼센트의 손실을 견딜 수 있다면 정말 거기까지 닿아서 깨질 수도 있다는 사실을 잊지 말아야 한다. 그 선에 닿으면 운이 여기까지구나 하고 미련 없이 돌아서야 한다. 애초에 감안했던 상황이기 때문이다. 그런데 대부분의 투자자는 자신이 견딜 수 있는 폭을 과대하게 생각하는 경향이 있다. 30퍼센트 손실을 감수할 수 있다고 하는 사람들은 대부분 15퍼센트 이상을 넘게 되면 불안해한다. 이래서는 투자자나 운용자 양쪽 모두 피곤해지고 최종 결과가 좋지 않을 가능성이 커진다.

자문사를 시작한 후에 내가 받는 스트레스는 이런 것이었다. 보통 내 계좌가 깨질 때보다 고객 돈이 깨질 때 몇 갑절 괴로움을 받는다.

고객들이 잘 버텨내지 못하기 때문이다. 항의가 심해질 때는 잠 못 이루는 날도 많았다.

어쨌든 결과적으로 8월의 시장 위기 상황은 오히려 우리에게는 좋은 기회가 되었고, 가을을 지나 연말이 될 때까지 우리의 거래 방식에 꽤 유리한 시장 흐름이 지속되고 있었다. 지난 2007, 2008년에도 경험했지만 파생상품 거래는 몇 개월 이상 좋은 흐름을 타기 시작하면 기대를 월등히 넘어서는 성과를 맛볼 수 있다. 연말까지의 흐름이 조금만 더 지속되어도 회사는 한 단계 도약할 발판을 마련할 수 있었다. 그래서인지 회사는 꽤 고무된 분위기로 연말을 보내며 새해를 시작하고 있었다.

2011년의 성적이 좋아서 그런지 2012년이 시작될 즈음에는 제법 많은 자금이 들어왔다. 그런데 호사다마(好事多魔)라는 말처럼 2012년은 매우 힘든 한 해가 되었다. 특히 2012년의 전반기 시장은 우리로서도 확실히 어려웠다고 말할 수밖에 없을 정도였다. 1월 중순쯤 되자 극도의 저변동성 장세가 시작되더니 좀처럼 그 흐름이 그칠 줄을 몰랐다. 우리의 상품들은 고전을 면치 못했고 급하게 손실을 이어나갔다. 이와 같은 부진한 결과에 고객들이 한 분 두 분 떠나기 시작했고, 운용을 지속할지 중단할지 결정을 못 내리는 고객들도 생각보다 많아지고 있었다.

'이럴 바에는 그냥 문 닫아버릴까?'

나는 잠시 고민하기도 했다. 막상 고객들 입장에서는 어려운 구간을 버텨내기가 쉽지 않았을 것이다. 끝까지 간다면 당장의 어려운 구간은 극복될 것이라는 믿음은 있었으나, 떠나려는 분들을 구차한 설명으로 붙잡아둘 수는 없었다. 어차피 판단은 투자자 본인이 해야 하는 것이며, 투자에서 100퍼센트 확실한 것이란 애당초 존재하지 않기 때문이다. 그냥 내 돈만 운용했다면 이런 어려움은 없었을 것이다. 내 짐은 나 혼자 짊어지면 그만이다. 하지만 회사라는 것은 차리는 것도 쉽지 않지만 닫는 것은 더 어렵다. 나를 믿고 끝까지 맡겨준 분들에 대한 예의도 아니고, 무엇보다 내 자존심이 허락하지 않았다. 이럴 거면 아예 시작도 하지 않았을 것이다. 나는 다짐했다. 내가 시작한 길, 확신이 없다면 모르되 확신이 있다면 믿음을 주신 분들과 함께 끝까지 가야 하는 것이다.

春蘭秋菊(춘란추국) 各有其時(각유기시)

봄의 난초, 가을의 국화. 저마다 자신의 시간이 있다는 말이다. 그렇듯 돈도 모두 때가 있다. 때는 분명히 다시 올 수밖에 없다.

다행히 2012년 하반기부터 변동성이 다시 살아나면서 계좌들은 이미 손실을 메우고 수익을 더하고 있다. 덕분에 끝까지 믿고 오신 분들은 수익을 거둘 수 있었고, 내 개인적인 계좌 역시도 8년 연속 수익을 이어나갈 수 있게 되었다. 반면에 회사는 손실로 마무리되었다.

떠나셨던 분들이 어려운 구간을 견뎌내셨더라면 하는 아쉬움이 크다. 그분들 입장에서는 어쩔 수 없는 선택이었을 것이다. 이처럼 투자를 하다 보면 손실과 이익 사이에서 선택이 필요한 때가 오기 마련이고, 그 판단은 오롯이 본인의 몫이다.

우리는 언제든 손실에 노출되어 있다. 처음부터 그랬지만 나는 언제라도 시장이 나를 버릴 때 미련 없이 떠날 각오가 되어 있다. 하지만 고객들은 나의 화려했던 과거 성적만 믿고 가려 한다. 물론 원인은 모두 나에게서 비롯된 것이겠지만, 서글프게도 위험 없는 투자란 없다.

하동관에서 배운 작은 교훈

포스코 사거리에 가면 내가 단골로 다니는 엄청나게 맛있는 곰탕집이 있다. 7년 전, 허영만 화백의『식객』이라는 만화책에 나온 이 집을 물어물어 찾아갔었다. 마음씨 좋아 보이는 할아버님이 꼬박꼬박 모든 고객들에게 식권을 나눠주면서 인사를 하셨다. 그분이 바로 사장님이었다. 이 하동관의 곰탕은 입맛 까다로운 전주 출신의 내게도 경이로운 맛이었다. 만 원짜리 한 장으로 그렇게 맛있는 음식이 또 있을까 싶다. 이 집은 아침, 그리고 점심 딱 두 끼만 판다. 그러다 오후 4시면 무조건 문을 닫는다.

난데없이 곰탕집 이야기를 하는 까닭이 있다. 이분이 정말 돈을 더 벌자고 한다면 당연히 저녁 식사를 파는 것이 옳을 것이다. 술도 좀 팔고 말이다. 그렇지만 이분은 전혀 그렇게 하지 않으셨다. 한마디로 돈을 더 벌고자 하는 욕구는 별로 없으신 분이었다. 그런데 한 분 한 분 손님들에게는 그렇게 친절할 수가 없었다. 매일 아침마다 재료를 점검하고 수십 년간 하루도 빠짐없이 점심으로 직접 곰탕을 드셨다. 혹시라도 맛이 변한 건 없는지 한결같이 살피며 손님이 먹을 한 끼 한 끼에 모든 정성을 쏟은 것이다.

내가 자문사를 차릴 때 처음 든 생각이 바로 이 하동관이었다. 한 두 해 늦더라도 전혀 상관없는 일이니 그냥 열심히 하던 대로 해나간다면 언젠가는 사람들에게 알려질 것이라는 생각이었다. 지금도 그 생각엔 변함이 없다.

처음 자본금 3억을 가지고 세타파워라는 회사를 직원 둘과 시작했을 때, 앞으로 3년 안에 우리 회사를 모르는 사람은 없을 것이라 장담했었다. 그 후 파생을 하는 분들에 한해서는 정말 그렇게 되었다.

이제 자문사 설립 후 3년, 그리고 내가 투자에 몸 담은 지 20년 가까이 되어간다. 지난 날을 정리해볼 겸 나는 이 글을 쓰게 되었다.

謀事在人(모사재인) 成事在天(성사재천)

일을 만드는 것은 사람이지만,

일을 이루는 것은 하늘에 달려 있다.

나는 이 문구를 참 좋아한다. 아직까지 나는 내가 좋아하는 이 시
장에서 단 하루도 빠짐없이 거래를 하며 살아가고 있다. 내가 시장
앞에 서 있는 한 나는 한 명의 승부사로서 최선을 다할 뿐이고, 그렇
기에 결과에 아등바등하지 않을 것이다. 그리고 그 모든 결과는 하늘
에 맡길 뿐이다.

■

세상에는 참 고수가 많다. 그 고수들은 피나는 노력을 발 딛고 선 사람들이다. 고수가 즐비한 이 시장을 인정하려면 무엇보다 투자자 스스로 겸손해져야 한다. 목숨처럼 소중히 여기는 돈을 걸고 투자에 나섰으면서도 의외로 꾸준히 공부하고 노력하려 하지 않는 사람들이 있는데, 나태하기 때문이거나 겸손하지 못하기 때문이다. 시장은 이러한 나태나 오만을 바로 알고 응징을 가한다.

제2부

나를 지켜낸
승부의 원칙

5장

나를 지켜낸 투자 철칙

성공이란 넘어지는 횟수보다 한 번 더 일어서는 것이다.
- 올리버 골드스미스 Oliver Goldsmith

투자는 마음 게임이다

오랜 승부의 세월을 거칠게나마 연대순으로 정리해보았으니 지금부터는 그 시간을 겪으며 나름대로 깨달은 바를 반추해보려 한다. 19년 동안의 승부 경험을 통해 추출된 투자에 대한 나의 원칙을 정리하려고 보니, 세상의 모든 지혜를 다 자기 것으로 만들고 싶었던 어떤 왕의 일화가 생각난다.

옛날 어떤 왕이 나라에서 가장 학식이 높은 학자에게 세상의 모든 지혜를 남김없이 다 정리해오라고 명했다. 세월이 흘러 학자가 몇 수레를 가득 채우는 어마어마한 분량의 지식을 모아왔으나 왕은 그걸 다 읽고 있을 시간이 없었다. "저 내용을 단 한 권으로 압축해오너라." 학자는 다시 오랜 시간 동안 그 모든 기록을 재정리하여 마침내 한 권의 책에 담았다. 그 사이 왕은 이미 노쇠해져 단 한 장의 종이에 모든 내용을 요약하라고 명한다. 마침내 학자가 종이 한 장에 정리한 세상의 지혜를 들고서 왕에게 보고를 하러 갔으나 왕은 임종의 순간을 맞고 있었다. 상황을 파악한 학자는 임금의 귀에 대고 그가 갈구했던 지혜를 이렇게 단 한마디로 압축한다.

"세상의 지혜는 이렇습니다. 사람은 태어나고 병들고 늙어 결국 죽는답니다."

많은 분이 내게 "투자의 요체가 무어냐, 이기는 비법이 있느냐, 투자 철학을 들려달라." 등등의 요청을 많이 하신다. 그때마다 대답이 난감하다. 정말 간추리고 간추려 내가 얻은 최종 결론만 들려준다면, "아유, 뭐 저렇게 뻔하고 간단한 이야기를…" 하고 언짢아할 게 분명하기 때문이다. 그렇다고 해서 그 깨달음에 이르기까지의 과정과 오만가지 갈등을 다 풀어서 들려준다면, 몇 날 며칠 밤을 새워도 모자랄 일이다. 노학자가 왕에게 들려준 세상의 지혜처럼, 내가 이 시장에서 머물고 승부를 벌이며 깨달은 내용을 가장 짧게 압축하면 다음과 같다.

"먼저 자신이 어떤 투자자인지를 알고 자신만의 길을 정하라는 것이 첫째이고, 게임의 법칙을 파악하여 싸워서 이기는 게 아니라 이겨놓고 싸워야 한다는 것이 둘째이며, 자금 관리를 생명선으로 여기라는 것이 셋째, 겸손하게 꾸준히 노력하라는 것이 넷째, 마지막으로 투자 심리를 이해하라는 것이다."

이것마저도 너무 길어서 한 문장으로 요약하라고 하면, "투자는 마음 게임(mental game)이다."

다행히도 나나 이 책을 읽는 독자에게는 우화 속의 왕과 학자보다는 약간 여유 시간이 있는 듯하다. 그러므로 이번 장을 할애하여 몇 십 쪽 정도의 분량으로 이들 다섯 가지 투자 원칙에 대한 내 생각을 말씀드리고자 한다. 간단하게 요약한 이 다섯 가지 원칙이야말로 강산이 두 번 바뀌는 세월을 승부사로 살면서 깨닫고 금과옥조로 삼게 된 투자의 지혜이자 앞으로도 내가 이 시장에 존재하는 한 평생 지켜나갈 알바트로스의 투자 철칙이다.

1st 당신만의 길을 가라

주식투자를 해본 일이 없는 사람도 워렌 버핏(Warren Buffett)이라는 이름은 알고 있을 것이다. 경제지 「포브스」가 2012년 집계한 그의 자산 총액은 535억 달러, 한화로 환산하면 60조 원에 가까운 돈이다. 투자자들에게는 이 실감조차 되지 않는 재산 규모보다 버핏이 40여 년간 연평균 20퍼센트를 상회하는 수익률을 꾸준히 올려온 것이 더 신화적이라 할 수 있다. 혹시라도 '고작 20퍼센트?'라고 의문을 다는 사람이 있다면 그는 투자의 세계를 전혀 모를 뿐만 아니라, 기초 경제 감각조차 부족하다고 보아도 무방하다.

누군가 시드 머니 1,000만 원을 가지고 40년간 연평균 20퍼센트의 수익을 올린다면, 40년 후 그의 재산은 122억 4,810만 원이다. 누적으로 무려 1,224배의 수익이다. 10억으로 시작했다면 1조 원이 넘게 불어난다는 이야기다. 복리의 마술은 이처럼 위력이 상상을 초월한다.

지금 전 세계가 중국의 경제 성장에 대해 놀라는 한편으로 두려워하는 이유가, 이 나라가 매년 10퍼센트대에 가까운 성장을 지속하고 있기 때문이다. 그 가난했던 나라가 10퍼센트대 성장을 십수년 지속하자 미국과 어깨를 나란히 하는 G2 국가로 부상하기에 이르렀다. 투자의 세계에 들어서서, 하루하루의 수익에만 연연하지 않고 20년 장기 계획을 세워 더도 말고 연 10퍼센트씩만 꾸준하게 성과를 만든다면, 20년 후 당신은 거인의 반열에 속해 있을 것이다.

그렇다면 투자에 입문한 뒤로 내가 거둔 연평균 수익률은 얼마나 될까? 단순히 초기 자본과 현재의 재산을 비교한다면 나 역시 천 배가 넘는 수익을 올렸으니 현재까지의 최종 수익률 면에서는 버핏과 큰 차이가 없어 보인다. 그러나 앞에서 이미 남김없이 드러냈듯이 내 경우 연평균 수익률을 따지는 것 자체가 무의미하다. 어떤 해에는 몇백 퍼센트의 수익률을 올렸지만 다음해에는 완전히 깡통을 차기도 하면서 세 번 쓰러지고 네 번 일어선 과정이었기에, 애초에 버핏과 비교 대상이 되지 않는다.

제대로 비교를 하려면 개인 구좌 운영 시절이 아닌 회사 설립 이후의 실적을 가지고 해봐야 하겠으나, 이 역시 여든이 넘은 버핏의 평생 투자와 견주기에는 너무나 기간이 짧다. 그러므로 감히 키 재기는 꿈도 꾸지 않는다.

한 경매에서 '오마하의 현인'으로 불리는 버핏과의 한 끼 점심식사 이벤트의 낙찰가가 무려 2억 원까지 치솟았을 정도이니, 그는 분명 한 세기를 풍미한 투자 대가임에 틀림없다. 서점에 나가 보아도 버핏의 저서 또는 버핏식 투자기법을 소개하는 책자들이 즐비하다. 그만큼 그는 투자자의 귀감이 되는 사람이다. 그러나 버핏은 내 롤모델이 아니다. 나는 한 번도 버핏을 내 투자 인생의 롤 모델로 생각해본 적이 없다. 내가 단지 장기투자가 원천적으로 불가능한 선물 옵션 시장에서 활동하고 있기 때문만은 아니다. 주식투자를 할 때도 내게 귀감이 되었던 인물은 고레카와 긴조, 앙드레 코스톨라니 등 건곤일척의 승부사적 기질이 강한 투자자들이었다.

벤자민 그레이엄, 피터 린치, 필립 피셔 등 가치투자의 계보를 잇는 기라성 같은 대가들도 존경은 할지언정 닮고 싶었던 인물은 아니다. 사람은 누구나 자신의 방식이 있고 자기만의 길이 있다. 투자에도 DNA가 있다면, 나는 선천적으로 장기투자나 가치투자보다는 비교적 단기의 승부, 시세의 생성과 소멸을 지켜보다 기회가 왔을 때 전력 승부를 거는 투자 방식에 유전자적 친화력이 있었다고 할 것이다.

며칠 전 한 투자자와 대화를 하다가 문득 이 차이를 다시 생각하게 되었다. 그분은 자신이 가장 존경하는 투자자가 워렌 버핏이라면서, 가치투자를 실현하기 위해 저평가 기업을 발굴하는 데 정말 많은 시간을 쏟는다고 말했다. 그러나 고개를 끄덕이며 듣고 있던 가운데 다음에 이어지는 그분의 말은 다소 충격적이었다.

"그런데 제가 벌써 8년째 이렇게 버핏식 투자를 하고 있는데 수익이 영 별로예요. 아직 본전 회복이 안 되고 있으니까요."

상세히 들어본즉 사연은 이러했다. 그분은 정말로 교과서적인 투자 방식을 철두철미하게 따르고 있었다. 장기투자의 원칙과 계란을 한 바구니에 담지 말라는 분산투자의 원칙을 주기도문처럼 신봉하여 2004년경부터 거래소 종목 두세 개와 코스닥 종목 몇 개를 선정하여 꾸준히 매입해왔다.

그러나 유감스럽게도 코스닥 기업 하나는 그 사이에 상장 폐지가 되었고, 거래소 쪽도 사정이 별로 좋지 않았다. 2004년부터 매입한 주식들이 2006년, 2007년 무렵에는 상당히 가격이 올라 구름 위를 걷는 기분도 한동안 느꼈으나, 2008년 세계 금융위기를 겪으면서 전 종목이 매입가 이하로 추락해버렸다. 장기투자에서는 흔히 있는 일이고 이럴 때 동요하지 말아야 한다고 자신을 추슬렀는데, 금융위기가 진정되고 다시 몇 년이 흘렀건만 주가는 영 탄력성이 없고 종목별로 이제야 겨우 평균 매입단가 수준에 도달했거나 아직도 턱밑에 있다는 것이다.

10년 가까이 지속된 우직한 투자에도 이분에게 가치투자는 그다지 효용이 없어 보인다. 그런데 이런 경우는 운이 없어서, 또는 아직 투자 기간이 짧아서 나타나는 것이 아니라 주변에 비일비재하다. 무엇이 잘못된 것일까? 세계 최고의 투자 대가 워렌 버핏을 따라해도 성공하지 못한다면, 대체 어떻게 해야 한다는 것인가.

이야기를 꺼낸 김에 워렌 버핏의 신화에 대해 우리가 잘못 이해하거나 간과하고 있는 점 한두 가지를 살펴보기로 하자.

버핏과 우리 시대의 투자자 간에는 결코 단순하게 동일화할 수 없는 큰 차이점이 존재한다. 그는 세계 경제를 주도한 미국에서 그것도 그 나라의 최고 안정 성장기에 투자 인생을 펼쳤다. 말하자면 버핏은 병법에서 말하는 천시지리(天時地利), 즉 '하늘이 돌보는 때와 땅의 이점'이 기막히게 유리한 위치에 있었던 것이다. 병가에서는 전략전술도 중요하지만 천시지리를 가장 으뜸으로 삼는다.

버핏은 1951년 컬럼비아 대학교 경영대학원에서 석사 학위를 받은 뒤, 1956년 자신의 이름을 내건 '버핏 투자 주식회사'를 설립한다. 승승장구하던 버핏이 버크셔 해서웨이(Berkshire Hathaway)를 인수하여 회장에 취임한 것이 1965년이다. 이후 그의 장기투자 방식은 1970년대부터 본격적으로 화려하게 꽃을 피운다.

그런데 버핏이 투자자로서 기반을 다진 1950~1970년대는 어떤 시기인가? 역사를 잘 모르는 내 짧은 지식으로도 이 시기는 제2차 세계대전 직후 세계 경제의 재건과 대규모 소비대중의 출현으로 자본주의가 역사적 황금기를 구가한 때다. 더구나 미국은 이 시기 주요 산업이 거의 세계를 주름잡으면서 전 세계의 공장 역할을 했다. 결국 버핏의 스노우볼 효과(Snow Ball Effect)의 원천인 초창기 단단한 눈

뭉치는 이때 뭉쳐진 것이다.

또한 1980년대부터 IT 버블이 붕괴된 2000년까지 버핏에게는 여전히 천시지리가 유리하게 작용했다. 미국은 여전히 세계 경제의 견인차이며 세계 최대의 소비국이었다. 가상의 적인 소련과 동구권이 차례로 무너지면서 자본주의의 내일에 대한 낙관은 끝없이 퍼져갔다. 코카콜라로 대표되는 버핏이 투자한 굴뚝산업, 소비재산업의 마지막 전성기라 할 수 있었다.

이처럼 1950년대부터 2000년까지의 버핏의 투자는 세계 경제사의 커다란 순풍과 맞물린 것이다. 워렌 버핏의 스승이나 다름없는 가치투자의 대가 벤자민 그레이엄은 1929년 대공황 시절, 운용 펀드를 날려버렸다. 아무리 버핏이라도 1910년대나 1920년대에 투자를 시작했다면, 1929년 발발한 대공황을 피해가지 못했을 것이다. 미국이나 유럽 사람들이 지금도 치를 떠는 1929년 대공황에 폭락한 주가가 다시 회복되기까지는 거의 20년이 걸렸다.

또 하나 우리가 간과해서 안 될 사항은 그의 장기투자 방식은 일반적으로 알려진 바이 앤 홀딩(buy & holding)과는 개념이 조금 다르다는 점이다. 버핏은 어떤 의미에서는 기업 M&A 전문가에 더 가깝다. 그는 가능한 한 최대의 지분을 취득하여 그 회사의 실질적인 오너가 되곤 했다. 매매 차익이 아니라 사들인 기업이 성장하고 증시 평가총액이 커짐에 따라서 워렛 버핏의 부가 증대되어온 것이다.

대표적인 사례가 코카콜라인데, 이 회사에 투자를 결정할 때 이미 버핏은 미국에서 손꼽히는 규모의 자산을 운용하는 투자자였다. 따라서 그가 코카콜라에 투자한다는 것은 미국 최대 거부가 어떤 회사의 실소유주로 등장하는 것과 마찬가지다. 삼성의 이건희 회장이 한 음료 회사의 주식 지분을 대거 사들여 그 회사의 오너가 된다고 가정해보자. 누가 생각해도 이 회사가 10년 이상은 안전하게 성장할 것으로 기대하지 않을까? 아마 그가 떡볶이 가게를 인수했다 해도 마찬가지일 것이다. 실제로 버핏이 대주주가 된 코카콜라는 매출이 떨어지고 영업이익이 감소되는 기간에도 안정적 투자를 유치해 자금난을 겪지 않고 침체기를 돌파할 수 있었다. 이런 면들을 깊게 따져보지 않고 가치투자나 장기투자가 무조건 이기는 방식 또는 최고의 투자법이라고 주장하는 것은 매우 일면적인 사고방식이다.

오해하지 않기를 바란다. 이런 이야기를 하는 것은 가치투자가 무의미하다거나 버핏이 단지 행운아일 뿐이라고 폄하하려는 뜻이 아니다. 버핏의 방식은 그의 시대에 가장 적합한 방식이었고, 자신이 옳다고 생각한 방식을 한 치도 양보하지 않고 버텨낸 그의 뚝심과 자세는 나 역시 경의를 표한다.

나는 다만 주식시장에서 '반드시' 또는 '언제나'란 말은 결코 있을 수 없다는 점을 강조하고자 하는 것이다. 반드시 성공하는, 반드시 실패하지 않는, 언제나 수익을 내는 그런 방법은 시장 어디에도 없다.
무릇 모든 투자 방법은 어떤 때는 화려하게 성공하여 승리의 나팔을 10년 이상 울릴 수도 있겠지만, 바로 다음 시기에 참혹하게 패배하고 뒷방으로 물러날 수 있다. 재능과 노력, 그리고 운이 맞아서 성공을 거둔 투자법이라 할지라도 언젠가는 그 용도를 다하게 된다. 나 또한 예외는 아닐 것이다. 그러므로 모든 사람이 버핏을 찬양해도 나는 오히려 이렇게 말할 수 있다.

"나는 결코 버핏이 아니며 그를 따라가지 않았다. 앞으로도 그럴 것이다. 그러하기에 나는 살아남을 수 있었다. 나는 나의 길을 간다."
이것이 내가 가진 투자의 첫 번째 철칙이다. 자신이 누구인지를 정확히 알고 자신만이 걸어갈 길을 찾으라는 것이다.

2nd 이겨놓고 승부하라

흔히 이 시장의 본질이 도박이라고 말하는 분들이 많다. 하루 앞을 예측할 수 없는 장, 수많은 변수에 의해 춤을 추고 숱한 패자를 양산해 내는 이 시장의 외면적인 모습에는 분명 도박과 유사한 면이 존재한다. 강한 중독성을 내포한다는 점, 지면 질수록 평정심을 유지하기 어렵다는 점, 멋모르고 할 때는 그런대로 괜찮다가 조금 알 만하거나 노력을 기울였다고 생각하는 순간 나락으로 떨어진다는 점, 아홉 번을 이기고도 단 한 번 베팅 실수로 모든 것을 잃기도 한다는 점 등등, 유사점을 찾자면 한도 없이 열거할 수 있을 것이다.

솔직히 나에게는 약간의 노름꾼 기질이 있다. 어렸을 때 친구들과 했던 '짤짤이'부터 고등학교 다닐 때 수학여행에 가서 반 친구들 돈을 모두 쓸어 모은 포커판까지, 돈이 걸린 승부에서는 항상 강한 면모를 보였다. 그래서 투자를 시작한 초창기에는 나 자신도 강한 운과 승부사적 기질만 믿고 덤볐던 것이 사실이다.

그러다가 언젠가부터 '아, 이게 아니구나, 도박과 투자시장은 확연한 차이가 있구나.' 하고 깨닫게 되었다. 내가 생각하는 도박과 투자는 단 1퍼센트의 차이로 결정된다. 만약 내가 돈을 걸어야 하는데 이길 확률이 50퍼센트, 질 확률 또한 50퍼센트라면 그것은 도박이다. 가장 간단한 것이 어릴 적 '홀짝 놀이' 그리고 '동전 던지기' 등이다. 확률이 반반이면 도박이라는 것은 무슨 의미일까?

그것은 게임의 승부를 자신이 제어하는 것이 아니고 철저히 운에 맡긴다는 뜻이다. 이런 게임에서 이긴다는 것은 어떤 실력이나 방법에 의한 것이 아니고 요행수가 들어맞는 일이다. 재미로 하는 '짤짤이'라면 몰라도 투자 세계에서 전 재산을 운과 요행에 맡기는 무모한 행동이다.

그러면 투자는 무엇인가? 승패를 운에 맡기는 것이 아니고 이기는 방법을 먼저 확보한다면 그때부터는 투자가 된다. 그 차이가 단 1퍼센트에 불과할지라도 말이다.

'대수의 법칙(law of great numbers)'이라는 말을 학교 다닐 때 한 번쯤은 들어보았을 것이다. 동전을 한 번 던져 앞면이 나올 확률은 이론상 반반이지만, 어떤 때는 두 번 세 번, 심지어는 열 번 연속 앞면이 나오기도 한다. 확률에 문제가 있는 걸까? 그렇지 않다. 관찰하는 횟수가 적었을 뿐이다. 동전 던지기를 수천 번 계속하다 보면 결국 확률은 반반으로 수렴하게 되어 있다. 즉, 잠깐의 예외는 있을 수 있지만 관찰 표본이 클수록 확률은 원래 가진 속성에 수렴하게 된다.

내가 이기는 방법을 단 1퍼센트라도 더 확보하고 있다면, 승부는 시간의 문제일 뿐 대수의 법칙에 따라 결국 내 쪽으로 기울게 되어 있다. 이후에는 자신의 승기를 굳히고 느긋하고 의연한 마음으로 승패가 확연히 갈릴 때까지 승부를 벌여나가기만 하면 된다.

여기서 잠깐, 지금 내가 이야기하는 '이기는 방법'이란 표현을 흔히 매매자들이 말하는 승률 또는 타율과 구별했으면 한다. 어떤 사람이 열 번 매매를 해서 세 번을 수익을 냈을 때 우리는 그의 승률을 삼할이라고 한다. 야구선수가 타석에 들어서서 안타를 때리는 비율을 계산하는 타율과 같은 개념이다. '이기는 방법을 확보하면 그때부터 투자가 시작된다.'고 하는 말을 승률이 높아져야 한다는 뜻으로 해석하면 안 된다.

야구에서 삼할대 타자면 상당히 높은 타율이듯이 투자에서도 삼할대 이상이면 나쁘지 않은 승률이다. 그런데 이 시장에서 성공한 사람들을 가만히 살펴보면 승률이 꼭 높은 것은 아니다. 나는 자신의 승률이 5할, 6할대 심지어는 9할대라고 자랑하는 사람들도 많이 봤다. 열 번 매매해 아홉 번 수익을 남기면 이 시장의 돈은 모조리 그 사람에게 갈 것 같은데, 그러나 현실은 정반대다. 승률을 자랑하는 사람 치고 계좌가 풍성한 사람을 보기 힘들다. 왜 그럴까?

진입 시점을 아주 엉망으로 잡지 않는 한, 오르고 내리기 마련인 시세에서 잠시 평가이익을 접하기란 어렵지 않은 일이다. 승률이 높은 사람은 대개 이 조그만 평가이익을 놓치지 않으려고 짧게 짧게 잘라 먹는 유형의 투자자다. 이런 사람을 시장의 속된 말로 '일단 먹튀'(일단 먹고 빠진다)라고 표현하기도 하고 '새가슴'이라고도 한다. 그런데 문제는, 대개 이런 투자가 아홉 번 찔끔찔끔 먹다가 한 번에 그간 벌어들인 수익에 원금까지 합해 토해내는 방식이라는 것이다.

나는 오히려 반대다. 열 번 진입해서 예닐곱 번은 손절하는 것을 당연하게 여긴다. 그 예닐곱 번에서 평가이익이 나지 않았던 것은 아니다. 그러나 내가 잡고자 했던 시세는 작고 미미한 수익이 아니기 때문에 내 포지션은 청산되지 않고 그냥 유지된다. 그러다 수익이 손실로 전환되고 손절선을 건드리면, 그냥 미련 없이 툭 던져버린다. 당연히 손실이 발생하고 승률은 떨어진다. 그러나 실패하는 일곱 번은 적절하게 정해진 손절로 피해를 최소화하고, 성공하는 세 번의 베팅에서 수익을 극대화하면 최종적으로 계좌는 불어나게 된다. 제대로 베팅이 먹히면 단 한 번의 수익이 아홉 번의 손절로 인한 손실을 몇 곱절 상회하고도 남는다. 나는 한번 시세를 잡으면 그놈이 황소건 곰이건 간에 등판에 올라타 절대 내려오지 않는다. 이것이 시세의 속성이기 때문이다.

자 그러면, 이기는 방법을 먼저 확보해야 도박이 아닌 투자로 전환된다는 말의 의미를 명확히 정리해보자.

어떤 게임이건 제대로 승부하기 위해서는 그 게임의 속성을 잘 알아야 한다. 동전 던지기, 카지노의 룰렛이나 주사위 게임, 로또 등은 전적으로 운에 의해 승패가 갈리는 게임이다. 이런 게임은 플레이어의 성별, 지능, 학력, 재산 등 그 어떤 조건과 상관없이 오로지 우연에 의해 승패가 좌우된다. 그러므로 이런 게임에서 승리를 이끌어낼 수 있는 궁극의 전략은 없다. 아무리 머리를 싸매고 연구한다고 한들, 혹은 아무리 기량을 연마한다고 한들 결과가 바뀌지는 않는다. 모두 헛수고일 뿐이다.

로또 관련 통계 회사들이 아무리 당첨 확률이 높았던 번호를 알려준다 한들 추첨기 속에 담긴 공들은 과거를 전혀 기억하지 못한다. 추첨기에 공을 투입하는 순간 매 게임은 과거와 상관없이 새롭게 시작될 뿐이다. 지난 주 당첨번호에 42번이 있었다고 해서 이번 주 추첨 때 42번 공이 나올 확률에 영향을 미치는 것은 아니다. 동전 던지기도 마찬가지다. 앞면이 몇 번 나왔건 새롭게 던질 때 확률은 늘 반반이다. 거기에는 그 어떤 논리도 없다.

반면에 주식투자나 파생거래는 이런 도박과는 근본적으로 다르다. 발생하는 수익이 복잡할지언정 인과관계에 의해 이뤄진다는 점에서 그렇다. 도박과 달리 수익이 어디에서 어떠한 연유로 비롯되는지 분석이 가능하다. 그러나 향후에 언제 어떤 방식으로 이루어질지는 알

수가 없다. 다만 그런 상황이 필연적으로 올 수밖에 없다는 것을 짐작하고, 사회적, 경제적, 통계적, 심리적 요인들에 대한 다양한 분석 툴로 핵심에 근접하는 것이 가능하다.

'이겨놓고 싸우라.'는 말은 바로 그 핵심에 근접하고 나서 비로소 실전에 임하라는 말과 같다. 따라서 경험이 적고, 핵심에 근접하기 어려운 절대 다수의 투자자들은 실패할 수밖에 없다. 이것이 투자의 역사가 말하고 있는 진실이다.

실패하는 투자자들이 가지고 있는 대표적인 습성 하나는 거래 승률에 지나치게 집착하여 수익 실현에 민감하고 손실을 자르는 것에는 매우 둔감하다는 것이다. 이들의 공통점은 작은 수익을 무수히 실현시키다가도 한두 번의 거래에서 모든 것을 잃는 것이다. 그리고 이미 처음부터 예견된 결과임에도 그 한두 번의 거래가 매우 운이 없었다고 스스로를 위안한다.

승률에 집착하여 작은 수익을 취하는 습관은 필연적으로 두 가지의 문제점을 가진다. 시장에서 주는 진짜 수익, 즉 큰 추세를 놓칠 수밖에 없다는 점과 언젠가는 손절매를 무시하게 된다는 점이다. 시장은 수급의 균형이 한 방향으로 둑이 터지면서 시세 분출이 일어나면 그것이 해일이 될지 쓰나미가 될지 아무도 끝을 짐작할 수 없는 엄청난 대파동으로 이어지는데, 이기려면 바로 이런 시세 분출을 타야 한다. 이 기회를 잡으려면 열 번 진입해 일곱 번 여덟 번을 흔쾌히 잃어줄 각오가 필요하다. 큰 추세는 그와 유사한 여러 번의 속임수 끝에 오는 법이다. 자잘한 수익을 쌓으려 하지 말고, 자잘한 손실을 몸에 익혀야 한다. 그리고 잦은 헛손질 끝에 찾아오는 큰 추세를 끝까지 쫓아가서 모조리 취해야 한다. 이것이 내가 가진 게임의 법칙이며 이기는 방법이다.

승률에 연연하는 것은 시세에 대한 판단, 자신의 판단에 대한 믿음이 없음을 의미한다. 오를지 내릴지 확신이 없고 시세가 얼마나 갈지 모르는 투자, 즉 동전 던지기에서 앞면에 돈을 거는 행위다. 그러다 요행히 앞면이 나오면, 기쁜 마음으로 잔돈푼을 회수하며 의미 없는 승률에 안도하는 소탐대실의 전형적인 모습과 다르지 않다. 이것은 내가 앞에서 말했듯이 투자 마인드가 아니라 도박 마인드이다.

거래든 투자든 최후에 웃는 자가 되기 위해서는 어느 정도 장기 레이스를 거쳐야 한다. 그런데 이른바 '미리 이겨놓고 싸움에 달려들지' 못하면 그 과정이 옳은 방향으로 가고 있는지 중간에 알 길이 없다. 미리 이겨 놓는다는 준비와 마음가짐이 있다면 설령 성과가 쉬 나타나지 않는 기간을 만나더라도 꾸준히 투자를 실행해나갈 수 있다. 결국 투자 상품의 유불리, 투자방법의 약점과 강점, 투자자인 나의 성향과 장단점을 정확히 인지하는 것이 이겨놓고 싸우는 첫걸음인 셈이다.

투자에서 승리하는 방법은 이처럼 어려운 듯하면서 간단하다. 이기는 방법을 제대로 아는 게임에서는 목에 칼이 들어와도 후퇴하지 않으며, 이기는 방법을 모르는 게임에서는 아무리 유혹이 들어와도 미동도 하지 않아야 한다. 이것만이 전투에서 지더라도 전쟁에서 이기는 방식이다. 그리고 게임의 법칙을 파악했으면 그 다음은 대수의 법칙에 맡겨야 한다. 아무리 예외가 발생해도 길게 보면 결국 게임은 그 속성 자체에 회귀한다.

이것이 나의 두 번째 투자 철칙이다. 승부를 걸려면 먼저 게임의 법칙을 제대로 파악하고, 이기는 법칙을 확보한 뒤, 싸움을 걸라는 것. 진정한 승부사는 이겨놓고 확인하러 갈 뿐이다.

3rd 자금 관리는 생명선이다

이제 세 번째 철칙인 자금 관리에 대해 생각해보자. 언젠가 가까운 선배들과의 술자리에서 투자와 투기의 차이가 화두로 나왔다. 해석이 제각각이었다. 한 선배가 먼저 이런 말을 했다.

"꾸준히 벌고 있으면 투자고 나머지는 모두 투기야. 그러니까 오직 결과가 투자와 투기를 가른다 이거지."

과연 산전수전 다 겪은 베테랑 관점은 다르다 싶었다.

"그럼, 천하의 승부사인 우리 알바트로스는 어떻게 생각하지?"

옆에 있던 다른 분이 내게 화제를 돌렸다. 방 안에 있는 모든 사람들이 내 입을 쳐다보고 있었다. 어지간한 고수들인 그들도 내 생각이 궁금했던 모양이다.

"전에는 날려도 상관없을 정도로 베팅이 들어가면 투자고, 이거 날리면 한강 가야 한다 하면 투기라고 생각했죠. 그런데…."

"그런데?"

"지금은 좀 달라졌어요. 이미 저는 베팅에 실패해도 한강에 가지 않아도 되는 상황이 되어버렸거든요. 그래서 요즘은 투자와 투기의 기준을 조금 바꿨습니다. 자신이 멈춰야 하는 상황을 정해놓고 시작했다면 투자고, 자신이 멈춰야 하는 상황을 전혀 모른 채 시작했다면 투기라고 생각해요."

그냥 지나가는 말로 한 말이긴 하지만, 사실 이것은 나에게 중요한 기준이다. 전 재산을 하루 사이에 날려버린 경험을 하고 뼈를 깎는 고통을 맛보면서, 지금은 한순간에 내 모든 재산이 날아갈 수 없도록 조치를 취해놓고 있다. 그리고 이제는 하루에 얼마를 잃든 벌든 마음의 동요도 일어나지 않는다. 이미 투자와 투기의 구분이 무의미할 정도다.

이 시장에 뛰어들어 일확천금을 노리는 많은 사람들 가운데, 포지션을 잡아놓고 안절부절 못하면서 조금 오르면 환호하고 약간만 마이너스로 돌아서면 전전긍긍하는 분들 치고 큰돈을 버는 사람은 없다. 이미 기싸움에서 밀리고 있는 것이고 잃어서는 안 되는 금액, 그 이상을 판돈으로 밀어 넣은 상황임을 뜻한다. 사실 세상에 잃어도 그만인 돈은 없다. 모든 돈은 다 같은 무게를 가진다. 다만 내가 무심히 볼 수 있는 무게의 돈은 있다. 우리는 그 무게를 알고 그 무게를 키우려고 노력해야 한다.

연신 담배를 피워대면서 초조하게 모니터를 응시하는 태도로는 이 승부에서 이길 수 없다. 반드시 잃어버려도 초연할 수 있는 범위 안에서만 베팅하라. 그 돈을 날려도 허허 웃으며 자리를 털고 일어날 수 있을 때, 그때 비로소 투자가 시작되는 것이다. 나는 이처럼 투자와 투기가 한 끗 차이에 불과하다고 생각한다.

애널리스트들은 흔히 이렇게 충고를 한다. "건전한 투자를 하라, 투기를 해서는 안 된다." 그런데 이건 참 싱거운 이야기일 뿐이다. 오늘날 전 세계 금융시장은 장기투자(investment)보다 투기거래의 규모가 훨씬 크다. 즉 금융업 자체가 투기거래에 기반해 존재한다는 말이다. 또 '건전한' 투자라는 것은 얼마나 애매한 말인가. 미국 텍사스 주 댈러스에서 탄생한 '사악한 펀드(vice fund)'를 생각해보자.

이 펀드는 명칭 그대로 사회적으로 좋지 않은 제품들을 생산하는 기업에만 집중적으로 투자한다. 담배 회사인 알트리아 그룹을 비롯해 세계 최대의 주류 회사, 유명 카지노 그룹 등이 이 펀드가 선호하는 주식이다. 이런 펀드는 왜 생긴 걸까? 두말할 것도 없이 수익이 잘 난다는 단 하나의 이유 때문이다. 군수장비, 포르노, 담배, 술, 사행산업 등은 경기 불황을 잘 타지 않는다.

미국에서는 이런 주식들을 '죄악의 주식(sin stocks)'이라고 부른다. 이들 주식은 사회적으로는 결코 건전하지 않은 역할을 하지만 인기가 높다. 미 연방준비제도이사회 의장을 지낸 벤 버냉키(Ben Bernanke)는 말보로 담배를 생산하는 필립모리스(Philip Morris) 주식을 수십 년 거래한 것으로 유명하고, 월가의 전설인 피터 린치도 담배와 술 관련 주식을 '경기 방어주'라며 펀드에 종종 투자하곤 했다.

이런 업체에 장기적으로 돈을 묻어놓고 큰 수익률을 올렸다면 이 것도 '건전한' 투자일까? 이처럼 투자와 투기는 건전하다 아니다, 장기냐 단기냐로 가려내기 어려운 측면이 분명히 존재한다.

사실 나는 도덕적 기준으로 이미 편을 가르는 듯한 '투자, 투기'라는 용어 구분 자체에도 회의적이다. 투자든 투기든 모두 돈을 벌기 위한 행위이며, 방법에 차이가 있을 뿐이다. 내겐 오직 한 가지 기준만이 중요하다. 물러날 선을 가지고 시작하느냐, 아니냐의 차이뿐이다.

'하락갭 세 번이면 땡빚을 내서라도 매수 들어가야 한다.'는 말이 있다. 아무리 경기나 수급이 안 좋아도 갭으로 세 번 밀리면 그만큼 반등 가능성이 높아진다. 즉, 반등 쪽에 베팅하는 것이 자연스럽다.

그런데 아시는가? 한국 주식시장이 외환위기를 겪던 시절, 그리고 2000년 기술주 붕괴 국면에서의 코스닥 시장에서는 하락갭이 세 번이 아니라 일곱 번 열 번도 출현했다는 사실을.

어떤 이가 총 투자금이 1억 원인데, 세 번째 하락갭에서 승부수를 던진다며 자금 전체를 상승 방향으로 베팅한 후 패를 덮었다면? 그리고 하필 그때가 위와 같은 예외 국면이었다면? 결과는 불을 보듯 뻔하다. 그에게는 거래를 멈춰야 할 기준이 없으므로 이것은 투기다. 증권가를 잘 아는 친한 친구가 좋은 주식을 추천해, 앞뒤 보지 않고 매수했는데 주가가 하염없이 빠졌다고 해보자. 좀 더 가지고 있으라는 친구의 말만 믿고 손절매를 행하지 않은 채, 큰 손실에 이르렀다면 이는 투기일까 투자일까? 이 역시 멈춰야 하는 기준이 없으므로 명백한 투기일 따름이다.

이렇듯 투자는 멈춰야 하는 선을 정해놓고 시작해야 한다. 그것이 차트를 분석해서 얻은 확신이든, 정보를 통해서 얻은 확신이든 말이다. 내가 목표 가격보다 손절 가격을 중시하는 이유도 여기에 있다.

이것만으로는 부족하다. 이에 더해 단일 거래에서 기준선을 가지고 있듯이 전체 투자를 통틀어서도 마찬가지로 멈춰야 하는 선을 가져야 한다. 나는 이 시장에서 엄청난 성공을 거두고도 결국은 모든 것을 날린 채 허무하게 패가망신한 경우를 무수히 보아왔다. 어느 선에 이르면 멈추겠다는 분명한 기준을 가지고 있지 않았기 때문이다. 나는 과거 세 번의 파산을 경험한 후에 이 선을 확실히 정할 수 있었다. 물론 얄궂은 시장은 내가 설정한 선을 살짝 건드린 뒤 다시 돌아설 수 있다. 그러나 안타깝지만 내가 어찌할 수 없는 노릇이다. 분명한 것은 그 선은 어떤 경우에도 내가 지켜야 하는 선이고 얄궂은 운명은 받아들이면 그만이라는 점이다. 무수히 많은 투자자들이 이 시장에서 망가지는 이유는 자신이 질 수도 있음을 모르기 때문이다. 그러니 한두 번의 거래 실패가 전체 투자 인생의 파산으로 이어지는 것이다.

투자를 할 때 반드시 필요한 두 가지는 내가 손을 떼어야 할 선, 그리고 그 선을 건드리지 않게 설계된 자금 관리다. 억울할지도 모르는 그 마지노선이 언젠가는 내 자신을 결정적인 위험에서 지켜줄 것임을 반드시 기억해야 한다.

투자는 이기는 방법을 세운 뒤 그에 걸맞은 적절한 베팅 규모를 정하여 조건이 무르익었을 때 뒤도 돌아보지 않고 달려들어야 하는 일이다. 그러자면 이기는 방법과 자금 관리의 조화가 필수적이다.

이 양자 중 어느 한쪽이라도 실패하면 투자는 총체적으로 실패한다. 나는 베팅 방향을 잘못 선택하는 건 용서받을 수 있어도 자금 배분에 실패하는 건 용서받지 못할 실수라고 생각한다. 병법에서도 전투에 진 장수는 용서하되 경계에 실패한 장수는 처단하라고 했다.

자, 이것이 내가 지닌 투자의 세 번째 철칙, 적절한 자금 관리가 투자의 생명선이라는 이유이다. 잘 생각해보면 앞의 두 번째 투자 원칙과 이 세 번째 투자 원칙은 상호보완적인 관계에 있음을 알 수 있다. 베팅이 틀려도 자금 관리가 적절하면, 웬만해서는 치명적인 위험에 처하지 않는다. 승부를 걸 때는 먼저 자신을 위험에 빠뜨릴 만한 요인을 제거해야 한다.

그러나 자금 관리를 제대로 했는데도 내가 정한 선을 건드렸다면 그때는 다른 삶을 살아가면 된다. 그걸 받아들일 자신이 없는 분은 이 시장에 뛰어들거나 머물고 있으면 안 된다.

나는 투자를 종종 전쟁에 비교한다. 전쟁사를 통틀어 위험 관리와 지켜야 할 선을 가장 철저히 지켰던 인물이 바로 이순신 장군이다.

이순신 장군은 노량해전에서 전사할 때까지 단 한 번도 싸워서 진 적이 없다. 이길 수 있는 모든 조건을 갖추고 위험을 제거했을 때만 싸웠기 때문이다. 당시 조선 수군의 주력함인 판옥선은 바닥이 넓어 안정감이 있고 화포를 충분히 실을 수 있는 구조인 데 반해, 왜군의 주력선은 돛이 하나고 속도가 빠르나 바닥이 좁아 무거운 화포를 싣기에 불리했다. 당연히 넓은 바다에서는 왜군이 유리하다.

이를 파악한 이순신 장군은 왜군이 불리한 좁고 암초가 많은 바다로 적을 끌어들일 때까지 끈기 있게 기다렸다. 적의 배가 빨리 움직이지 못할 때, 충분히 거리를 벌리고 판옥선에 장착된 대포를 쏘아 빠르지만 약한 구조인 왜선을 격파해버린 것이 임진왜란 기간 동안 열두 번 싸워 열두 번 모두 이긴 이순신 장군의 전략이다.

장군은 전투 이전에 위험하거나 적의 의중에 노출될 수 있는 모든 조건을 차단해버렸다. 이기는 법칙과 함께 넘지 말아야 할 선을 가지고 있었던 것이다. 철군하는 적의 전함이 부산 앞바다에 집결했다는 정보에, 왕은 수군의 총공격을 명하지만 왕명 거역이 죽음임을 알면서도 장군은 끝내 이를 따르지 않았다. 드넓은 부산 앞바다가 일본 수군에 유리한 지형이며 적의 숫자가 많아 속도가 느린 조선 수군이

포위될 위험이 있었기 때문이다. 장군에게는 전투에서 지켜야 할 선이 너무도 분명했다. 장군은 설령 왕의 명령이 있더라도 승리의 조건이 보장되지 않으면 전투에 나서지 않았다. 이 때문에 삼도수군통제사에서 파직당하고 백의종군하는 신세가 되기도 한 것 아닌가.

한 나라의 운명도 이러하거니와 한 개인의 투자도 마찬가지다. 위험관리의 첫 번째는 자금 배분이다. 나 역시 이 철칙을 지키지 못했을 때 투자의 생명인 전 자산을 날렸다. 그것을 회복하기 위해 남모르게 속으로 흘린 눈물과 피를 토하는 시간들을 다시 맞이할 생각은 없다.

투자자문사를 차리기 이전에 나는 이미 자금 관리에 대한 원칙을 확고히 세운 바 있다. 어떤 이유에서든 총자산의 20퍼센트를 날리면, 모든 매매를 접고 이 생활을 청산한다는 것이다. 사정을 잘 모르는 사람들은 내 베팅 규모가 어떤 때는 너무도 크고 리스크 노출이 심하다고 생각한다. 하지만 그것은 기우에 불과하다. 내가 과감히 올인을 하고 눈도 꿈쩍하지 않을 수 있는 것은 내 방식의 위험 관리를 이미 철저히 해두고 있기 때문이고, 그 마지노선이 무너질 때 단 일 초의 망설임없이 이 시장을 떠날 수 있기 때문이다.

4th 겸손한 마음으로 꾸준히 노력하라

투자의 네 번째 철칙은 고수가 즐비한 시장을 인정하고 겸손하게 꾸준히 노력하는 것이다. '1만 시간의 법칙'이라는 말이 있는데, 어느 분야고 일정한 수준에 오르려면 거기에 집중하는 시간이 최소 1만 시간이 쌓여야 한다는 것이다.

외국어를 배울 때도 그렇고 한 분야의 공부를 할 때도 그러하며 골프나 수영 같은 운동에서도 마찬가지다. 1만 시간은 24시간 기준으로 대략 400일을 넘는 날짜이다. 사람이 하루에 먹고 자는 등, 기본적인 생활 유지를 위해 소모하는 시간을 제외하고 한 가지 일에만 집중한다고 했을 때, 10시간 정도가 남을 것이다. 이렇게 보면 1만 시간은 오직 이 일에만 집중해서 1,000일을 정진해야 하는 것이니, 결코 적은 시간이 아니다.

그렇다면 투자는 어떨까? 더하면 더했지 그 이하로는 어떤 경지에 오르는 것은 꿈도 꾸지 않는 것이 좋다. 투자 공부에 가장 좋은 것은 복기다. 시장이 움직인 궤적을 다시 살피고 자신의 판단과 행동이 올바른지 재검토하는 것은 어떤 주식 책을 읽는 것보다 큰 자양분이 된다.

주변 사람들을 보면 그날그날 자신의 매매에 대해 복기를 하고 넘어가는 경우가 불과 몇 분의 일 정도인 것 같다. 더욱이 복기 내용을 노트나 컴퓨터 워드 프로그램으로 정성껏 기록하고 남겨두는 사람은 극히 드물다. 내가 지금도 10년을 훌쩍 넘긴 지난 일을 생생히 기억할 수 있는 이유도 당시의 매매일지를 모두 가지고 있기 때문이다. 친한 선배 한 분은 만기 전 모든 시장 현황을 10년 넘게 기록해오고 있는데, 그 기록을 분석해 만기일 단 하루만 거래하면서도 꾸준히 수익을 쌓아가고 있다. 20일은 온갖 명산을 유람하다가, 만기주만 복기를 시작하고 거래는 단 하루만 하고 있으니 신선이 따로 없어 보인다.

매매일지도 복기도 없이 오늘도 매매를 하고 내일도 매매를 하는 투자자가 있다면, 나는 그가 천재거나 또는 막가파거나 둘 중 하나라고 생각한다. 복기를 한다는 사람들도 장이 종료하면 손익을 확인하고, 10분 정도 거래소와 선물 옵션 차트, 그리고 주체별 매매 동향을 잠깐 확인하는 수준이다. 그러다 시간이 남으면 나스닥 시세 정도만 확인하는 정도가 대부분인데, 이런 수준은 복기라고 할 수 없다.

그렇다면 잠시 복기의 의미를 생각해보자. 이 말은 바둑에서 생겨났다. 자연히 복기가 가장 발달한 것도 바둑계이며 바둑 프로기사가 되는 길은 곧 복기를 얼마나 진중하게 많이 해봤는가와 통한다.

한국 바둑계의 두 거목 조훈현과 이창호. 훗날 둘도 없는 라이벌이 된 그들은, 사실 일찍부터 스승과 제자의 연을 맺어오고 있었다. 조훈현은 바둑 천재로 불리던 어린 이창호를 6년 동안 내제자(內弟子)로 두고 가르쳤다.

내제자를 둔 스승 조훈현은 이창호와 몇 번의 지도대국을 두었을까? 자기 집에 머무르게 하면서 바둑을 가르친 사이니 저녁 식사하고 오순도순 마주앉아 매일 한두 판씩 수담을 벌였을 것 같지만, 이 세계가 그렇지 않다. 목숨을 걸지 않았을 뿐, 진검승부나 다름없는 승부로 날을 지새우는 곳이다.

두 사람은 6년 동안 단 세 번의 대국을 했을 뿐이다. '아니, 그렇게 쪼잔하게 가르쳐 줄거면 뭐 하러 집에 데리고 있었나?' 이런 의문이 들 법도 하다. 그런데 식당에서 주방장이 새로 주방에 들어온 신입에게 하다못해 무채라도 썰라고 칼을 넘겨주기까지 3년이 걸린다는 말도 있다. 3년 동안은 오로지 쌀 씻고 재료 다듬고 설거지나 한 뒤 칼을 손에 대면 그야말로 파와 무나 썰면서 다시 3년, 그 뒤에야 주방장은 요리를 전수한다. 이렇게 보면 나이 어린 제자와 6년 동안 세 번의 지도 대국을 벌인 것이 꼭 인색하다 할 사안은 아닌 것 같다.

바둑에 대해서라면 종주국을 자처하는 일본에서는 스승이 제자에게 일평생 세 번의 지도대국을 해주는 것이 관례요, 제자는 그 세 번의 지도를 일생의 영광이요, 가르침으로 여긴다고 한다. '바둑의 신'으로 불릴 정도로 바둑계에서 이룰 만큼 다 이룬 고수들이 수백 수천 명의 어린 준재들 가운데서 장성할 싹이 보이는 단 한 명이나 두 명을 골라 5년이고 10년이고 데리고 있으면서 세 번의 지도대국을 해주는 게 이른바 '내제자'의 전통이다.

제자는 스승으로부터 받은 그 세 번의 지도대국을 수백 번 복기하며 스스로 분석해 스승이 지닌 모든 기량과 안목, 마음가짐까지 터득하여 결국 스승을 능가하는 '청출어람'에 이르는 것을 사명으로 여긴다.

그럼 대충 짐작이 가지 않는가. 이창호가 스승과 둔 세 판의 바둑을 얼마나 오랜 시간 곱씹고 뒤집어보고 미분하고 적분했을지를.

증권시장은 살벌하기로 말하자면 바둑에 비할 바가 아니지만 그나마 바둑보다 나은 점이 있다면, 고수가 됐든 메이저가 됐든, 일개 개미 투자자와 매일같이 지도대국을 기꺼이 벌여준다는 점이다. 다만, 지도대국을 할 때마다 수업료를 좀 요구할 뿐이다. 이 수업료는 싸게 치르기도 하고 비싸게 치르기도 한다.

주식 입문 초기부터 나는 수업료가 아까워서 수업이 한 판 끝나고 나면 차트를 인쇄해 대학노트에 붙이고 진입과 청산 시점을 사인펜으로 체크를 한 뒤, 오른쪽 페이지에는 진입했던 이유, 그때 기준으로 삼은 지표, 청산 목표와 손절가 등등을 깨알 같이 적었다.

청산에 대해서도 마찬가지였고 애초 마음먹은 대로 청산하지 못했을 때는 그 이유가 무엇인지, 어떤 점에 흔들렸는지를 상기하며 기록해갔다. 어떤 마음이 나를 흔들어대는지, 참회하는 불량배가 반성문 쓰듯이 속속들이 적었다.

시스템 트레이딩 툴을 활용할 줄 몰랐던 시기였으므로, 의문이 드는 것은 무식하게 몇 달치 차트를 직접 움직여가며 하나하나 손익을 기록해 점검했다. 장이 끝나고 담배 한 대 피운 뒤 다시 컴퓨터 화면에 몰입해 밤을 꼬박 새우며 복기를 하고, 기술적 분석을 한 날도 손으로 헤아릴 수 없이 많았다.

복기 노트는 풀로 붙이고 사인펜으로 적고, 적어놓은 것을 나중에

밑줄 치며 또 확인하고 그러는 사이에 너덜너덜해지고 손때가 묻어 갔다. 이런 식으로 기록한 대학노트가 십여 권에 이르자 비로소 이 둔재도 매정한 스승의 가르침이 조금씩 이해되기 시작했다.

시스템 트레이딩 툴들이 발전하여 지금은 이런 작업들이 매우 간편하게 단시간에 끝난다. 이 시장에는 성공하는 매매 방식이 열 개쯤 있다면, 실패하는 매매 방식은 백 개쯤 존재한다. 나는 매매 복기를 통해 성공하는 방식은 채 몇 개 익히지 못했으나 적어도 실패하는 백 개의 방식 가운데 오십 개쯤은 피하는 길을 배웠다.

최소한 나는, 이 시장 최고수의 글 백 개를 가져다놓고 주야로 읽느니보다 자신의 매매에 대한 진정 처절하고도 냉정한 복기(한탄과 하소연이 아니라)를 백 번 하는 사람이 훨씬 발전이 빠르리라고 믿는다.

6년여를 스승의 집에 기거하면서 복기를 통해 홀로 바둑 실력을 쌓은 이창호가 1990년 시합에 나가서 스승 조훈현을 처음으로 꺾는 날이 마침내 오고야 말았다. 조훈현에게는 스승의 기쁨과 보람을 맛본 날이요, 평생 최대의 강적을 제 손으로 키웠음을 깨달은 회한의 날이었으며, 이창호에게는 한국 바둑계의 거목을 꺾은 날이자 그간의 피나는 수련에 하나의 마침표를 찍은 바로 그날, 집으로 돌아온 스승과 제자는 서로 아무런 말 한마디도 없이 각자 제방으로 묵묵히 들어갔다고 한다.

야심한 시각, 집 안 분위기가 하도 을씨년스러워 잠을 못 이루던 조훈현의 부인이 문득 이창호의 방에 불이 켜져 있는 것을 발견하고 방문을 열어보았다. 온 에너지를 쏟아 부으며 새로운 천하의 출현을 위해 대결을 치르고 온 그날 그 깊은 밤 시각, 이창호는 예의 그 돌부처 같은 표정으로 바둑판을 앞에 놓고 묵묵히 그날 스승과 두어 이겼던 바둑을 한 수 한 수 복기하고 있더라는 것이다.

이처럼 세상에는 고수가 참 많다. 그리고 그 고수들은 다 이런 피나는 노력을 딛고 선 사람들이다. 고수가 즐비한 이 시장을 인정하려면 무엇보다 투자자 스스로 겸손해져야 한다. 목숨처럼 소중히 여기는 돈을 걸고 투자에 나섰으면서도 의외로 꾸준히 공부하고 노력하려 하지 않는 사람들이 많은데, 나태하기 때문이거나 겸손하지 못하기 때문이다. '머리가 좋으니까, 투자의 원리를 아니까, 기술적 분석에 자신 있으니까…' 등등의 자만으로 그릇된 매매를 수도 없이 되풀이하는 것이다. 시장은 이러한 나태나 오만을 바로 알고 응징을 가한다. 아무리 게임의 법칙을 잘 파악하고 자금 관리를 제대로 했어도, 겸손한 마음과 부단한 노력이 없으면 도태당한다. 이것이 네 번째 투자 철칙이다. "겸손하라, 끊임없이 노력하라."

알바트로스의 투자 철칙과 승부의 법칙 중 네 가지를 설명했다. 지금까지의 네 가지는 이야기가 비교적 간결했다. 먼저 자신이 어떤 투자자인지를 알고 자신만의 길을 정하라는 것이 첫째이고, 게임의 법칙을 파악하여 싸워서 이기는 게 아니라 이겨놓고 싸워야 한다는 것이 둘째이며, 자금 관리를 생명선으로 여기라는 것이 그 셋이며, 겸손한 마음으로 꾸준히 노력하라는 것이 넷째, 마지막으로 투자 심리를 이해하라는 것인데, 사실 이 다섯 번째가 머리로는 알아도 도저히 사람 심장에 자리 잡기가 쉽지 않다. 나도 그 한계를 인정했기에 결국 시스템 트레이딩으로 갈대처럼 흔들릴 수 있는 내 심리를 제어하기로 한 것이 아닌가.

투자는 '심칠기삼'이라고 할 수 있다. 기술이 삼할이고 심리가 칠할이다. 그만큼 심리가 중요할 뿐만 아니라, 심리는 이론적으로 알거나 배운다고 해서 쉽게 다져지는 것이 아니다. 그러므로 이 마지막 사항은 다음 장에서 별도로 훨씬 더 자세하게 다루도록 하겠다.

6장
시장을 이기는 투자 심리

할아버지가 어린 손자를 무릎에 앉히고 말했다.
"얘야, 사람 마음속에는 두 마리의 늑대가 항상 싸우고 있단다.
한 마리는 악하고 노여워하며 욕심과 교만,
자탄과 허세와 우월감으로 가득 찬 늑대지.
그리고 다른 한 마리는 선하고 겸손하며 참을 줄 알고
화평, 사랑, 베푸는 마음이 강한 늑대란다."
"할아버지, 그 둘이 싸우면 어느 쪽이 이기나요?"
할아버지는 그윽한 눈길로 아이를 바라보며 대답했다.
"그것은 네가 평소에 어느 늑대에게 먹이를 잘 주느냐에 달려 있느니라."
– 체로키 인디언의 교훈

...

지식으로 시장을 이길 수 없다

투자의 세계에서는 일반 투자자와 기관의 차이가 생각보다 크지는 않다. 일반 투자자 중에서 애널리스트나 펀드매니저보다 좋은 성적을 내는 사람들도 있다. 정보나 이론, 물량 모든 면에서 기관은 개인을 앞선다. 아무리 개인이 노력한다고 경제 전망과 경기 동향, 업종 및 기업 분석에서 기관을 앞서갈 수는 없다. 그럼에도 이런 일이 벌어지는 것은 무엇 때문일까?

만약 경제 지식이 투자 수익을 올리는 데서 절대적인 비중을 차지한다면, 상식적으로 경제학자들과 관련 학과 교수들, 그리고 경기를 전망하는 애널리스트들을 보유하고 있는 대형 투자 기관들 순으로 돈을 가장 많이 벌어야 마땅할 것이다. 하지만 실제 시장은 그렇게 움직이지 않는다. 그 이유는 바로 투자 수익을 좌우하는 좀 더 직접적인 요소가 별도로 있기 때문이다. 그것은 바로 시장과 대중의 심리, 그리고 무엇보다 투자자 본인의 심리적 행동이다. 즉 시장의 수익을 좌우하는 것이 굳이 학문 영역으로 따진다면 경제학보다 심리학이라고 말해도 특별히 그른 말이 아니라는 점이다.

투자의 이러한 속성을 가장 잘 꿰뚫어본 사람은 앙드레 코스톨라니다. 그는 본인의 저서 『투자는 심리게임이다』에서 투자로 성공하기 위한 가장 기본적인 요소를 '사고하는 인간'이라고 주장했다. 여기서 사고란 경제나 경기 변동 같은 지식보다는 대중의 움직임을 관찰하고 자신의 내면을 읽어내는 심리적 사고에 가깝다. 코스톨라니는 투자 심리의 중요성을 다음과 같이 정리했다.

"투자는 부와 파산 사이를 넘나드는 위험한 항해다. 항해를 하려면 적당한 배와 노련한 항해사가 필요한 법이다. 항해에 적당한 배는 어떤 것인가? 돈과 인내, 그리고 철사처럼 강인한 신경이다. 또 노련한 항해사는 어떤 사람인가? 경험이 풍부하고 주관이 뚜렷한 사람이다."

우리는 역사 속에서 이성을 잃은 광기의 투기 사례 여럿을 들어 알고 있다. 2000년 코스닥의 광풍이 그러했고, 수년전의 버블세븐 지역의 아파트 가격이 그러했다. 또한 저 멀리 유럽을 뒤흔들었던 튤립 투기부터 가까이 2000년 초 나스닥을 필두로 한 기술주 거품 투기까지. 어찌 보면 한심한 생각마저도 드는 광기 어린 투자였다.

'어쩌자고 튤립 뿌리 하나를 집 한 채 값을 주고 산단 말인가.'

제정신을 가지고 그런 일에 휩싸인다는 것이 잘 이해가 가지 않는다. 하지만 비웃을 필요 없다. 그것이 바로 투자의 생생한 역사이기 때문이다.

투자 심리의 요체는 단 두 가지다. 대중심리를 파악하고 경계하는 것이 그 하나요, 자기 자신을 제대로 알고 제어해내는 것이 다른 하나다. 압축하면 이토록 간단한 요체를 우리 투자자들은 아니 인간은 수백 년 역사를 통해 되풀이 경험하면서도 쉽게 자기 것으로 핸들링하지 못하는 것이다.

이성적이라는 인간들이 왜 역사적인 경제 투기의 붐과 그 버블의 역사를 되풀이할까? 유럽의 튤립 투기부터 1929년 대공황, 그리고 최근의 IT 투기붐과 2008년의 세계 금융위기까지 본질적으로 똑같은 속성의 팽창과 거품 붕괴가 왜 그리도 자주 일어날까? 게다가 그러한 시기에 투자자들은 왜 항상 같은 대응을 하는 것일까? 투기붐이 한창일 때는 거기에 동참하지 못해 안달이고 거품이 폭락할 때는 빠져나가기 위해 전력을 다하는 모습 말이다.

인간의 두뇌 인지 작용에는 층위가 다른 두 가지 서향이 있다고 한다. 먼저 즉각적이고 본능적인 '포식동물 회피 성향'이 있다. 이것은 기본적으로 진화의 산물이다. 인간이 다른 생명체와 다름없이 자연에서 생활할 때, 강한 포식동물을 피하는 것은 목숨을 보존하기 위해 절대적으로 중요한 일이다.

숲속에서 뭔가 바스락거리는 소리가 들리고 왠지 음산한 기운을 느낄 때, 원시 인간에게 이 '포식동물 회피 성향'이 작동한다. 그것이 정확히 사자나 호랑이, 표범 같은 맹수인지 아닌지 확인되지는 않지만 일단 신속히 그곳을 벗어나라는 명령을 두뇌가 내리는 것은 이 작용 때문이다.

증시의 대폭락이 일어날 때, 인간의 마음에는 이 원초적 본능이 먼저 작용한다. 모두 투매할 때가 바닥이라는, 이성적이고 교과서적인 논리는 공포를 벗어나고자 하는 '포식동물 회피 성향'보다 훨씬 뒤에 작동하게 되어 있다. 이는 노력한다고 되는 것이 아니다. 왜냐하면 인간의 마음이 그렇게 진화해왔고, 지금도 인간에게는 여전히 이 일차적 작용이 훨씬 강하고 원초적으로 작동하고 있기 때문이다.

내가 투자의 길을 걸으면서 결정적으로 타격을 입은 실패를 가만히 반추해보건대, 나 또한 다르지 않았다. 2004년 5월의 처참한 패배는 무엇보다 자금 관리와 손절매의 실패가 원인이었다. 5,000만 원, 1억 원 정도의 손실로 충분히 막을 수 있었던 매매를 그르친 것은 무엇 때문인가. 자금 관리가 이루어지지 않으면서 이미 평상심을 잃은 상태였고, 연전연승하던 내 실력에 대한 자만과 오기가 손절매의 기회를 놓치게 만들었다. 심리 싸움에서 이미 패배는 예상된 것이었다.

그 결과로 나는 결국 원시인들이 맹수에게 쫓길 때 경험한 무한한 공포를 똑같이 맞이했다. 마지막 삼십 분간의 최악의 투매 국면에서.

투자 심리를 이해하고 강건한 마음을 기르자는 것은 이런 공포를 이겨낼 수 있다는 의미가 아니다. 인간의 심리에 이처럼 이성으로 제어할 수 없는 원천적 한계가 존재함을 깨닫고 제어 불가능한 영역은 사전에 방비를 하고 제어 가능한 영역에 대해서는 태산 같은 부동심을 갖자는 뜻이다.

왜 성공한 매매만 잘 기억할까

20세기 들어서 가장 많이 발전하고 있는 학문이 심리학이다. 예전에 심리학은 철학의 한 분야였다. 그러던 것이 뇌의 구조와 기능, 인간의 인지 작용 과정 등이 밝혀지고 여러 사회적인 심리 실험들이 성과를 내면서 이제는 어엿한 하나의 과학 분야이자 독자적인 학문으로 자리를 잡았다. 심리가 투자에서 얼마나 중요한 역할을 하는지 두 가지 사례를 살펴보자.

먼저 성공한 매매만 기억하는 경우이다. 왜 투자자는 성공했던 투자 경험은 잘 기억하는 반면, 그보다 훨씬 많은 실패 사례는 구체적으로 기억하지 못하는 것일까? 머리가 나빠서일까? 결코 아니다. 심리학의 인지적 불협화 이론으로 설명할 수 있다. 인지적 불협화 이론이란, 서로 모순되는 두 가지 인지(견해)가 있으면 인간은 의식적이든 무의식이든 불쾌해지고, 그 결과 불쾌감을 해소하기 위해서 어느 한쪽을 바꾸려 한다는 이론이다.

흡연자의 폐암 사망률이 보통 사람의 열 배라고 하는 보도를 본 흡연자의 마음속에는 '나는 담배를 피운다.'라는 인지와 '담배를 피우면 폐암에 걸릴 확률이 비흡연자보다 10배나 높다.'라는 인지가 모순되어 불협화가 발생하고 이 때문에 유쾌하지 못한 감정이 된다.

이 불쾌감이 사라지려면 모순된 인지의 한쪽이 사라져야 한다. 즉 '흡연자라는 사실'과 '흡연자는 폐암 발생률이 10배 높다.'는 두 가지 사실 중 하나가 바뀌어야 하는 것이다. 그런데 전자가 바뀌려면 담배를 끊는 행동이 이어져야 한다. 이것은 매우 고통스럽고 몸이 움직여야 하는 일이며 시간이 오래 걸린다.

따라서 흡연자는 금연하는 행동보다는 '내 주위에 아무개 할아버지는 하루 담배를 한 갑씩 피우면서도 80까지 정정하게 살았는데, 뭘.' 하는 방식으로 정보를 무시해버리거나, '흡연이 각성 효과를 주어 사무직 활동에 나쁘지 않다.'라는 다른 정보를 적극적으로 받아들인다. 모순된 두 가지 인지 중에서 지우기 편한 후자의 인지를 지우는 것이다. 이것이 인간의 자연스런 속성이다. 결국 흡연이 해롭다는 정보는 흡연자가 담배를 끊는 데 아무 도움이 되지 못한다.

"내가 지난해 5월 그 폭락장에서 말이야, 만기 3일 전에 콜옵션 200짜리를 있는 대로 긁어모았거든. 그게 어디까지 뛰었냐 하면….."

이렇게 자신의 투자 성공담을 구체적으로 늘어놓는 투자자가 많은 데 비해, 실패했을 때의 상황과 투자 종목, 정확한 손실액 등등을 제대로 기억하는 이가 드문 것은, 우리 마음속에 자신의 투자 실패 사실을 지우고 싶은 마음, 승리한 기억만을 정보로 남겨두고 싶은 성향이 존재하기 때문이다.

사람은 누구나 타인에게나 스스로에게나 자신이 조금이라도 더 나은 사람으로 기억되기를 바란다. 그러나 이러한 태도는 투자의 영역에서 오히려 좋지 않은 효과를 불러온다. 투자는 돈을 벌기 위한 것이지, 똑똑하다고 인정받거나 투자를 잘한다고 칭찬을 받기 위한 것이 아니다. 합리적인 투자 행위라면 예상과 다른 안 좋은 흐름이 펼쳐질 때 적절한 선에서 손실을 제어해낼 줄 알아야 한다. 그러나 투자자의 대부분은 이러한 상황이 되었을 때 과감한 결단을 주저하게 된다. 자신의 실패를 인정하는 것이 자신의 가치를 떨어뜨린다고 생각하기 때문이다.

이런 성향은 내적인 기준에서도 마찬가지다. 본능적으로 자기 자신에게 1점이라도 더 줄 수 있는 이유나 근거를 찾는다. 반대로 감점 요인은 의도적이던 의도적이지 않던 잊어버리기 마련이다. 이것은 자신의 심리 상태를 지키기 위한 일종의 정신적 방어 행위이다. 하지만 마찬가지로 이런 심리와 행동이 투자에서는 치명적인 해가 된다.

결과적으로 이런 마음이 그대로인 한 투자자들은 어쩌다 한 번씩 거둔 작은 승리에 대한 정보만을 남겨두고 그보다 훨씬 잦고 규모가 컸던 실패와 손실의 기억은 자꾸 잊어버리게 된다. 따라서 현실에서는 늘 실패하는 투자자도 자신은 충분히 능력과 실력을 갖추었는데 다만 운이 따르지 않았을 뿐이라며 자신을 합리화하고 투자를 지속

하는 것이다.

게다가 손실은 키우면서도 이익은 작게 실현한다. 투자 종목이 50퍼센트 손실이면, 버리는 셈치고 끝까지 손절하지 않고 버티는 경우가 많다. 하지만 이익이 50퍼센트일 경우에는 추세가 살아 있을지라도 '어차피 버릴 각오했던 건데.' 하며 그대로 보유하는 사람은 흔치 않다. 과학이 밝혀낸 바로는 인간은 수익 기대 성향보다 위험 회피 성향이 더 강하기 때문이다.

이를 증명하는 실험에는 다음과 같은 것이 있다. 노벨 경제학상을 수상한 카네만과 트버스키(Kahneman Tversky) 교수의 연구에 따르면 동일한 액수의 이득보다 손실이 주는 영향력이 최소한 2배 이상 크다.

우연히 길에서 만 원을 줍는 경우와 주머니에 있던 만 원을 잃어버리는 경우를 각각 대비해보자. 만 원을 주우면 잠시 기분이 좋다. 그러나 만 원을 잃어버리면 하루 종일 기분이 좋지 않다. 동일한 액수의 이득이 주는 만족보다는 동일한 액수의 손실이 주는 충격이 심리적으로 훨씬 크게 느껴지기 때문이다.

그러면 손절을 못하는 이유는 무엇인가? 지금 당신의 보유 포지션은 마이너스 30퍼센트로 손실 상태다. 여기서 포지션을 청산하면 당연히 손실은 더 이상 확대되지 않을 것이다. 그러나 우리 마음속 깊은 곳에 자리한 인간의 손실 회피 성향이 작용한다. 현재 평가손 상태인 것을 손절매 처리함으로써, 손실을 확정해버리는 현실을 받아들이고픈 마음이 아닌 것이다. 그래서 마음 한 구석에서 이런 주문이

나온다.

"괜찮아질 거야, 조금만 버티면 마이너스 30퍼센트는 마이너스 10퍼센트 정도로 줄어들 수 있어. 아니 어쩌면 지금이 바닥이라, 플러스로 전환될 수도 있어."

강건한 심리를 연마하지 못한 보통의 아주 지극히 평범한 사람들로서는 이런 마음이 드는 게 너무나도 당연하다. 그리고 그 귀결은 더 설명하지 않아도 될 것 같다.

자, 과학이 밝혀낸 사실이 이러하니 투자자가 갖는 막연한 자신감이란 게 얼마나 근거가 없는 것인지, 나아가 얼마나 스스로를 위험에 빠뜨릴 수 있는 맹독이 될 수 있는 것인지 알 수 있을 것이다. 이 점을 명심하자.

'이 시장에서 가장 위험한 존재는 다른 누구도 아닌 바로 나 자신이다.'

자신을 알아야 투자가 시작된다

투자가 어려운 것은 그것이 다른 사람과의 대결이라서가 아니라 자기 자신과의 싸움이기 때문이다. 투자 관련서나 증권사들이 쏟아내는 리포트 등으로 열심히 공부하면 투자의 기본을 알 수 있지만 실제로 투자를 해보면 도저히 기본대로 투자할 수가 없다. 그 이유가 무엇일까?

많은 투자자들이 모의 투자를 해보는데, 모의 투자에서 손실을 보는 사람은 거의 없다고 보면 된다. 심지어 내가 아는 후배는 주식시장에 대한 예측이 틀려본 적이 없다는 말도 한다. 그런데 돈을 벌지 못하는 까닭이 어디에 있느냐고 내게 묻곤 한다. 나는 많은 주식 관련 책을 읽어봤지만, 그 어떤 책도 아래의 글만큼 나를 깨우쳐준 글이 없다.

공자(孔子)의 제자 중에 안자(顔子)라는 사람이 있었다. 하루는 안자가 배를 타고 강을 건너게 되었다. 안자가 뱃머리에 앉아 풍경을 즐기다가 사공의 모습에 눈이 갔다. 그런데 노를 젓는 사공의 표정이 그지없이 편안해 보이고 노 젓는 솜씨 또한 일품이었다. 갑자기 호기심이 동한 안자는 사공에게 물었다.

"저 같은 사람도 배 젓는 법을 배울 수 있겠습니까?"

"물론입니다. 수영을 잘하는 사람은 연습만 하면 곧 배울 수 있고, 잠수를 잘하는 사람은 배를 본 적이 없어도 바로 저을 수 있습니다."

안자는 그 이유를 물었다. 그러나 사공은 빙그레 웃기만 할 뿐 대답을 하지 않았다. 궁금해진 안자는 스승인 공자에게 이것을 물어보았다.

"수영을 잘하는 사람이 배를 잘 저을 수 있는 이유는 물에 빠지는 것을 겁내지 않기 때문이다. 또 잠수에 능한 사람은 배가 뒤집히더라도 결코 당황하지 않는다. 그래서 오로지 배 젓는 일에만 전념하게 되는 것이다."

그제야 안자가 고개를 끄덕이자 공자는 덧붙여 말했다.

"내기를 하는 경우에도 이와 같아서 기왓장 하나를 걸고 내기를 하면 기가 막히게 잘하는 사람이 그보다 조금 더 값진 물건을 걸고 내기를 하면 기가 죽고, 황금을 걸고 내기를 하면 정신이 혼미해진다. 그 사람의 기술은 언제나 같지만 마음을 물건에 **빼앗기면** 행동은 뜻대로 되진 않는 것이지."

나는 이 글이 이 시장에 뛰어든 투자 심리의 핵심을 관통한다고 생각한다. 마음을 재물에 **빼앗기면** 행동은 뜻대로 되지 않는다. 내가 시장에서 큰 수익을 거둘 수 있었던 것은 모니터 속에서 시시각각 변하는 계좌 손익에서 내 마음을 지키기 시작한 때부터였다.

똑같은 사람이지만 HTS를 켜는 순간 사자와 영양처럼 먹이사슬의 위치가 정해진다. 그런데 정작 본인은 그것을 알지 못한다. 오직 시장만 안다.

아프리카 세렝게티 초원에 관한 다큐멘터리를 즐겨 보는데, 세렝게티가 뜻하는 말은 마사이족어로 '끝없는 평원'이라는 뜻이다. 말 그대로 막힌 곳 없이 끝없이 펼쳐지는 이 초원에는 수많은 동물들이 생태계를 이룬다.

이들 동물의 먹이사슬에서 정점에 있는 것은 사자나 표범, 치타, 하이에나, 자칼 같은 육식성 동물이다. 그런데 세렝게티 동물군 가운데 개체수로 가장 많은 것은 영양이다. 영양은 세렝게티 생태계에서 어느 육식성 동물과 '맞짱'을 떠도 이길 수 없는 존재다. 사자도 아니고 표범도 아닌 먹이사슬 아래에 위치한 영양이 어떻게 이 초원에서 가장 많은 개체를 이루고 있을까? 들판에서는 사자에게 쫓기고, 물을 건너다가는 매복한 악어의 밥이 되기도 하고, 하다못해 독을 품은 코브라에 물려 숨지는 신세인데 말이다. 그러나 영양이 멸종하지 않는 것은 자신이 영양임을 정확히 알고 있기 때문이다. 영양은 가장 약한 존재이기 때문에 생존에 필요한 기술을 여럿 발전시켜왔다. 빠른 다리, 늘 민감한 촉각과 후각, 무리가 휴식을 취하거나 풀을 뜯을 때에 항상 보초를 세우는 본능적 행동 등이 그것이다.

트레이더도 자신의 급수만 알아도 그렇게 전멸하지는 않는다. 그런데 대부분은 자신을 고라니나 영양이라 생각하지 않고 포식자로 행동하고 싶어 한다. 물론, 이왕 약육강식의 정글에 들어선 이상, 사자가 되기 위해서 노력하는 것은 좋다. 그러나 그보다 생존이 먼저다.

생존하기 위해서는 위기 상황에서 손실을 적정선에서 자를 수 있어야 하고, 동시에 수익을 낼 수 있을 때에는 제대로 낼 수 있어야 한다. 잃을 때 적절한 선 안에서 지키지 못하거나 벌 기회가 왔을 때 제대로 못 챙긴다면 자금을 지켜나가기 어렵기는 매한가지다. 손실 관리와 수익 확보를 얼마나 잘할 수 있느냐는 매우 중요한 생존의 문제다. 이 중 한 가지라도 부족하면 장기간 생존할 수 없다.

투자 방법마다 수익을 가져오는 근본 원리가 있을 것이고 어떠한 투자든 자금을 합리적으로 지켜갈 수 있는 베팅의 룰이 있기 마련이다. 투자 이전에 이에 대한 이해가 선행되어야 하고 진행 과정에서 계획과 실천이 꾸준하게 뒷받침되어야 한다. 수익, 손실, 계획, 실천, 관리 그 어느 하나라도 제대로 이루어지지 않으면 냉혹한 정글에서의 결과는 뻔하다.

투자자 대부분은 자신의 실력에 관대하다. 게다가 자신만이 갈고 닦은 비법이 있다든가 특출한 능력자를 조언자로 두고 있다고 과신하기도 한다. 그러나 가장 냉혹한 검증은 결국 계좌 수익을 통해서만이 가능하다. 일단 투자 결과를 솔직하게 받아들여야 한다. 그것이 현재 본인의 냉정한 실력이고 이변이 없는 한 앞으로의 투자 성과를 예상할 수 있는 바로미터이기 때문이다.

어느 투자자가 자신의 급수가 궁금하다면, 답은 멀리 있지 않다. 바로 지금 그 투자자의 계좌가 말해준다. 눈에 보이는 그것만 믿으면 된다. 강한 자가 고수가 아니라, 살아남은 자가 고수인 법이다.

지속적이고 장기적으로 손실을 보고 있는 이가 향후 드라마틱하게 바뀔 가능성은 거의 없다. 또한 설령 수익을 냈다 하더라도 운에 기댄 수익은 투자 실력과 명확히 구분해야 한다. 우선 손실을 보는 패턴을 찬찬히 살펴보길 권한다. 급수가 낮은 사람일수록 작게 여러 번 벌고 크게 한방에 잃는다. 잃기 싫은 마음가짐에 벌고 있던 것마저 다시 잃을 수 있다는 불안감까지 앞서기 때문이다. 그런 심리적 상태는 수익을 낼 때는 해당 투자방식이 거둘 수 있는 만큼을 다 못 거두어들이게 만든다.

투자 급수가 정해지는 건 그뿐만이 아니다. 투자 전략과 투자 습관까지 모두 치밀하고 탄탄해야 한다. 실력은 결코 의지와 바람만으로 되는 것이 아니다. 이기는 방법을 알아야 하고, 왜 이길 수 있는지 원리를 꿰고 있어야 한다. 투자에서 성공하는 과정에는 숱한 패배를 견뎌내야 한다. 확고한 원칙과 군건한 심지가 없다면 어려운 일이고, 이모든 것에 자신이 없다면 섣불리 투자나 거래를 해선 안 된다. 한두 가지 미흡한 부분이 있다면 그 부분을 강화하기 위한 준비를 끝마치고 나서 시작해도 늦지 않다. 그만큼 신중을 기해야 하는 것이 투자다. 운이라는 것은 한참 이후의 일이다.

시장에서 자신의 위치가 어느 정도인지 궁금한 이유는 자신이 냉혹한 정글에서 과연 살아남을 수 있는지 가늠하고 싶기 때문이다. 어떤 분들은 수많은 주식 책과 강연을 통해 이제 이론만큼은 스스로 고수가 된 것 같다고 말하기도 한다. 하지만 현실은 그렇지 않다.

대중 강의 때 에피소드를 한 가지 이야기하자. 어떤 분이 물었다.

"저는 경영학을 전공했고 미국 MBA도 다녀왔습니다. 제가 투자 공부를 시작한 지 일 년쯤 되었습니다. 최신 이론을 다룬 책은 국내에 없으면 아마존에 주문해 구입해서 원서를 독파해가면서 공부하고 있습니다. 어느 정도 더 공부하면 강사님 정도의 실력을 갖추게 될까요?"

질의응답 시간에 가장 많이 나오는 질문이 '앞으로 장이 어떻게 갈 것 같으냐?'는 것이고 다음은 기법을 알려달라는 요청, 그리고 그 다음이 바로 이분처럼 얼마나 또는 어떻게 하면 나와 비슷한 수준이 될 수 있느냐는 질문이다. 나는 이분에게 되물었다.

"선생님 혹시 바둑 두세요?"

"네, 재미로 가끔 하지요."

무슨 뜬금없는 질문이냐는 듯 웃으면서 대답한다. 나 역시 웃으면서 다시 묻는다.

"그러시군요. 바둑을 몇 년간 연습하면 이창호 같은 프로선수와 싸워 이기실 수 있다고 생각하세요?"

"에이, 그건 연습한다고 되는 건 아니죠. 이창호는 본능적으로 타고난 사람이고…."

나는 잠시 뜸을 들였다 대답한다.

"맞습니다, 선생님. 저도 바둑을 열심히 연습한다고 이창호와 맞바둑 둘 실력이 될 거라고는 생각하지 않습니다. 그런데 바둑보다 몇십 배는 복잡하고 목숨 건 생돈이 오고가는 이 실전 투자시장에서는 산전수전 다 겪은 프로급 투자자들과 겨룰 수 있다고 생각하시나요?"

"…."

주식투자를 지식만 쌓으면 이길 수 있는 게임이라고 착각하기 때문에 많은 투자자들의 불행이 시작된다.

그렇다면 나는 어떤 수준에 있을까? 나는 적어도 내가 정글 최강자인 사자가 아닌 것은 알고 있다. 그렇기에 세렝게티 초원보다 더 치열한 이 약육강식의 정글에서 절멸당하지 않고 살아남은 것이다.

투자도 즐기면 이긴다

많이 알려진 이야기를 하나 인용해보자.

스님 두 분이 여행 중 냇물을 만났다. 마침 그곳에는 참하고 예쁘게 생긴 한 여인이 발을 동동 구르고 있었다. 한눈에 봐도 여자 몸으로 물살이 센 냇물을 건너기는 어려워 보였다. 큰스님이 여인을 업었다. 냇물을 건넌 스님은 여인을 내려놓았고 여인은 합장을 하며 고맙다는 인사를 했다. 다시 길을 걷기 한참, 젊은 스님이 도저히 참지 못하겠다는 듯 큰스님을 향해 물었다.

"스님, 아무리 사정이 딱하더라도 출가한 신분으로 여인을 업다니요. 여인의 육체를 그렇게 가까이 접하는 것은 부처님 가르침에서 벗어난 일이 아닙니까?"

그 말을 들은 큰스님이 혀를 끌끌 차며 말했다.

"허허, 인석아. 나는 냇물을 건넌 뒤 이미 그 여인을 내려놓았는데

너는 아직도 그 여인을 업고 있단 말이냐?"

투자도 이와 같다. 한번 흘러간 강물이 다시 같은 자리로 돌아오지 못하듯이 이미 지나간 매매를 아무리 후회하고 돌이킨들 현재의 매매에 도움이 되지 않는다. 그러나 투자자들은 과거의 실패했던 매매에 대한 집착, 성공적이었던 매매에 대한 흥분된 기억을 쉽게 떨치지 못한다.

증시에 우스개로 회자되는 이야기가 있다. 머리도 수염도 허옇게 센 어떤 사람이 10년간 주가가 무려 50배나 오른 종목을 보유한 계좌를 들고 객장에 찾아와 매도해 돈을 찾아달라고 요구했다. 잔고를 인출해주며, 너무나 신기한 나머지 증권사 직원이 물었다.

"투자 정말 잘하시네요. 어떻게 그렇게 뚝심 강하게 주식을 오래 보유하실 수 있죠? 이 종목이 십년 동안 수십 번 부침을 거듭했는데?"

그러자 도인처럼 생긴 이 투자자가 말했다.

"아 제가 잘못을 저질러 8년간 복역하다가 출소한 지 며칠 안 되는데요."

어찌 보면 이 시장에서 이기기 위해서 반드시 필요한 것 중 하나는 부동심이다. 그런데 어떤 상황에서도 흔들리지 않는 이 부동심이란 것이 말처럼 쉽지 않다. 누구는 명상을 해보라고 하고, 또 누구는 종교에 의지해보라고도 하는데, 그렇게 해서 될 것이었다면 나는 일찌

282

감치 참선학원에 등록하고 종교 또한 가져보았을 것이다. 그런데 시장에서 신앙심 깊은 분들과 명상하시는 분들의 성과가 도드라지는 것도 아닌 걸 보면 그것이 정답은 아닌 것 같다. 나는 차라리 내셔널지오그래픽에 나오는 동물들의 모습에서 더 많은 배움을 얻는다. 먹이가 가까이 올 때까지 물속에서 숨어 있는 악어의 모습과 초원의 풀 속에 몸을 숨기고 최대한 사정권에 들어올 때까지 기다리는 사자의 모습에서 말이다. 나는 그 맹수들의 모습에서 부동심을 절절히 느낄 수 있었다. 기다릴 줄도, 준비할 줄도 모르고 천방지축 거래에 뛰어들어 자신의 소중한 자산을 날려 버리는 사람들은, 맹수의 입 안에서 버둥거리는 초식동물과 다를 바가 없다.

가벼운 이야기로 시작했지만, 우리는 정말 매매를 하면서 결과나 수익에 초연해질 수 있을까? 방법은 있다. 무엇보다 즐기는 거래를 하는 것이다. 돈을 벌기 위해서 거래를 하면 어려울 수밖에 없고 그냥 즐기는 차원에서 거래를 하면 쉬울 수 있다.

프로야구 첫 일본 진출 선수로 삼할대 타율을 기록하면서 일본 퍼시픽리그의 수위타자를 석권했던 백인천 선수가 우리나라에 프로야구가 생기면서 돌아와 MBC청룡의 감독 겸 타자로 활약을 했다. 그가 처음 일본에서 돌아와서 했던 이야기가 기억난다.

"일본의 프로야구 선수들은 야구 자체를 즐기는 반면, 우리 선수들은 돈벌이로만 야구를 한다."

내가 느끼는 이 말이 의미하는 바는 결코 가벼운 내용이 아니었다. 이창호가 돈을 벌기 위해서 바둑을 두지는 않았을 것이다. 그저 바둑 그 자체가 좋아서, 미친 듯이 좋아서 몰두했을 것이다.

벌써 6~7년 전의 일이다. 파생시장에서 투자 좀 한다는 사람들끼리 친목 모임을 만들었었다. 월 한두 번쯤 모여 식사도 하고 재미 삼아 포커도 즐기는 가벼운 모임이었다. 워낙 선수들끼리 모이다 보니, 오히려 매매에 관한 이야기는 거의 하지 않고 그냥 쉬기 위한 모임이었다.

멤버들은 다들 신문에 이름 한 번씩은 난 사람이었고 큰 수익을 기본으로 챙겼던 사람들이다. 멤버가 꽤 많았으나 그중 지금까지 생존해 있는 분은 삼산이수 형님과 나 정도뿐이다. 나머지 분들은 대부분 사라졌다. 이처럼 난다 긴다 하는 고수들도 판판이 깨져나가는 이 시장에서 살아남을 방법이 있을까? 기억해두어야 할 것은 돈을 벌기 위한 거래를 멈추라는 것이다.

『논어』에 등장하는 '아는 사람은 좋아하는 사람만 못하고, 좋아하는 사람은 즐기는 사람만 못하다(知之者 不如好之者 好之者 不如樂之者).'는 말은 투자에도 해당되는 말이다. 돈을 벌기 위해서 거래를 하지 말고 거래 자체를 즐긴다면 그나마 가능성이 많이 늘 듯하다. 그런데 그걸 깨달은 분들이 몇 분이나 될까 싶다. 다들 돈을 벌기 위해서 혈안이 되어 있는데, 그런다고 돈이 벌리는 것일까? 일단 재미를 느껴야 한다. 일단 시장이 재미있다면 돈을 벌 준비는 되어 있는 것이다. 단언컨대, 나는 내 일에서 돈만을 추구해본 적은 없다. 내가 돈을 벌기 위해서 일했다면 아마도 그 기나긴 과정을 견디지 못했을 것이다. 이 일이 재미가 없어지면 나는 그때가 떠날 시점이라고 생각하고 있다. 지속 수익을 내건 손실이 나건 그것은 전혀 무관하다.

초연한 마음을 갖기 위한 두 번째 방법은 잘 져주는 것이다. 내가 지금껏 무수히 읽은 투자 관련 서적 중에서 내가 손에 꼽는 한 문장이 있다. "The best loser is the long-term winner." 직역을 하면 '잘 지는 자가 장기적으로 승자가 된다.'는 말이고 이것을 이렇게 번역해 놓은 책도 있다.

'올바른 방법으로 잃을 줄 아는 사람이 장기적으로 승자가 된다.'

투자에서 성공하는 유일하고도 확실한 비밀이라고까지 설명을 달아놓았는데, 나는 이 말에 100퍼센트 동의한다. 투자란 열 번 도전하면 예닐곱 번은 즐거운 마음으로 가볍게 잃어주는 게임이다. 맞지 않으려면 링에 오를 수 없다. 유도선수가 상대방을 메치기 전에 낙법을 먼저 배우고 권투선수가 가드 올리는 방법을 확실히 익혀야만 잽을 던질 수 있듯이, 투자자라면 잃을 때 아프지 않게 잃을 줄 알아야 한다. 그리고 열에 두세 번 올까 말까 한 승리를 거머쥘 시점에는 동요 없이 뼛속까지 발라먹는 자세를 가져야 한다. 작은 수익을 여러 번 취하면서 높은 승률에 도취되기보다 작은 손실을 지속적으로 쌓아가면서 찾아올 큰 시세를 남김없이 취하는 자세를 가져야 한다.

다만, 여기서 결코 잊어서는 안 되는 사실은 시장을 결코 원망해서는 안 된다는 점이다. 사실이건 그렇지 않건 '시장은 늘 옳다.'는 생각을 마음속에 품고 있어야 한다. 시장이 틀리고 내가 옳다고 우길 수는 없다. 시시각각 새침데기처럼 변하는 시장 흐름에 나를 맞춰야 한다. 그렇기에 나의 판단이 자주 시장의 흐름과 다를 수 있다는 것을 흔쾌히 인정하는 마음가짐이 필요하다. 투자는 최종적으로 돈을 벌기 위한 것이지 똑똑하다고 인정받기 위한 것이 아니다. 틀렸다는 사실을 인정하는 데 인색할 이유는 없다. 이런 자세는 돈을 지키고 보다 나은 기회를 엿볼 수 있는 여유를 유지하기 위한 가장 합리적이고 효율적인 태도이다. 늘 이기려 하면 필패한다. 잘 질 수 있는 사람이 투자자로 오래도록 살아남을 수 있는 사람이다.

오늘의 행복이라는 것

오래전 일이다. 늦은 시각에 선배님에게서 전화가 왔다. 잔뜩 취한 음성으로 간단한 한마디뿐이었다.

"이리로 좀 와라."

다른 분이었다면 그 늦은 시각에 굳이 나갈 이유가 없었겠지만, 평소에 존경하던 분인지라 황급히 알려준 곳으로 찾아갔다. 선배님이 알려준 여의도의 한 술집에 들어가 보니, 이미 그 선배님은 다른 한

분과 만취한 상태였다. 함께 계신 분은 나 역시 몇 차례 뵈었던 분이었는데, 연배가 나보다 많다는 것과 평소 좋은 인상을 가진 정도로만 느끼고 있을 뿐 특별한 인연은 없는 분이었다. 그런 그분이 계좌가 깡통이 나 집까지 내놓으셨다고 했다.

"알바야, 너도 깡통 차봤지? 그런데 보란 듯이 재기했지?"

"…."

"너, 깡통 찬 게 언제지?"

"2004년입니다."

형님이 나를 부른 이유는 그분에게 용기를 주고 싶은 마음 때문이었다. 두 분이 너무 많이 취해 집에 모셔 드리려고 자리를 정리하는 와중에도 이 선배분은 전혀 몸을 가누지 못하고 몇 차례 쓰러지길 반복했다. 내가 업다시피 부축해서 나갔는데, 부축한 어깨에 격한 떨림이 느껴질 정도였다. 얼마나 아파하는지 그 아픔이 전달되다 못해 내 마음까지 아려왔다. 하지만 그 순간 나는 그분이 더 아파하길 바랐다. 그러다 훌훌 털고 재기하시길 진심으로 빌었다.

이처럼 이 시장에 들어온 후 좋았던 기억보다 슬프고 고통스러웠던 기억이 더 많다. 그리고 여기에서 많은 사람을 만났는데, 행복한 사람은 거의 보지 못했고 불행과 좌절에 빠진 분들이 훨씬 많았던 것 같다. 문제는 일단 불행에 빠진 사람들은 더 큰 불행으로 치닫게 되는 속성에 있다. 당장 오늘 죽는 것도 아닌데 세상 끝난 것처럼 땅을 치며 괴로워한다고 해서 더 좋은 내일이 열릴 수 있을까?

투자에 성공하려면 평온한 마음가짐이 매우 중요하다. 그리고 평온함은 오늘의 행복을 즐길 줄 아는 데서 비롯된다. 나는 늘 목숨을 걸 각오가 되어 있지 않으면, 투자의 길에 나서지 말라고 말린다. 그런데 이 말은 그만큼 치열하게 생각하고 노력해야 겨우 길이 열릴까 말까 하다는 뜻이지, 투자에 인생의 모든 것을 올인하라는 뜻은 아니다.

내게 허락된 작은 물질적 여건에 만족하고, 내 옆에 여전히 가족과 친구라는 울타리가 있음에 행복을 느낄 줄 알고 서두르지 않는다면 평온한 마음으로 평정심을 유지한 투자가 가능하다. 어떤 재무관리사가 이런 이야기를 하는데, 매우 타당하다는 생각이 들었다.

"부를 쌓기 위해서는 오늘 당장의 소비를 절감하고 내일을 위해 꾸준히 모아가는 것이 기본입니다만, 그렇다고 너무 절감과 내핍에만 치중하다 보면, 스트레스가 커져 오히려 장기적인 저축에 걸림돌이 됩니다. 저라면 이런 방법을 권합니다. 만일 돈을 벌거든 그 가운데 10퍼센트는 꼭 쓰고 싶었던 일에 아낌없이 쓰라고 말이죠. 번 돈의 일부를 이렇게 쓰면, 지난한 목표를 위해 무조건 인내해야 하는 고통을 덜 수 있어 스트레스가 덜 쌓입니다. 그러니 오히려 다음 달에도 그 다음 달에도 꾸준히 저축을 해나갈 수 있죠. 게다가 돈을 쓰는 기쁨을 맛보았기 때문에 더 열심히 일해서 돈을 벌 의욕이 생기구요."

경제는 유한한 자원을 어떻게 배분할 것인가 하는 선택의 문제를 고민하는 학문이다. 오늘 100만 원이 있을 때, 마블링 고운 최고급 등심도 사먹고 싶고 쇼핑도 하고 싶은, 현재 시점의 욕구가 있다. 반면 이 돈을 저축하거나 투자하여 10년, 20년 후 노후를 편하게 대비하자는 장기적 욕구도 있다. 경제는 결국 이런 선택을 합리적으로 잘하게 만드는 학문이다.

물론 이론적으로 답은 이미 나와 있다. 복리의 효과는 엄청난 것이어서 지금 최초의 투자액은 작은 차이라 해도, 10년이 흐르고 나면 아주 큰 차이를 낳는다. 따라서 최종 목표 지점에서 본다면 당장 오늘의 소비와 행복을 유보하고 투자를 하는 것이 최우선이다. 그러나 현실 속에서의 인간은 꼭 그렇게 합리적으로만 움직이는 존재가 아니다. 100퍼센트 합리성만 추구한다면 어쩌면 그것은 인간이라기보다는 로봇 또는 컴퓨터에 가까울 것이다. 단기적 욕구도 충족시키면서 장기적인 목표도 한 발 한 발 다가설 수 있는 길은 오늘의 작은 행복을 충분히 즐기고 감사할 줄 아는 것이다.

투자하는 분들 중에는 친구와 소주 한잔 마시고 그 술값으로 기껏해야 몇 만 원 내거나 귀갓길에 가족들에게 줄 피자 한 판 사는 것도 아까워하면서, 하루 거래로 몇 백만 원의 손실을 입는 것에 대해서는 의외로 무덤덤한 사람들이 많다. 이것은 초연한 것이 아니라 둔감한 것이다. 또한 오늘 잃은 손실 이상을 내일 찾아올 것이라는 막연한 기대감이다. 앞서 이야기한 '인지 부조화' 사례이기도 하다. 손실이라는 받아들이기 싫은 현실을 그런 식으로 회피하고서 자신이 손실에 대범한 사람이라고 생각해버리는 것이다. 손에 만져지는 현실의 작은 행복을 소중히 여기는 것이 투자 심리에는 그만큼 중요하다.

이와 관련해 정반대의 두 가지 사례를 소개해본다.

먼저, 스스로 불행하다고 느끼는 어떤 지인의 이야기다. 내가 막 시스템에 집중하기 시작하던 무렵에 투자자로서 만났던 분인데, 참 호인이었다. 몇 년 못 만난 사이 그에게는 적지 않은 부침이 있었다. 우선 유산으로 받은 경기도 인근의 땅이 도시 개발로 가격이 크게 오르는 바람에 대략 150억 정도의 자산가가 된 분이었다. 그러나 최근에는 그 돈을 선물 옵션에 투자해 100억 원 상당을 날려 재산이 50억으로 줄어든 상태였다. 예전에 이 분을 처음 알게 된 무렵, 그는 평범한 직장인으로 매우 행복해했고 표정 또한 밝고 여유로웠다. 직장 건실하고 가족 단란하고 적잖은 고향 땅도 있었다. 그런데 다시 만난 그의 심리 상태는 최악이었다. 비록 투자로 100억을 날렸다고는 하나 여전히 일반인은 꿈도 꿀 수 없는 50억이라는 큰돈을 가지고 있음에도.

술을 털어 넣으며 "그때 땅을 팔지 않고 그냥 가지고 있었으면 지금 시세로 1,000억이 넘었을 텐데…." 하면서 연신 가슴을 치는 것이었다. 이런 이야기는 가장 어리석은 투자자가 하는 말이다. 역사에 'if'가 의미가 없듯이. 투자에도 'if'란 하품 나오는 가정에 불과하다. 아무튼 사람 좋은 분이 그토록 고통스러워하는 모습을 보니 많이 착

잡했다.

1,000억의 기회가 현실에서 50억이 되었으니 스무 토막이 났다는 그와 헤어지면서 '50억을 가지고 있은들 무얼 하나, 5,000만 원 가진 사람보다 불행한데….' 하는 생각이 머릿속을 떠나지 않았다. 이분에게는 이미, 날려버린 돈에 대한 기억이 너무 강렬해서 그 기억에서 자유로워지지 않는 한 남은 50억도 불안하기 짝이 없고, 무엇보다 마음의 평화를 찾기가 매우 힘들어 보였다. 행복과 불행은 이처럼 모두 마음에 있는 것 같다. 그러고 보면 돈은 자신을 통제할 줄 모르는 이에게 가면 독약이 되는 것인지도 모른다.

또 다른 가까운 선배의 반대 사례다. 이 선배는 한창 벤처 붐이 일어날 때, 제법 전도유망한 회사를 경영했다. 그런데 인생사 새옹지마라고 나스닥이 붕괴하고 기술주 버블 이야기가 나오면서 순식간에 경영 환경이 바뀌어 선배 회사도 결국 부도를 맞고 말았다. 빚만 잔뜩떠안은 이 선배가 투자를 배우겠다며 내 게시판을 자주 드나들다가 하루는 '만이천 원의 행복'이란 글을 게시판에 올렸다. 나는 제목을 보고 '대체 무슨 소리일까? 현재 선배 처지에서 행복 운운이라니….' 궁금해 하며 글을 클릭했다.

아주 소박하고 일상의 소소한 이야기를 담담하게 적은 글이었다. 이 글을 다 읽은 내 눈에 눈물이 핑 돌았다. 성공하고 실패한 많은 사람의 이야기를 접했고, 기상천외의 스토리를 듣기도 했지만, 내가 이 시장에 들어와서 본 글 중에 가장 마음이 편하고 감동적인 글이었다.

나는 이 선배가 자금이 부족한 상황에서 사업 실패를 선물 옵션 투자로 만회할 것으로 보진 않았다. 다만, 그 글을 보건대 선배가 현재의 행복을 소중하게 여기는 마음이 있고 그렇다면 부실한 투자에 연연하며 매달리지 않을 것으로 느껴졌다. 과연 선배는 이후 투자를 통해 재기한다는 생각은 깨끗이 접고 자신의 길을 찾아 열심히 살고 있다.

선배의 허락을 구해 독자들께 소개해드린다.

만이천 원의 행복

"학교 다녀왔습니다!" 소리치며 거의 동시에 들어와 아빠에게 뽀뽀 세례를 퍼붓는 두 아이들을 데리고 봄바람이나 쐬자며 집을 나섰습니다.

아직 바람도 찬 기운이 남아 있고 황사인지 스모그인지 하늘빛도 뿌연하여, '연분홍 치마가 봄바람에 휘날리더라.'는 그런 봄날은 아니지만, 피부에 와 닿는 기온과 습도의 촉감은 와이셔츠 단추 하나쯤 더 풀어젖히고 싶은 날씨였습니다.

깡충깡충 뛰는 아이들 손을 잡고 동네를 한 바퀴 돌다가 아직 해가 지려면 두어 시간 남았기에, 오늘은 인석들 도서관 이용법을 좀 가르쳐주어야겠다는 생각이 문득 들어 택시를 잡아타고 그리 멀지 않은 거리에 있는 구립 도서관을 찾았습니다.

예전에는 구립 도서관이라고 했는데, 몇 년 찾지 않은 사이에 도서관은 '평생학습관'이라는 이름으로 불리고 있었습니다. 그도 그럴 것이, 책만 볼 수 있는 도서관이 아니라 컴퓨터와 각종 멀티미디어 시설을 이용할 수 있고, 지하에는 수영장과 헬스 시설을 구비했으며 바이올린, 플루트 등 음악 교습과 발레, 재즈 댄스, 종이공예 등 여러 가지 문화 강좌 프로그램이 6개월 단위로 비교적 저렴한 수강료에 진행되는 생활문화관 기능을 겸비하고 있더군요.

어렸을 때 책이 많은 친구네 집이 무척 부러웠던 저는 중학교 때부터 학교 도서관을 많이 이용하면서 도서관과 친해졌습니다. 대학에 들어가니 그곳 도서관은 정말 무진장한 책을 소장하고 있어서 4년 동안 저 책들과 씨름할 생각만으로도 행복해지곤 했었습니다.

그러나 정작 신입생이 되어서는 일찌감치 술을 배우고 연애에 빠지고 그리고 80년대의 시대적인 열병에 휩싸이면서 도서관과 멀어진 생활을 하고 말았던 기억이 있습니다.

우리 아이들도 도서관의 많은 책들이 전하는 새로운 세계와 여러 다양한 사람들의 생각을 접하고 취미를 갖도록 하자는 뜻으로 처음 도서관에 데리고 간 것입니다.

서가에서 필요한 책을 찾는 법, 컴퓨터를 예약하고 대출을 신청하는 법을 가르쳐주었습니다. 그리고 도서관 2층에는 어린이실이 있어 들어가보았더니 딱딱한 책상과 의자가 아니라 아이들이 좋아할 만한 초승달 모양의 푹신한 쿠션 의자와 색이 밝고, 아기자기한 책상이

꾸며져 있고, 신발을 벗고 마루에 앉거나 엎드려서 책을 볼 수 있는 분위기였습니다.

아빠가 아이들을 데리고 온 경우는 나밖에 없어서 좀 무안하기는 했지만, 뭐 어떻습니까.

아이들은 동화책과 만화를 한두 권씩 골라 자리에 앉고 나도 모처럼 일러스트가 예쁜 동화책 몇 권을 손 닿는 대로 집어들고 아이들 곁에 앉아 한 시간 정도 책을 읽었습니다.

동화속의 아이들은, 그리고 그걸 읽는 우리 아이들은 왜 지구가 초록색일까를 궁금해하고 칫솔질에 떠내려간 충치 도깨비 달달이와 콤콤이는 그 뒤 어떻게 되었을지를 걱정합니다만, 오랜만에 동화책을 들고 앉은 아빠는 화려한 원색의 일러스트 사이로 빨간 양봉과 파란 음봉이 보이는 듯하여 집중이 잘 안 됩니다.

텔레비전 만화방송과 컴퓨터에만 매달리던 아이들이 새로운 분위기에서 진지하게 책을 읽는 모습이 대견스러워 "너희들 배 안고프니?"하고 물었더니 금방 함박 웃는 얼굴이 되어 "아빠 떡볶이 사줘요."하고 대답합니다.

도서관 근처의 분식집에 들어가 떡볶이 한 접시를 시키고, 큰애는 냉면 작은아이는 돈가스, 나는 김밥을 1인분 주문하여 셋이 저녁식사로 배가 불룩하도록 먹었습니다.

거리는 어느덧 어슴푸레하게 어둠이 내려앉기 시작하여 귀가를 서두를 생각으로 "우리 택시 타고 빨리 집에 가야겠다." 했더니 큰 녀석이 "아빠 우리 버스 타고 가요."합니다.

문득 큰애가 제 아빠 주머니 사정 걱정하는 게 아닌가 싶어 "왜, 택시가 편하잖아?"하고 물었더니 큰애 대답이 걸작입니다.

"아빠, 난 작은 차보다 큰 차가 더 좋아요."

"…."

내가 중고등학교 때는 구립이나 시립 도서관도 100원이던가 200원의 입장료를 받았던 것으로 기억하는데 요즘 도서관은 입장료가 없습니다.

왕복 차비 2,400원과 분식집 식사비 9,500원 합하여 1만 2,000원이 채 안 되는 돈을 썼지만, 나와 우리 꼬맹이들은 예술의 전당 로열석에 앉아 유니버셜발레단 공연을 감상한 뒤 근사한 뷔페에서 저녁을 먹은 기분 못지않게 흥겨운 봄날의 오후 한때 나들이를 즐겼습니다.

1만 2,000원의 작은 행복.

하루 사이에도 수백만 원을 잃거나 벌면서 타들어가는 담배꽁초를 입에 물고 눈이 벌게져 모니터를 바라보곤 하던 내 자신을 새삼 돌이켜보게 되는 하루였습니다.

원칙만이 탐욕을 제어할 수 있다

나는 투자를 하는 사람들이 가장 경계해야 할 마음가짐으로 탐욕,

자만심, 공포를 꼽는다. 실제로 투자가 어려운 것은 이런 심리 상태를 제어하지 못하기 때문이다. 그 어렵다는 블랙숄즈(Black-Scholes) 모형이나 옵션 변동성도 척척 이해하는 사람들이 한 뼘 자신의 마음 속 탐욕과 공포를 어쩌지 못하고 스스로 무덤을 파곤 한다. 이제 투자 심리를 강건하게 하기 위해 이 세 가지 주적을 하나씩 살펴보기로 하자.

상승 시 매도하여 꽤 이익을 얻었는데도 손해봤다고 한탄하는 투자자들이 있다. 매도한 이후에도 주가가 크게 올라 더 벌 수 있는 기회를 놓쳤다는 것이다. 옵션 투자 시에는 이런 일이 더 흔하다. 옵션 만기일 시세 변화는 그야말로 드라마틱하다. 결제지수와 2~3포인트 정도 떨어진 몇천 원짜리 외가 옵션이 지수의 급등락으로 10~20만 원대까지 치솟는 경우도 흔하다. 매도 증거금을 확보하기 위해 사두었던 천 원짜리 옵션이 50만 원대를 찍는 것을 보기도 했다. 9·11테러와 같은 특수한 경우가 아니라도 만기주 이삼일 사이에 옵션 시세가 수십 배쯤 변동하는 것은 그리 놀라운 일이 아니다.

이미 서너 배 정도 수익을 올리고 매수 포지션을 청산한 투자자가 열 배까지 올라가는 옵션 가격을 보고 조급해하거나, 그 수익을 모두 자기 것으로 만들지 못한 것을 한탄한다면, 우선 투자자 본인의 정신 건강에 좋지 않다. 투자를 하다 보면 이익을 볼 때도 있고 손실을 볼 때도 있다. 손실을 입고서 마음이 편한 사람은 없다. 그런데 탐욕이

지나친 투자자는 이익을 보고서도 더 벌지 못한 사실 때문에 스트레스를 받는다. 결국 이런 사람은 수익을 올려도 스트레스요, 손실을 볼 때는 훨씬 강도 높은 스트레스를 받는다. 매매 행위가 스트레스가 되는 한, 투자가 즐겁지 못한 것은 물론 장기적으로 좋은 성과를 낼 수가 없다. 명사수는 시위를 떠난 활에는 미련을 두지 않는 법이다. 투자자 역시 이 말뜻을 곱씹어야 할 것이다.

나는 인간의 욕심은 끝이 없다고 생각한다. 마음속 탐욕을 이겨낼 정도의 경지에 누군가 올라 있다면 그분은 이미 투자자라기보다는 구도자다. 탐욕의 제어가 그만큼 어렵기에 부단히 경계하고 원칙을 정해 탐욕을 줄이는 노력을 기울일 뿐 아닌가 생각한다.

나는 이 시장에 발을 들여놓은 뒤 수많은 자칭 타칭 고수들을 만나왔다. 그들 가운데 10년이 지난 뒤에도 여전히 투자에서 수익을 내며 자산을 쌓아가고 있는 사람을 거의 보지 못했다. 한때 놀랄 만한 수익을 올리고 천부적인 매매 감각을 자랑하던 사람도 가진 것을 모두 내놓고 흔적도 없이 사라지는 경우가 대부분이었다.

왜 그런 것일까? 나는 그 원인을 자만심에서 찾는다. 앞에서도 잠시 언급했지만, 투자 세계에서는 학식이 높은 사람이거나 사회적으로 성공한 분들일수록 실패의 크기가 큰 편이다. 그 이유는 자신에 대한 지나친 자신감이 자만심으로 변질되었기 때문이다.

미국의 롱텀캐피털(Long Term Capital Management : LTCM)의 파산은

똑똑한 사람들이 자만에 빠져 실패하는 과정을 보여준 전형적인 사례였다. 월 스트리트에서 채권 차익거래로 세계적인 명성을 얻고 있는 솔로먼 브러더스(Solomon Brothers) 부사장 출신 존 메리웨더(John Meriwether)는 1994년에 세계 최고의 헤지펀드를 목표로 롱텀캐피털을 설립했다. 옵션가격결정모형의 개발로 1997년 노벨 경제학상을 수상한 스탠포드대의 숄즈(Scholes)와 하버드대의 멀튼(Merton) 교수 등 두 명의 제학자를 포함하여 하버드와 MIT의 최고의 금융공학자들이 참여한 롱텀캐피털은 말 그대로 세계 최고의 금융집단이었다.

롱텀캐피털은 참여 경영진의 명성 및 40억달러 이상의 대규모 초기 자본금에 힘입어 단기간 내에 헤지펀드 업계의 선두주자로 부각되었다. 롱텀캐피털은 이들의 명성에 힘입어 출범 당시 12억 5,000만 달러의 자본금을 끌어모았고 첫해부터 28퍼센트에 이르는 수익률을 기록해 투자자들을 흥분시키기도 했으며, 이후에도 채권 장기물과 단기물의 금리 차를 이용한 차익거래를 주무기로 성공가도를 달렸다. 차입금을 대규모로 끌어들여 투자금을 키우는 이른바 레버리지(Leverage) 효과로 수익률을 밀어 올렸고 연평균 40퍼센트에 이르는 배당을 실시하기도 했다. 파트너들이 막대한 인센티브를 챙겼음은 물론이다.

하지만 그들의 성공은 오래가지 않았다. 1998년 러시아의 모라토리엄(채무불이행) 선언과 함께 파국을 맞게 된 것이다. 지나치게 차입금에 의존해 투자를 늘린 것이 화근이었다. 파산 당시 자본금은 47억 달러였지만 투자한 파생상품 규모는 1조 2,500억 달러에 이르렀다.

레버리지란 보통 자본 또는 운용자산에 대한 부채비율을 의미하지만 국제 금융시장에서는 운용자산에 대한 부채비율을 나타낸다. 운용자산 100달러를 가진 헤지펀드가 900달러를 차입해 선물시장이나 파생 금융상품시장에서 1,000달러를 투자한다고 가정할 때의 레버리지는 1,000퍼센트(1,000/100×100=1,000%)가 된다. 헤지펀드들은 보통 레버리지를 1,000~2,000퍼센트 정도로 운용한다고 알려지고 있지만 극도로 위험을 선호하는 헤지펀드들은 5,000~1만 퍼센트까지 레버리지 효과를 이용하고 있는 사례도 있다. 롱텀캐피털 펀드가 그 대표적인 예였는데, 최고 1만 퍼센트까지 레버리지 효과를 높여 고수익을 올렸으나 러시아 모라토리엄은 예측하지는 못했다. 결국 1조 2,500억 달러의 자산을 운용하는 회사가 1,200억 달러의 손실을 막지 못해 무너지고 말았다. 노벨 경제학상까지 수상한 금융 천재들이 모여 단일 금융사의 손실로는 역사상 전무후무한 최고 기록을 만들어낸 것이다. '시장의 아이큐만 2,000'이라는 농담이 있을 만큼 천재적인 두뇌집단이라 하더라도 결코 시장 전체를 주무를 수 없는 일이다.

심약한 사람들은 결코 큰 성공을 맛보지 못하지만, 큰 실패를 경험할 확률도 그만큼 줄어든다. 반면 크게 실패하는 사람들은 대개 자만심이 강한 유형이다. 내 과거 경험을 돌이켜보아도 자만심이 절정에 올랐을 때 예외 없이 큰 위기가 닥쳤다. 자신감이 자만심으로 넘어서는 그 순간을 경계하고 또 경계하여야 한다.

어떻게 공포를 극복할 것인가

공포를 색으로 정의하자면 어떤 색에 가까울까? 사람마다 다르겠지만 나는 흰색이라고 생각한다. 아마도 이런 기분은 내가 체험한 공포 때문일 것이다. 2004년 5월 10일, 나는 모니터 앞에서 가위눌린 사람처럼 내 모든 것이 허물어지는 것을 목격했다. 꿈도 아니고, 그렇다고 현실도 아닌 것 같은 상황이었다. 처음에는 눈앞이 캄캄해지는 기분이었지만 금세 머리가 하얗게 비워지는 것을 느꼈다. 눈앞 모니터 안의 숫자가 현실감으로 다가온 것은 장이 마친 후였다. 적어도 그 순간에는 내 눈앞의 모든 것은 하얗게 사라지는 느낌이었다.

손절매. 그렇다, 공포에 완전히 눌려버린 사람이 종종 실패하는 것이 손절매다. 보유 종목의 주가가 떨어질 때 쉽게 손절매를 하지 못하는 이유 또한 인간의 '손실 회피 성향'에 근원을 두고 있다.

주가가 떨어졌다고는 하나 매도하기 전까지는 어디까지나 장부상의 손실에 불과하다. 그 주식을 그대로 두면 확률적이긴 하지만 손실이 줄어들 수도 있고, 손실이 더 커질 수도 있다. 그러나 주식을 팔게 되면 장부상의 손실에 불과하던 손실이 곧바로 '현실 속의 손실'로 기정사실화된다. 이제 더 이상 피할 수도, 부정할 수도 없는 실제 손실이 된다는 말이다. 떨어진 주식을 매도하면 '확실하게 손실을 입는 것'이고, 팔지 않고 기다리면 손실이 줄어들 수도, 운이 좋으면 전혀 손실을 입지 않을 '희망'도 존재하는 것이다. 그런 심리 때문에 열이면 아홉의 사람들은 이 경우 모두 손실을 확정짓기보다는 가능성으로 남겨두는 길을 택한다.

결국 확실한 손실에 대한 거의 본능에 가까울 정도의 거부감, 그런 기질이 사람들로 하여금 손절매를 망설이게 하는 것이다. 그리고 바로 이 본능이 투자자에게 최악의 경우를 불러온다. 내 투자 경력 중 첫 번째와 세 번째의 큰 실패 또한 여기에서 예외가 아니었다.

투자를 하는 동안 가장 많이 듣게 되는 말 가운데 하나가 '손절매'일 것이다. 물론 손절매 하나만 잘한다고 해서 수익을 낼 수 있는 것은 아니다. 그러나 적어도 이 시장에서 생존해온 사람 치고 손절매를 소홀히 하는 사람은 단 한 명도 없다. 단연코 손절매만 제대로 할 줄 알면 투자에 결정적인 어려움은 없다. 투자를 시작하면서 제일 먼저 배워야 하는 것이 손절매이고, 아무리 오랫동안 투자를 해도 제대로 익히기 어려운 것이 손절매다. 평소에 적절하게 손절을 잘하던 사람도 단 한 번 예외를 두고 손절을 하지 않고 버티면, 시장은 그 순간을 놓치지 않고 어김없이 가혹하게 응징한다. 나는 이런 모습을 수없이 봐왔다.

손절매가 어려운 이유는 그것이 자기 자신과의 싸움이기 때문이다. 예를 들어, 어떤 규칙이 있다고 하고, 그것을 어기면 벌을 받아야 한다. 그런데 어쩌다 보니 규칙을 어기게 되었는데 마침 주위에 사람이 없어 아무도 내가 규칙을 어겼다는 사실을 모른다면, 이 상황에서 자청하여 스스로에게 벌을 내릴 사람은 거의 없다.

'누가 나에게 손가락질하는 것도 아니니 이번만 살짝 모면하고 다음부터는 규칙을 잘 지키자.'는 것이 일반적인 사람의 마음일 것이다. 남이 아니라 자기 자신에게 벌을 내리는 일은 보통 어려운 일이 아니다. 이처럼 스스로에게 관대하고자 하는 인간의 속성이 앞서 설명한 '위험 회피 성향'과 맞물리면 손절매는 정말 쉽지 않은 이야기가 된다.

내가 운영하고 있는 회사에서는 모 증권사 파생상품을 운영하고 있다. 그 때문에 증권사 파생 딜러들이 어떤 이유로 일반적으로 개인 파생 투자자들에 비해 좋은 수익을 내는지를 어렴풋이 알고 있다.

이들이 개인 투자자에 비해서 수익률이 월등한 이유는 단 한 가지, 강제화된 손절매다. 기관 파생 딜러들에게는 일인당 투자 한도와 함께 반드시 지켜야 할 일일 최고 손실 한도액이 정해져 있다. 매매를 하다 하루 최고 손실 한도에 다다르면 그 사람의 포지션은 청산되고, 그날은 더 이상 매매를 할 수가 없다. 이러한 강제 손절매 덕분에 증권사는 파생 투자에서 적어도 결정적인 위기를 겪지는 않는다.

요즘 대부분의 홈트레이딩 시스템은 스탑로스(stop-loss) 기능을 포함하고 있다. HTS의 스탑로스 기능은 손절매를 쉽게 할 수 있도록 도와주기 위해 만든 것인데, 아무리 손절매의 중요성을 인지하고 있어도 정작 손절해야 할 상황에서 자연스럽게 손절 주문을 낼 수 있는 사람은 많지 않다. 조건을 입력해놓으면 기계가 그 조건이 충족되면 자동적으로 손절매를 처리해준다. 스탑로스 기능은 손절매에 약한 사람들, 그리고 매매 초보자일수록 적극적으로 이용할 필요가 있다.

그런데 주위를 보면 현상은 오히려 정반대다. 경험이 많고 실력이 뛰어난 사람들은 스탑로스 기능을 많이 사용하는 데 비해 초심자들은 시큰둥하기만 하다. 그 이유를 들어보면, '기능 조작에 익숙하지 않아서', '기계에 주문을 맡기자니 안심이 되지 않아서', '그때그때 상황에 따라 임기응변적으로 대처하기 위해서' 등, 변명을 늘어놓는다. 기능이 익숙하지 않은 것은 기능을 빨리 숙지해야 할 문제니 별개로 하고, 상황이 닥쳤을 때 자신이 직접 판단해 손절 여부를 결정하겠다는 것은, 상당히 안이하고 위험한 생각이다.

막상 손실을 확정짓고 포지션을 청산해야 할 상황에 처하면 판단력이 흐려질 뿐만 아니라 미련이 남는다. 조금 더, 조금만 더 하고 시간을 끌다가 가벼운 생채기로 끝날 일이 치명상으로 갈 수 있다. 투자에서는 미련에서 비롯된 희망을 버려야만 절망에서 탈출할 수 있다는 역설이 성립하는 것이다.

심리적으로 손절매에 강해지기 위해서는 다음 두 가지 사항을 반드시 기억해야 한다.

첫째, 손절매는 손실을 다소 줄여보자는 소극적인 매매 행위가 아니라는 점이다. 잘못된 매매에 대해 손절을 적시에 구사할 수 있으면 제대로 된 매매를 수행할 기회가 그만큼 늘어난다. 차트나 재료가 아주 마음에 드는 종목을 어렵게 발견했지만 시원찮은 종목에 물려 있어 매수를 하지 못하는 경우가 얼마나 많은가? 아니다 싶을 때 재빨리 손절을 할 수 있는 사람은 손실의 폭을 줄일 뿐만 아니라 새로 좋은 기회를 확보할 수도 있어 가만히 앉아 손실을 키우는 것보다 두 배 이상 행복한 결과를 낳는다.

파생거래 시 정확한 손절 라인이 있다는 것은 기회가 왔을 때 적극적인 베팅을 가능하게 하는 이유가 된다. 선물의 경우에는 대체로 추세를 거꾸로 올라탔을 때 손절해야 하는 상황이 발생한다. 특히 선물은 오를 것이냐 내릴 것이냐가 전부인 방향 맞히기 게임이어서 손실이 발생했음에도 손절매를 하지 못한다면 제대로 된 장의 추세를 모두 놓치게 된다. 추세장에 설혹 거꾸로 대응했을지라도 실수를 깨닫는 즉시, 청산과 함께 반대 방향으로 바꿔 탄다면 약간의 손해는 금방 복구된다.

누구나 잘못된 진입을 할 수 있다. 그런데 고수는 잘못되었다는 판단을 내리면 그 즉시 기존 포지션을 미련 없이 청산하고 역방향 진입을 망설이지 않는다. 그러나 하수일수록 한번 잡은 포지션에 미련을 남긴다. 더군다나 손바닥 뒤집듯이 반대 포지션으로 진입하는 것은 여간해선 하지 못한다. 사실 시장을 판단하거나 예측하는 능력은 고수나 하수나 모두 비슷하다. 매매 결과 최종 수익에서 큰 차이가 나는 까닭은 장에 대한 예측력이 아니고 장에 대한 대응력이며, 더 나아가서는 손실에 대한 대응력이라고 말할 수 있다. 손절매가 이처럼 적극적이고 능동적인 매매 기법이라는 것을 충분히 인식한다면 '손절의 추억'이 마냥 쓰라리지만은 않을 것이다.

손절매를 잘하기 위해 두 번째로 기억해야 할 사항은 바로 이 시장의 광포한 메커니즘이다. 손절매를 제때 못하면 손실이 커지는 정도가 아니라 파산으로 내몰리게 된다. 특히 파생시장에서 이러한 경우가 자주 발생한다.

현물이 단방향이라면 선물은 양방향 게임이어서 매수세와 매도세 어느 한편이 손을 들 때까지 한쪽 방향으로 극한까지 몰아붙이는 경향이 있다. 이익과 손실의 합이 정확히 일치하는 제로 섬 게임(zero sum game)에서는 상대방의 손실을 크게 만들수록 내 이익이 커진다.

장시간의 대치 끝에 매수세가 밀리는 조짐을 보이면 매도세는 더욱 강하게 매도 압력을 높일 뿐 아니라, 그때까지 관망하고 있던 투자자들도 상황을 판단하고 매도에 가담하기 시작함으로써 선물지수의 하락은 가속도가 붙기 시작한다. 버티는 매수자의 손실은 시간이 갈수록 확대된다. 마침내 극한의 공포에 빠진 매수자들이 손실을 견디지 못하고, 여기저기에서 매도 주문을 내면 막판 대음봉을 완성하며 하락세가 마무리되는 것이다. 이 마지막 국면에서는 매수자들이 하얗게 질려 불문곡직하고 모든 물량을 시장가로 던지게 된다. 백기를 들고 투항(capitulation)하는 것이다.

늘 염두에 두어야 할 것은, 저점은 매수자들의 대대적인 손절매가 만들고 고점은 매도자들의 손절매가 만든다는 사실이다. 시장에서는 이것을 매수매도 절정(buy, sell climax)이라고 부른다. 선물지수가 하루 몇 포인트씩 한쪽 방향으로 강하게 움직인 날의 흐름은 대략 이와 같은 배경이 뒤에 있다. 추세의 끝은 아무도 짐작하지 못한다. 그러나 속성은 비슷하다. 반대편 포지션을 지닌 패배자들이 투항할 때, 비로소 추세가 끝난다.

시장의 메커니즘이 이러하기에 손절을 망설이는 투자자는 결국 가장 비참한 상황까지 내몰려 항복을 하지 않고는 못 배긴다. 전쟁에 진 군대가 백기를 흔들 때 거기에 무슨 조건을 달 것인가. '무조건 항복'일 뿐이다. 그저 마지막 남은 목숨이나마 살려달라고 비는 것인데, 전쟁에 져 포로가 되면 '제네바 협약'이 있어 최소한의 인권과 생존을 보장해주기라도 한다지만, 이 시장의 항복자들에게는 그러한 최소한의 보장도 없다.

이 깔끔하고 점잖은 듯한 금융시장, 사실은 전쟁터보다 훨씬 가혹한 곳이다. 자연 앞에 미약한 존재였던 인간은 본원적으로 공포를 지니고 있다. 제 아무리 담대한 사람이라도 마찬가지다. 투자에서 공포를 이겨낼 유일한 수단은 손절매밖에 없다.

'파티가 끝나기 전에 떠나라.' 투자 대가 앙드레 코스톨라니는 주식시장을 종종 파티에 비유하곤 했다. 파티 문화에 익숙한 유럽인이기에 그런 것 같다. 코스톨라니식으로 관찰하자면, 파티장은 언제 떠나야 하는가? 바로 모든 사람들이 파티 분위기에 한창 젖어 있을 때다. 주식시장을 떠날 시점을 잡는 원리도 마찬가지다.

대폭락은 어느 날 갑자기 찾아온다. 투자자들은 '대세 상승장에도 반드시 종말이 온다.'고 이해하면서도 '지금은 시기상조'라고 낙관적으로 생각하는 경향이 있다. 투자자가 주식투자에서 상당히 벌었다고 기뻐하고 있을 때 갑자기 대폭락이 찾아온다. 그리고 그때까지 모은 재산의 대부분을 잃고 만다. 흔히 주가의 움직임을 동전 쌓기에 비유하곤 하는데, 무너질 때 한순간이라는 점 때문에 그러하다.

대폭락은 주식시장의 숙명과 같은 것이다. 경기에 호황기, 후퇴기, 불황기, 회복기의 순환이 있는 한 주식시장에서 대폭락은 사라지지 않는다. 5년 또는 10년 정도에 한 번씩 찾아오는 대폭락에는 반드시 전조가 있다. 지금까지 주식투자에 관심 없던 사람들이 주식투자를 시작한다든가, 주식으로 억만장자가 된 사람들이 매스컴에 자주 보도된다든가, 경기 과열 기미로 물가 오름세의 조짐이 보인다든가, 금리가 계속 올라서 고금리 시대가 되었는데도 주가가 상승하고 있다면 더욱 예민하게 받아들일 필요가 있다. 흔히 '예고 없는 폭락'이라고 하지만, 사실은 여러 경로로 위험을 알리는 노란불이 깜박이고 있었던 것이다. 대중심리에 취한 사람들이 그것을 오히려 속도를 높이라는 신호로 받아들였을 뿐이다.

동화 속 신데렐라는 마법사의 도움을 받아 왕자님이 연 무도회에 참석할 수 있게 된다. 유리구두와 하늘거리는 드레스를 차려 입고, 많은 사람들의 부러운 시선을 한 몸에 받으면서 왕자님과 왈츠를 추는 신데렐라. 그러나 신데렐라가 잊지 말아야 할 것이 있으니, 그것은 열두 시가 되면 마법이 풀려 무도회장을 떠나야 한다는 것이다. 자정을 넘기면 신데렐라의 옷은 남루한 평상복으로 바뀌고 그녀가 타고 온 황금마차는 호박덩어리로 변한다.

이 상황에서 당신이라면 어떻게 하겠는가? 이 파티가 아무리 즐겁고 잘생긴 왕자님과 함께 있는 것이 행복하더라도, 파티는 끝나게 되어 있고 열두 시는 다가온다. 열두 시를 넘기는 순간 당신 앞에는 마법이 풀린 신데렐라보다 더 초라한 운명이 기다린다. 물론 이 경우에조차 벗겨진 유리구두 한 짝을 통해 극적인 반전을 맞이하지 말라는 법은 없다. 구태여 이런 동화 같은 해피엔딩을 기대한다면 물론 뜯어말릴 생각은 없다. 그러나 투자의 세계는 동화의 세계와 절대로 같지 않다.

앙드레 코스톨라니가 말한 파티나 신데렐라가 참여한 파티는 현실과 동화 속에 등장한 파티로 각각 성격이 다른 것이지만, 이 양자가 공통적으로 우리에게 주는 교훈이 두 가지 있다. 나타날 때와 물러갈 때를 구분하라는 것이 그 첫째요, 분위기에 취하지 말고 냉정한 원칙을 견지하라는 것이 또 하나의 교훈이다.

자신의 마음을 다스리는 것이 지지 않는 게임의 시작이라면, 대중과 거리를 두고 군중심리를 역이용할 수 있다면, 이는 승리의 길이 시작된 것이라고 볼 수 있다.

2008년 글로벌 금융위기에서 내가 큰 수익을 거둔 원천에는 투자 심리에 대한 파악이 존재한다. 우리 회사에는 여러 시스템 로직이 있지만 주를 이루는 것은 추세 추종 시스템이다. 이 추세 추종 시스템이란 것은 한번 형성된 시세를 끝까지 따라가 뼈만 남기고 발라먹는 성향을 지닌다. 보통의 마인드 컨트롤로는 시세의 끝장을 보지 못한다.

내가 아무리 오랜 투자를 통해 심리를 다졌다 하더라도 시스템이 아닌 일반적인 매매였다면, 그 시세를 모두 취할 수 있었을지 의문이다. 흔들릴 수밖에 없는 심리를 알기에 심리를 넘어서는 투자를 시스템에 심어놓았던 것이다. 폭락의 강렬한 시세만 그런 것이 아니다.

변동성이 널뛰기를 하던 2008년 10월 장세는 모든 투자자들이 얼어붙고 투매가 어디까지 이어질지 짐작도 하기 힘든 상황이었다. 분위기는 분명한 하락이었다. 그럼에도 시스템들은 일제히 매수 포지션을 가리키는 일이 생각보다 자주 일어나곤 했다.(앞에서 소개했던 연평도 폭격사건 다음 날의 시장도 마찬가지의 경우였다)

수급이나 여러 지표들 가운데 매수를 알리는 징후들이 포착되었기 때문에 그러했겠지만, 당시 분위기에서 매수를 실행하기는 실로 쉽지 않은 일이다. 파티가 무르익었을 때 파티장을 떠나기 싫은 속성은 누구에게나 동일하다. 대중의 분위기에 흔들리지 않고 신호가 명하는 이기는 법칙대로 움직이게 짜둔 시스템이 있었기에 그 폭락장에서 우리는 하방 포지션으로도, 때로는 상방 포지션으로도 엄청난 수익을 거뒀다.

이처럼 시스템 매매라고 해서 투자 심리와 무관한 것이 아니다. 아니, 오히려 투자 심리를 정확히 이해하고 인간의 한계를 절감하고 있기에 시스템을 운영하는 것이다.

부단히 자신의 심리를 다스려야 생존하고 투자에 성공할 수 있다. 그러나 설령 강철 같은 심리를 연마했어도 인간의 의지나 이성으로 제어할 수 없는 국면은 반드시 온다. 그 시기에는 강하다고 자부하던 사람들이 오히려 더 충격적인 패배를 맞이할 수도 있다. 그러나 이 딜레마를 숙명으로 받아들여야 한다. 누구나 이 딜레마에 대한 스스로의 답을 가져야 이 시장에서 최종 승자가 될 수 있을 것이다. 나는 그 답을 시스템 트레이딩과 내가 정한 다섯 가지 투자 철칙으로 풀어가고 있을 뿐이다.

나는 독자 여러분들께서 어떤 답을 내놓을 것인지 궁금하다. 지금까지의 내 이야기들이 이 피할 수 없는 문제에 대해 독자들이 생각해볼 단초나마 제공했다면, 그래도 이 작업이 무의미하지는 않을 것 같다.

7장
돈의 철학, 승부사의 DNA

실패 때문에 혹은 당시에는 충분히 성공으로
보이지 않았던 것 때문에 낙담해버렸다면,
결코 앞으로 나아갈 수 없었을 것이다.

– 캘빈 쿨리지 Calvin Coolidge

...

가치가 먼저일까, 승부가 먼저일까

가끔, 아니 자주 이런 사람을 만난다.

"아무 조건 없이 알바트로스님 옆에서 허드렛일이라도 하면서 배우고 싶어요."

도제수업이라도 받듯이 어깨너머로 배우고 싶다는 뜻일 것이다. 그런데 나는 가르쳐줄 것이 하나도 없다. 기법이라는 것은 이 시장에 수많은 매매자들이 저마다 몇 개씩은 가지고 있는 터이고, 내가 가진 기법이 있다 한들 그분들 것보다 특별히 나을 것도 없다.

승부를 벌이는 기초적 법칙은 이미 앞에서 설명한 바와 같다. 이 또한 너무나도 자주 들었던 교과서 같은 이야기들이 아닌가. 심리가 중요하고 통제가 어렵다는 점을 다소 길게 설명하긴 했지만, 이 역시 원리를 안다고 실행에 옮기기 쉬운 건 아니다. 스스로 마음을 다스리는 오랜 수련이 필요하다. 나 역시 최종적으로는 그 길이 너무 요원해 보이기에 인간의 심리를 끊어내고 시스템 매매를 하는 처지이니 이 이상 이야기하는 것은 도리가 아니다.

다만, 마지막으로 글을 맺으며 한 가지 지금까지 하지 않은 이야기를 덧붙이자면, 그것은 천성에 대한 부분이다. 천성은 타고나는 바가 크고 노력으로 어느 정도는 가다듬을 수 있으나 백 퍼센트 환골탈태하기는 어려운, 유전자 같은 것이라 할 수 있다.

나는 이 시장에서 투자자들이 최종적으로 받아드는 성적표는 천성과 노력의 곱으로 이루어진다고 생각한다. 여기에서 중요한 것은 덧셈이 아니라 곱셈이라는 점이다. 둘 중 하나가 아무리 빼어나도 다른 하나가 0이라면, 결과는 0이 된다.

천성이라고 해서 타고난 감각, 승부사다운 담대한 마음가짐, 뭐 이런 걸 이야기하는 건 아니다. 나는 감각을 믿지 않는다. 또한 아무리 마음이 강건한 사람도 벼랑 끝에 밀리면 평정심을 잃고 만다. 내가 생각하는 천성은 다른 사람에 대한 존중, 배려심 같은 기본적인 인간 속성을 말한다. 엉뚱한 이야기 같지만 돈에 대한 천성도 그 한 가지다. 흔히 돈 앞에서는 다 똑같다고 이야기한다. 하지만 나는 그렇지 않은 경우를 무수히 보아왔다.

어렸을 때 친구들끼리 고스톱이나 포커를 해보아도, 돈을 잃으면 안색이 변하고 친구끼리 언성을 높이는 사람이 있는가 하면, 잃든 따든 포커페이스처럼 얼굴빛이 변하지 않는 사람이 있다. 돈에 대한 천성이 다른 것이다.

2004년 5월에 가지고 있는 돈을 전부 날린 뒤 여전히 나는 방송을 통해 월 1,000여만 원 정도의 수입을 올리고 있었으나, 신혼임에도 집에 단 150만 원만 갖다주었다. 나머지 수입은 모두 빚을 갚는 데 썼다. 당시 내 부채 중에서는 빚이라고는 하지만 통상적인 차용이라고 분류할 수 없는 돈의 비중이 더 컸다. 나에게 매매를 일임해준 돈까지 나는 모두 내 빚이라고 생각했다. 당시 아내는 갚지 않아도 될 돈까지 책임을 떠맡고서, 가족은 신경을 쓰지 않는다고 두고두고 섭섭해했었다. 그러나 돈에 대한 내 천성은 어쩔 수가 없다.

누구나 그렇듯이 내게도 사춘기 질풍노도의 시기를 함께 보낸 친구들이 있다. 그중 한 친구가 내게 사업 자금이 모자란다며 3,000만 원을 빌린 적이 있다. 6개월 약속했지만 다시 1년으로 연장했고, 그것도 못 지키자 연락이 끊겼다. 다른 친구를 통해 어렵게 연락해 불러내 술을 마시면서, 나는 돈은 잃어도 친구는 잃기 싫으니 용기를 내자고 격려했다. 내게도 그 돈은 아까운 돈이다. 그러나 친구를 잃는 것이 더 큰 타격이라고 생각했다. 그런데 이런 내 마음이 잘못 전해졌는지 진탕 술을 마시고 헤어진 다음 날 이 친구가 다시 전화를 해서 또 돈을 빌려달라고 했다. 투자 자금으로 2억 원을 마련해 다른 사업을 시작했는데 자금이 조금 모자라다는 것이었다. 차라리 사정이 열악해 내게 빌려간 돈을 못 갚고 있다면 이해라도 하련만, 2억 원의 자금을 사업에 투자하면서 내게 빌려간 3,000만 원에 대해서는 나 몰라하고 있다는 게 이해가 가지 않았다. 나 같으면 사업 규모를 줄여 1억 7,000만 원만 투자하더라도 먼저 친구에게 빌린 돈을 갚았을 것이다.

다른 친구 한 명도 몇 년 전에 빌려간 돈을 전혀 갚지 못하고 있는데, 수시로 술에 잔뜩 취해서 미안하다고 전화를 한다. 그나마 연락이라도 하니 좀 낫긴 하지만, 그렇게 보낸 시간이 벌써 5년이다. 그 술값만 모았어도 내게 일부는 갚았을 것이다.

나의 죽마고우나 다름없는 친구들이고, 지금도 나는 이 친구들이 진심으로 잘되기를 바란다. 하지만 이들이 돈에 대한 태도를 바꾸지 않고는 지금의 나쁜 상황을 타개하기란 쉽지 않을 것이다. 늘 실패하고 돈을 벌지 못하는 사람들이라면 자신의 태도를 한 번쯤 성찰해볼 일이다.

증권사에 근무하는 친한 후배가 2008년 장이 안 좋을 때 고객 계좌를 잘못 관리해 크게 코너에 몰렸다며 부탁해와 돈을 빌려간 적이 있었다. 그 뒤로 나도 잘 해결되었는지 어쨌는지 묻지도 않았고 후배도 아무 이야기가 없었는데, 2010년에 그가 내 사무실로 찾아왔다. 이번에 다른 증권사에서 스카우트 제의가 들어와 회사를 옮기게 되었다고 그는 말했다. 그러면서 자기가 능력을 인정받아 고가의 스카우트 비용을 받는다는 자랑도 늘어놓았다.

"그래, 그 돈을 받으면 뭘 할 거니?"

전에 빌려간 내 돈에 대한 언급은 한마디도 없기에 내가 물어보았더니 대답이 이러했다.

"아 그거요? 그거 가지고 거래해서, 형님한테 빌린 돈 갚아야죠."

이 후배의 돈에 대한 철학이 어때 보이는가? 내가 보기에는 빵점이다. 과연 그는 투자에서 성공할 수 있을 것인가? 내가 보기에는 가능성 제로다.

돈을 대하는 태도는, 특히 자기 돈보다 다른 사람의 돈을 대할 때 더 잘 드러난다. 자신에게 소중한 것이면 남에게도 그만큼 소중하다는 생각을 가져야 한다. 하루에 이 시장에서 거래되는 수십조 원의 돈이 저마다의 주인에게는 다 애착이 있고 소중한 피 같은 돈임을 깨닫지 못하고, 그저 약간의 재간과 발 빠름으로 기회만 포착하면 쉽게 돈을 벌 수 있다는 생각이 투자를 불행으로 이끈다.

게임을 이겨나가는 방법은 느리더라도 조금씩 배워나가는 것이 가능하지만, 돈에 대한 잘못된 천성, 잘못된 철학은 배운다고 고쳐지는 것이 아니다. 그래서 승부보다 철학이 더 중요할 수 있다.

운이 쌓여 실력이 되지 않는다

10월 무렵이면 우리나라 어느 숲으로 가도 도토리를 볼 수 있다. 기껏해야 엄지손가락 손톱 크기밖에 되지 않는 도토리는 떡갈나무의

열매다. 이 작은 도토리에서 사람 키의 열배를 훌쩍 넘기는 아름드리 떡갈나무가 자란다는 게 참 신기한 일이다. 자연의 법칙은 늘 이러하다. 복숭아 씨에서는 복사나무가 자라고 도토리에서는 떡갈나무가 자란다. 이 단순하고 아름다운 원리는 투자시장에도 마찬가지로 적용된다.

내가 현물 주식시장에서 파생시장 쪽으로 무대를 옮겨온 가장 큰 이유는 더 큰 수익을 원해서가 아닌 공정한 경쟁을 원했기 때문이었다. 언급했다시피 나는 실제 작전의 유혹도 겪어봤고, 그런 작전에 호되게 당해보기도 했다. 그러나 이 두 사건 모두 피해의 빌미는 내 스스로 제공한 것이었다. 그것이 무엇이었을까? 바로 정정당당한 과정을 밟지 않으려 했다는 점이다. 이 일을 겪은 후 나는 철저히 과정을 중시하는 트레이더가 되었다.

물론, 시장은 결과로 말한다. 과정이 어떠하든 결과가 좋지 못하면 도매금으로 묻히기 마련이다. 반대로 결과만 좋다면 과정에는 크게 관심을 갖지 않는다. 하지만 투자라는 것이 한두 번 하고 말 것이 아니라면 다른 각도에서 바라봐야 한다. 나는 많은 사례들을 직접 지켜보며 확신할 수 있었다. 좋은 과정을 밟지 않는 한, 끝내 좋은 결과를 얻을 수 없다. 설령 좋은 결과를 봤더라도 이내 한 바퀴 돌아 더 큰 악재를 맞이하게 된다는 것이다.

20년 넘도록 시장에 있었고, 그중 10년은 파생시장에 있다 보니 지인들이 속칭 '대박'을 맞는 경우를 보곤 한다. 대부분은 과정에서 의미를 찾기가 어려운, 그야말로 운이 좋았을 뿐인 케이스였다. 그럴 때마다 나는 그분들에게 자금을 인출하라고 간곡히 권했다. 내가 보기에 그 수익은 그냥 우연히 계좌에 들어온 것에 불과했고, 그러니 곧 시장에 반납할 돈이었다. 인출이라도 하면 돈이라도 챙기는 것이다.

물론 그렇게 한 사람은 단 한 분도 없었다. 이미 자신들의 실력을 과대평가하고 있었기 때문이다. 누가 봐도 우연에 불과한 것을 마치 자신의 실력으로 착각하게 되는 것이다. 심지어 자신에게는 천운이 따라준다고 믿는 분도 있었다. 이는 우연한 기회에 돈을 줍고, 다음 날 그 자리에 또 돈이 떨어져 있을 것이라 생각하며 매일같이 서성이는 모습과 다르지 않다. 그쯤 되면 결과는 보지 않아도 뻔하다.

나는 이 시장에 참여한 모든 이들의 투자 금액을 모두 한데 합쳐서 균등하게 나눠준 후 다시 처음부터 투자를 시작한다면, 충분히 오랜 시간이 흐른 뒤엔 모든 것이 처음과 똑같은 상황으로 가 있을 것이라고 생각한다. 이것은 매우 무서운 이야기다. 동일한 과정을 좇는 투자 습성이란 이처럼 잔혹한 것이다.

어쩌다 귀동냥으로 들은 종목으로 수익을 보게 되면 대부분의 투자자는 끊임없이 정보만 찾아다닌다. 과정이 좋지 못한 수익은 결국 이러한 투자자들을 파멸로 이끌게 된다. 이런 예는 주위에 너무나 많아서 헤아릴 수가 없다.

나는 잘 치지는 못하지만, 친구의 권유로 몇 년 전부터 가끔 골프를 친다. 100타 언저리를 치는 내가 프로선수를 이기는 일은 절대 발생하지 않는다. 그런데 어쩌다 한 홀 정도는 내가 이기는 일이 발생하기도 한다. 뭐, 그럴 수 있지 않을까? 하지만 그렇더라도 그 한 홀때문에 내가 그 프로선수보다 실력이 좋다고 생각하지는 않는다.

운이 쌓여 실력이 되지는 않는다. 공교롭게도 이 시장에서는 경험이 미숙한 분이 경험 많은 프로보다 더 좋은 실적을 내는 일이 훨씬자주 있다. 그러나 그것은 함정이다. 과정을 찬찬히 살펴보면 그야말로 운이거나, 언젠가 터질 시한폭탄을 느끼지 못하고 있는 중이거나둘 중 하나인 경우가 대부분이다. 그런데 아무도 그것을 그렇게 생각하지 않는다. '아, 내가 소질이 있구나. 천부적인 감각이 있구나!'

물론, 좋은 소질을 타고난 사람들은 있다. 그리고 보면 시장에서 수익을 잘 내는 실력자들이야 심심치 않게 있었다. 대개 자신의 타고난재능에 기대어 거래를 한 사람들이고, 절정의 감각에 돈 지르는 배포가 더해지면 수익을 한껏 끌어올릴 수 있었다. 하지만 이를 끝까지지켜낸 사람은 많지 않았다. 시장 흐름이 잘 안 읽히든, 엉뚱한 시점에 돈을 지르든, 한번 엇박자를 타기 시작하면 지금껏 벌어들인 수익을 몽땅 반납하는 건 한순간이다.

그 다음 문제는 더욱 심각하다. 로또에 당첨되면 운이라 여기기라도 하는데, 이들의 머릿속에는 처음부터 끝까지 실력이라고 각인되어 있기 때문에, 스스로의 문제점을 반성하는 게 아니라 오기만 가지고 재도전에 나선다. 악순환이 시작되는 것이다. 이들이 사용한 방식은 한순간 돈을 벌어들이는 데는 적합할지 모르지만, 결코 지속적이지 못하다. 이른바 '기법'의 한계가 그런 것이다.

내가 몸담고 있는 시스템 영역이라고 별반 다를 건 없다. 내가 비록 감정에 휘둘리는 것을 보완하기 위해 시스템을 활용한 거래를 하고 있지만, 그렇다고 그것이 무조건 수익을 보장한다고 오해해서는 절대 안 된다. 그저 거래의 한 방편일 뿐이다. 여기에서 문제는 자기 자신에게 속는다는 데 있다. 전략을 개발하는 과정에서 빠지는 유혹이 있다. 화려함의 유혹이다. 시뮬레이션은 모니터 속 과거에서만 존재할 뿐인데, 허상에 도취되어 장밋빛 미래를 확신한다. 이미 이러한 위험을 감지할 수 있는 많은 방법들이 알려져 있다. 그럼에도 이것을 무시해버린다. 자기 자신에게 속고 속이는 것이다. 문제는 이것이 타인에게까지 확장되는 데 있다. 자기 자신에게 속으면 남도 속이게 된다. 상대는 진정성을 보기 때문이다. 그 진정성과 장밋빛 전망을 믿고 돈을 건다. 자금을 끌어들인다. 그러나 그 결과는 뻔하다. 오늘도 시장은 그런 것을 심판해주느라 바쁘다.

주식시장에서 사기가 잘 벌어지는 이유

한두 번의 운을 실력으로 착각하는 것도 문제지만, 절박한 마음으로 누군가에게 기대거나 도움을 받으려는 생각도 이 시장에서는 마찬가지로 퇴출 우선순위다. 과정을 생략하고 자기 능력 밖의 것을 추구하기는 이런 심리도 마찬가지이기 때문이다.

주식이나 파생시장 주변에서는 약한 먹잇감을 찾아 어슬렁거리는 사기꾼들을 심심치 않게 볼 수 있다. 한번은 이런 일이 있었다. 2007년 어느 날, 파생 동호회 모임에 참석하게 되었다. 나는 회원도 아니었지만 몇몇 지인들의 권유를 마다할 수 없었다. 당시 고수라고 불리던 분도 몇 명 있었고, 이래저래 40명쯤 모이니 꽤 북적거렸다.

장소는 일산의 한 저택이었는데, 모임 주최자가 집주인인 듯했다. 그는 시종일관 자기 자랑을 일삼고 있었고, 나는 그런 모습에 눈살이 찌푸려졌다. 초대한 분들의 입장도 있고 해서 저녁까지는 함께 먹었지만 도저히 그 자리에 있을 수가 없던 차에, 부산에서 올라온 아주머니 한 분이 차시간이 되어 자리에서 일어섰다. 나는 그분을 차로 바래다 드린다는 핑계로 모임에서 빠져나올 수 있었다.

그 아주머니를 모시고 가며 이런저런 사연을 듣게 되었다. 돈을 많이 잃은 것 같았고, 이미 몰릴 만큼 몰린 것 같았다. 나로서는 달리 해드릴 말이 없었다. 지금까지의 미련을 버리고 하시던 일에 열중하시길 권해드렸다. 그리고 그렇게 헤어졌다.

그 일이 내 기억에서 사라질 무렵, 그 아주머니에게서 전화가 왔다. 내 목소리를 듣는 순간 그분은 울음을 토해냈고, 나는 오랜 시간 울음소리를 듣고 있어야 했다. 그리고 듣게 된 사연은 기가 막혔다. 그 사이 아주머니는 모임 주최자에게서 사기를 당했는데 내용은 이러했다. 모임 얼마 후, 주최자에게서 전화가 왔는데 본인이 그 자리에서 봤던 나를 비롯 몇몇 고수들과 함께 운용하는 펀드가 있다는 것이었다. 그러면서 그 사람이 제안한 사항은 이러했다.

'절대 외부인은 끼워주지 않지만 그날 보니 아주머니 사정이 너무 딱하더라. 특별히 운용에 참가할 기회를 주고 싶다. 하지만 다른 멤버들이 허락하지 않을테니 그냥 내게 돈을 부쳐라. 내가 내 돈이라고 하고 펀드에 넣겠다. 누구에게도 이야기해서는 안 된다. 특별히 배려해드리는 것이니 잘 생각해봐라.'

결국 아주머니는 돈을 보냈고, 이후에 그 사람은 연락두절이 되었다. 후일 찾아보니 다른 사기 사건으로 감옥에 있다는 것이었다. 그 얘기를 듣고 아찔했다. 그 자리에 잠시 합석했다는 이유만으로 내 이름이 나도 모르게 사기에 이용되고 만 것이다. 나는 그 이후로 투자자들의 모임에는 잘 참석하지 않게 되었다.

그런데 이 일에서 냉정하게 생각해봐야 할 것은 그 아주머니의 심리 상태다. 어렴풋한 내 기억으로도 모임에서 가장 절박하고 초조해 보인 사람은 그 아주머니였다. 작정한 사기꾼이라면 결코 그런 것을 놓칠 리 없다. 사기꾼이야 원래 과정을 속이고 결과만을 취하려는 사람이라 치자. 자신의 실력과 준비가 모자라 어려운 지경에 빠진 상태에서, 다른 누군가의 도움을 받아 모면하려 한 아주머니 역시 이 시장에서 버텨내기는 어려운 분이다. 실력도 실력이지만 과정의 중요성을 모르기 때문이다. 절박함과 쉽게 돈을 벌어보겠다는 마음은 사기에 쉽게 노출되는 상황을 만든다. 사기꾼들은 어떻게 해서든 상황을 타개해보려 하는 이들의 마음을 읽고 독사 같이 교묘하게 파고든다.

느림의 재미를 즐겨라

훌륭한 성과가 하루 이틀에 달성되는 것이 아니라면 서두를 필요가 없다. 좋은 방법을 찾는 데 지혜를 모으고 그것을 실행해가는 데 인내심을 발휘해야 한다. 과정이야 힘들겠지만 꾹 참고 가는 동안 좋은 성과가 기다리고 있다. 좋은 과정이 반드시 좋은 결과로 이루어진다고 할 수는 없겠지만 대부분 좋은 결과로 가는 것만은 사실이다. 그리고 더 큰 선물은, 이렇게 맺은 결실은 다시 좋은 과정의 시작점이 된다는 것이다. 이른바 선순환의 궤도에 오르는 것이다.

이제 과정의 재미를 한껏 즐겨보자. 이것이 옳은 방법이고 좋은 성과로 끝나리란 것을 안다면 그렇게 못 할 이유가 없다. 처음엔 어렵겠지만 그에 따른 좋은 결과를 한번 맛보면 그때부터는 어렵지 않다. 물론 나도 경험한 내용이다.

과정이 나쁘다면 지금의 결과가 좋든 나쁘든 눈여겨볼 필요가 없다. 앞으로 나쁠 일만 남아 있을 뿐이다. 과정이 좋다면 언젠가는 다 좋아질 것이다. 도토리에서 떡갈나무가 나오지, 갈대가 나오는 일은 없음을 믿어라. 그리고 느긋한 마음으로 천천히 올바른 과정에 충실하게 투자의 길을 걸을 일이다.

투자와 다이어트의 공통점

나는 기술적 분석에 대해 이야기하는 것을 그리 좋아하지 않는다. 테크니컬한 분석이 아주 무의미하다고 생각하지 않지만 그것이 나에게 수익을 가져다주지도 않는다는 것을 너무나 잘 알고 있다.

내가 처음 주식 공부를 할 때는 엘리어트 파동이 최고의 이론이었다. 심지어 코스닥 개별 종목마저도 이 파동으로 분석해놓은 책을 본 적이 있다. 상승 1파는 어떻고 하락 2파는 어떻고 하는…. 또 한때는 일목균형표가 유행처럼 번진 적이 있다. 모두 주식 대가들이 고안한 작품이다. 그러니 어찌 나같은 일개 트레이더가 그 논리의 장단점을 논할 수가 있을까?

나는 차트로 시장을 볼 때 이동평균선 하나만 본다. 그것이 다른 지표보다 우위에 있거나 이동평균선으로 시장이 예측되거나 해서가 아니라 가격의 위치를 바라보면서 지금 시장을 둘러싼 분위기, 시장 참여자들의 심리가 이런 쪽에 가 있겠구나, 하는 정도를 확인하기 위해서다.

내가 기술적 분석을 이렇게 시큰둥하게 대한다고 해서 그에 대한 공부를 안 한 것은 아니다. 기술적 분석의 여러 유형과 수십 가지 지표들을 한때는 열심히 파고들기도 했다. 투자 초창기에는 개별 종목에 모든 지표들을 다 대입하여 한 종목을 분석하는 데 삼사십 분이 걸리기도 했다. 그러다가 시간이 흐르자 정말 중요하게 생각하는 몇 가지 지표들만 남기고 점점 관찰하지 않게 되었고, 트레이딩이라는 것이 금융공학이 아니라 심리 게임이라는 점을 알아차린 순간부터는 그 지표들을 변수 이상으로 생각하지 않게 되었다.

정말이지, 트레이딩이 금융공학으로 되는 거라면 경제학과나 수학과를 나온 사람들이 득세를 해야 맞을 것이다. 그러나 현실은 그런 전공을 한 사람들은 금융기관에 들어가 온갖 복잡한 파생 금융상품을 설계하기는 해도 정작 그 상품을 매매해서 수익을 내지는 못한다. 투자는 학문으로 따지면 금융공학보다는 심리학에 가깝기 때문이다. 지식이 일정 정도 개입하기는 하지만 브레인 게임이 아니라 멘탈 게임, 고도의 마인드 게임이다. 먼저 자신 속의 탐욕과 공포와 싸우고, 한방에 목표점에 닿고자 하는 조급함을 다독이고, 스스로의 수준이 아주 천천히 높아질 때까지 은인자중 실력을 키워갈 줄 알아야 한다. 이 단계에 어느 정도 적응하면 그 다음은 시장의 심리, 그 속에 투영된 대중의 심리를 읽어나가는 것이다.

나를 다스리고 상대의 심리를 읽어 역이용해나간다는 점에서 투자와 가장 비슷한 게임은 바둑 정도다. 바둑, 컴퓨터 게임, 골프 이런 것들이 모두 정신력과 집중력을 요하는 게임이지만, 그렇다고 해서 투자와 동급에 놓을 정도냐 하면 그렇지는 않다. 단적으로 말해 누군가 투자에 실패해서 스스로 목숨을 끊었다는 뉴스는 종종 나오지만, 바둑이나 골프를 하다 그렇게 되었다는 이야기는 들어보지 못했다. 그만큼 승부 결과에 따른 중압감이 거세고 세상 사람들이 그토록 중시하는 재산, 돈이 걸렸기 때문이다.

목숨만큼이나 귀하게 여기는 돈이 걸린 승부라는 점에서는 투자와 비견할 만한 것은 역시 일대일 진검승부나 인류 역사 속의 그 숱한 전쟁들밖에는 없다. 그래서인지 나는 일본 에도시대 초기에 전설적 사무라이로 일생 동안 단 한 번의 싸움도 진 적이 없다는 미야모토 무사시에게 관심이 많다. 독서를 할 때도 전쟁사와 『손자병법』, 『오륜서』 등의 병서를 꾸준히 읽는다. 제대로 된 무사와 장수들에게서는 무인의 모습 못지않게 사람의 마음을 읽어내는 철학자의 모습과 섬세한 예술가의 모습이 느껴진다.

조금 다른 각도에서 보면 투자는 다이어트와도 상당히 유사하다. 거래와 시스템 개발, 회사 일로 거의 몸을 방치하다시피 하고 살다가 이래서는 안 되겠다 싶어 운동을 시작한 지 몇 년 되는데, 이 둘을 병행하다 보니 묘하게도 여러 면에서 닮았다.

먼저 양쪽 모두 성공하는 방식에 대한 책이 무척 많다는 것과 그 많은 책을 다 읽어도 실현이 잘 안 된다는 점이다. 간혹 성공한 사람이 있어서 책을 내곤 하는데, 그 책을 냈던 사람도 얼마 후에 보면 똑같아져 있다. 투자 쪽에서는 성공담을 펴낸 투자자가 얼마 못 가서 완전히 쪽박을 차고 사라져버리는 경우가 흔하고 다이어트 쪽에서는 늘씬해진 몸매로 책을 낸 연예인들이 수년 후에는 일반인과 다름없는 평이한 몸매로 돌아온다.

무수히 많은 방법이 수많은 방식으로 소개되고 있지만 결국은 한 가지를 이야기하고 있다는 점도 같다. 무슨 무슨 다이어트라고 숱한 방식들을 소개하는 책이 나와 있지만 결론은 한가지다. 덜 먹고 더 움직이면 된다. 그걸 이런저런 다양한 방식으로 이야기하고 있을 뿐이다. 결국 가장 어려운 것은 실천이다. 누가 그랬다. 아는 것과 실천하는 것은 개와 고양이가 다른 것만큼이나 다르다고. 그런데 우리는 그렇게 생각하지 않는다. 알고 있으니까, 어렴풋이 잘 실천해나가겠지, 하고 믿는다. 또는 많이 아는 사람이 실천도 더 잘할 것이라고 생각한다. 착각일 뿐이다.

투자도 마찬가지다. 매우 간단하게 설명할 수 있다. 여유 있는 자금으로 충분히 준비한 후에 인내심을 가지고 하면 된다. 그런데 우리는 이미 여유가 없어진 상황이고, 그러니 준비를 해볼 생각도 못하고 그런 상황에서 자꾸 단기 코스를 찾게 되고, 무슨 대단한 비법이라도 있는 듯이 고수며 비법을 찾아 나서는 것이다. 사실 내가 여기에서 말하고 있는 내용은 모두 그다지 특별한 이야기가 아니다. 어쩌면 이 시장에 뛰어든 이는 모두 다 아는, 뻔한 이야기일지도 모른다. 그런데 다들 안다는 이 뻔한 이야기를 제대로 실천하고 있는 사람들은 흔치 않다. 그 뻔한 이야기를 몰라서가 아니고, 실천하지 못해서 나는 지옥까지 다녀왔다. 그리고 이 뻔한 이야기, 그 이상을 나는 모른다.

다이어트는 평생 가도 풀기 어려운 일이다. 투자 역시 마찬가지다. 다이어트는 부지런하고 평소 습관이 좋은 사람에게는 크게 고민할 필요가 없는 일이다. 투자 역시 마음이 여유로운 이에게는 그러하다.

이렇게 놓고 보니 좋은 마인드, 건전한 습관, 꾸준한 노력과 실천이라는 삼박자가 맞아야 비로소 성공하는 것이 어디 투자뿐일까? 이 셋을 놓치면 실패하는 것이 또한 어디 다이어트, 바둑, 골프뿐일까? 인생이 또한 그러하지 않은가.

파생거래에 대한 편견

내가 머니 게임을 통해 돈을 벌다 보니, 세상 사람들이 갖는 편견이 몇 가지 있다. 가장 많은 것은 '고생하지 않고, 엄청난 돈을 매우 쉽게 벌었다.' 혹은 '저 친구는 젊은 나이에 저렇게 돈을 벌었으니 쓰는 것도 그야말로 물 쓰듯이 쓸 거야.' 하는 생각들이다. 때로 이런 사람들도 있다. "성 회장, 그 정도 재산을 쌓았으니, 이제 불우이웃 돕기도 하고 좋은 일도 좀 해야지?"

이런 편견들이나 별 깊은 고려 없이 툭 던지는 말에 일일이 답할 생각도, 시간도 내게는 없다. 내가 어떤 삶을 살아왔는지는 이미 앞에서 다 서술했으므로, 과연 그것이 고생하지 않고 번 돈인지, 그리고 내가 걸어온 이 길이 보통 사람들이 소박한 행복을 버리고서 걸어갈 만한 길인지, 장미꽃 깔린 꽃길인지는 보는 사람들이 판단할 문제일 것이다.

재산을 어떻게 사용할 것인지에 대해서는 아직 나는 특별한 계획을 가지고 있지 않다. 지금까지는 승부를 걸고 이기는 것만이 나의 삶의 전부였기에 다른 생각은 할 겨를이 없었다. 그리고 승부는 아직 계속되고 있으며 도전이 끝없이 이어지는 이 시장 생리상 앞으로도 상당 기간은 여전히 그런 생활이 계속될 것 같다. 그래서 내 재산을 가지고 어떤 일을 벌일지, 또는 다른 사람들이 권하듯이 자선을 할 것인지 등은 내가 조금 더 삶을 관조하는 나이가 되었을 때 생각할 수 있다는 게 솔직한 답이다. 굳이 지금 가지고 있는 돈을 단순히 혈연 같은 인간적인 관계에 의존해서 쓰고 싶은 생각은 없다.

내 친동생은 지금도 전주에서 떡집을 하고 있다. 매일 새벽같이 일어나야 하고, 명절엔 더욱 쉴 틈도 없으며, 육체적으로 매우 힘든 일에 종사하고 있다. 많은 친지들이 형이 되어 동생의 고생을 모른 척한다고 나를 무정한 형이라고 생각할지도 모르겠다. 그러나 그것은 내 동생이 가야 할 천직이다. 동생은 가장 좋은 재료로 정성을 다해 가장 맛있는 떡을 만들고 있다. 그러니 그로써 의미 있는 일이다.

후일 조카들이 돈 때문에 하고 싶은 공부를 못 하는 일은 없겠지만,

고백컨대 동생 자신의 삶이 나로 인해서 편해지지는 않을 것이다. 이 것은 나의 아들에게도 해당하는 이야기다. 내 아들 유건이가 현명하게 자란다면 돈은 그다지 필요치 않을 것이고, 만약 어리석은 사람으로 자라도 역시 돈은 필요치 않다. 그리고 돈은 자신의 노력으로 벌었을 때만 의미가 있다. 그렇지 않은 돈은 모두 사람을 황폐화시킬 뿐이라고 생각한다.

2007년 어느 날, 오랜 인연의 형님과 전주에 내려간 적이 있다. 물론 이분도 나처럼 파생거래를 하는 분이고 상당한 성과를 거두고 있었다. 하루는 이 형님이 내게 자신이 번 돈의 일부를 장학금으로 기부하고 싶다는 뜻을 밝혔다. 나와 같은 동향 출신으로 학생 시절 어렵게 공부한 과거를 기억하는 형님이었다. 마침 나의 아버지가 교직에 계실 때였으므로, 아버지와 연락을 취해 장학금 지급 계획을 의논하고 수혜 학생들을 물색할 수 있었다. 전주에 내려간 것은 이 장학금 지급 행사차였다.

아버님의 학교에서 만남을 가졌는데, 아버님도 준비를 많이 하신 듯했다. 학생들 한명 한명이 모두 초롱초롱했고, 그런 아이들 앞에서 한마디 한마디를 전달하는 형님의 모습 또한 매우 감동스러웠다. 장학재단 이름은 이복산장학회로 결정되었는데 '이복산'은 돌아가신 형님 부친의 함자였다. 장학재단 설립에 대한 최소한의 필요 자금이 3억 원이었다. 궁금함을 참지 못해 형님께 여쭸다.

"3억, 정말 하나도 아깝지 않으세요?"

"너도 해보면 알 거야."

이후 나 역시 형님의 장학사업에 합류하고 난 뒤, 그 말뜻을 조금이나마 이해할 수 있었다. 아이들의 해맑은 눈망울, 자식이 함께한다는 즐거움에 웃음을 감추지 않으시던 아버지의 미소, 번 돈을 아낌없이 내놓던 형님의 홀가분한 표정. 이 모든 것들이 나의 마음을 무척이나 편안하게 했다.

물론, 아직 내가 지금의 성과를 어디에 쓸 것인가를 고민할 정도로 성공한 것도, 내 목표가 마무리 된 것도 아니다. 다만 내가 향후 벌어놓은 재산을 어떻게 쓸 것인가를 진지하게 고민해야 할 순간이 온다면, 이 행복한 경험이 하나의 참고 사례가 될 것이다. 언제나 생각해도 절로 입가에 미소가 그려지는 훈훈한 선례 말이다.

Epilogue. 나는 오늘도 나의 길을 걷는다

아직 젊은 나이에 이렇게 내가 살아온 일을 남에게 가감 없이 알리고, 나의 생각을 기록하는 것이 잘하는 짓인지 솔직히 모르겠다. 승부의 시간이 끝나고 장이 문을 닫으면, 블로그에 가끔 짧은 생각이나 잡설을 올리긴 했어도 내 생을 반추하면서 글을 쓰느라 근 한 달 가까이 밤잠을 설친 것도 참 신기한 일이다.

어쩌면 나는 외로웠던 모양이다. 이 자리에 오르고 나니 더 많은 외로움을 느낄 수밖에 없었다. 정말로 힘든 이야기는 아무에게도 말할 수가 없고 세상 사람들은 겉으로 드러나는 나의 화려한 성공과 무용담에만 관심을 쏟는다. 그리고 정말로 운이 좋아서, 또는 무모한 베팅의 성공 몇 번으로 내가 이 위치에 올랐다고 믿는 사람들이 대부분이다.

내가 남과 다른 승부사 기질이 있다면, 세 번의 완전한 파산을 겪으면서도 멈추지 않고 도전했다는 것이다. 이 도전이 무모하지 않을 수 있었던 이유는 돈에 관한 철학과 투자관, 그리고 심리와 자금관리를 꾸준하게 익혔기에 가능했다. 그 위에 기법과 시스템이 얹어졌다는 것, 이 정도로 정리될 수 있을 것 같다.

나는 투자자들의 본보기가 아니다. 이 시장 상위 1퍼센트 중 한 유형일 뿐이고, 그 위치마저도 급변하는 시장에서 언젠가는 내려와야 할지도 모른다. 따라서 내게서 무엇을 배울지, 비난할지, 동경할지는 독자의 몫이다. 다만 이 모든 이야기의 물밑에 깔린 수많은 번민의 나날과 치열한 노력만큼은 기억되었으면 하는 바람이다.

내 책을 읽는 분들 가운데 아직 이 길에 깊숙이 발을 들이지 않은 독자라면, 먼저 자신이 잘할 수 있는 일을 발견하기를 권하고 싶다. 아무리 매일 노래 연습을 한다고 해도 절대음감을 지닌 사람보다 노래를 잘할 수는 없다.

스타크래프트 게임을 만들어낸 건 블리자드(Blizzard)라는 미국 게임 회사지만, 이 게임을 스포츠로 전환시킨 건 한국이다. 그리고 그 게임을 밥 먹듯이 열중해서, 예술의 경지로 올려놓은 임요환 같은 프로게이머들이 있다. 당신이 취미로 하는 게임에서 임요환 같은 친구를 이길 수 있겠는가.

좋아서 하는 것, 잘할 수 있는 일을 하는 것, 몰입해서 하는 것, 그리고 1만 시간의 법칙이 통할 수 있을 때, 같은 분야의 평범한 사람을 초월할 수 있다. 내가 좋고 잘할 수 있고 1만 시간을 억지로가 아니라 즐겁게 몰입해서 투입할 수 있는 사람이 어느 분야에서든 최종 승리를 거머쥔다.

철든 이후로 나는 평생 투자만 하고 살아왔기에 다른 일은 알지도 못하고 또 내 적성이 어디에 있는지도 잘 모른다. 정말 하고 싶은 일이 따로 있는 것은 아니나 이 일이 아니고 다른 일을 찾는다면 아마 시골에서 농장을 하지 않았을까 싶다. 무언가를 돌보고 기르는 일은 오랫동안 해도 질리지 않고 보람이 있다. 열대어 키우는 일도 어지간한 수준까지는 올라갔고 최근에는 카나리아 키우는 일에 재미를 들였다. 개는 투견부터 집안에서 키우는 애완견까지 여러 종류를 길러봤다.

요새는 책을 좀 많이 읽으려 한다. 전보다 혼자 있는 시간을 늘리는 중이며, 이제 일주일에 두 권 정도는 읽을 수 있을 것 같다.
내가 투자에 모든 인생을 걸지 않았다면 나는 작지만 소중한 것들을 즐기며 마음껏 교양을 쌓았을 것이다. 내가 거둔 성취가 이런 모든 것들보다 더 뛰어나거나 훌륭하다고, 또는 행복을 가져다준다고는 결코 생각하지 않는다.

다만, 어쩌다 보니 나에게는 이 길만이 유일한 길이 되었을 뿐이다. 세상의 그 많은 길 가운데 몹시도 쓸쓸하고 고독한 승부의 길 하나만을 알고 걸어왔을 뿐인 한 사람의 이야기를 이제 그만 맺을까 한다.

2013년 4월
서초동에서, 알바트로스

돈을 이기는 법

2013년 4월 26일 초판 1쇄 | 2024년 8월 28일 16쇄 발행

지은이 성필규
펴낸이 이원주, 최세현 **경영고문** 박시형

기획개발실 강소라, 김유경, 강동욱, 박인애, 류지혜, 이채은, 조아라, 최연서, 고정용, 박현조
마케팅실 양근모, 권금숙, 양봉호, 이도경 **온라인홍보팀** 신하은, 현나래, 최혜빈
디자인실 진미나, 윤민지, 정은예 **디지털콘텐츠팀** 최은정 **해외기획팀** 우정민, 배혜림
경영지원실 홍성택, 강신우, 김현우, 이윤재 **제작팀** 이진영
펴낸곳 (주)쌤앤파커스 **출판신고** 2006년 9월 25일 제406-2006-000210호
주소 서울시 마포구 월드컵북로 396 누리꿈스퀘어 비즈니스타워 18층
전화 02-6712-9800 **팩스** 02-6712-9810 **이메일** info@smpk.kr

© 성필규 (저작권자와 맺은 특약에 따라 검인을 생략합니다)
ISBN 978-89-6570-141-5 (03320)

쌤앤파커스(Sam&Parkers)는 독자 여러분의 책에 관한 아이디어와 원고 투고를 설레는 마음으로 기다리고 있습니다. 책으로 엮기를 원하는 아이디어가 있으신 분은 이메일 book@smpk.kr로 간단한 개요와 취지, 연락처 등을 보내주세요. 머뭇거리지 말고 문을 두드리세요. 길이 열립니다.